Joachim Mayer, Jutta Nerger

Essbare Wildkräuter und -früchte

JOACHIM MAYER, JUTTA NERGER

Essbare Wildkräuter und -früchte

Erkennen, sammeln und genießen

Mit 110 farbigen Tafeln von
RUTH WEBER

Urania

Die Ratschläge in diesem Buch sind von den Autoren und dem Verlag sorgfältig erwogen und geprüft, dennoch kann eine Garantie nicht übernommen werden.
Eine Haftung der Autoren bzw. des Verlags und seiner Beauftragten für Personen-, Sach- und Vermögensschäden ist ausgeschlossen.

Die Deutsche Bibliothek - CIP Einheitsaufnahme
Ein Titeldatensatz für diese Publikation ist bei Der Deutschen Bibliothek erhältlich.

ISBN 3-332-01122-7

Die Schreibweise entspricht den Regeln der neuen Rechtschreibung.

Umschlaggestaltung: Heinz Weber
Zeichnungen: Ruth Weber
Lektorat: Berliner Buchwerkstatt, Ivana Jokl, Vera Olbricht
Innengestaltung: Berliner Buchwerkstatt, Britta Dieterle, Ulrike Sindlinger

Printed in Slovakia
Gedruckt auf alterungsbeständigem Papier aus chlorfrei gebleichtem Zellstoff

Inhalt

Vorwort
6

Einleitung

Wildgemüse und -obst: schmackhaft und gesund
7
Vom begehrten Sammelgut zum „Unkraut“
10
Hinweise zum Sammeln von Wildpflanzen
13
Tipps für die Wildpflanzenküche
19
Wildpflanzen im Garten
23

Wildkräuter, Wildgemüse
25

Wildgehölze, Wildobst
187

Anhang

Gehölze mit giftigen Früchten
240
Sammelkalender für Wildpflanzen
242
Erläuterung von Fachausdrücken
246
Literatur
249
Adressen
250
Register
251

Vorwort

Die Verwendung essbarer Wildpflanzen hat eine lange Geschichte und war für Menschen früherer Zeiten eine Überlebensnotwendigkeit. Doch selbst beim heute mehr als reichlichen Nahrungsmittelangebot in den wohlhabenden Ländern kommen Wildgemüse und -obst immer wieder zu neuen Ehren. Die teils betörend intensiven, teils bestechend zarten Aromen aus der Natur haben längst Eingang in die Feinschmeckerküche gefunden. Zudem bieten solche Wildpflanzen besonders bekömmliche Genüsse, die den Anforderungen einer gesunden Ernährung sehr entgegenkommen.

Die große Auswahl im vorliegenden Buch umfasst neben den recht bekannten Wildpflanzen für die Küche auch einige „historisch" wichtige Arten. Diese wurden vor allem in kargen Zeiten genutzt, finden aber heute noch ihre Liebhaber. Ihre Berücksichtigung soll nicht zuletzt die gewaltige Fülle an essbaren Pflanzen aufzeigen, die die Natur zu bieten hat. Die Vielfalt ist jedoch seit Jahrzehnten zunehmend bedroht, selbst einige der früher verbreiteten, häufig genutzten Arten sind zumindest gebietsweise gefährdet. Bitte beachten Sie dazu die entsprechenden Hinweise in den jeweiligen Pflanzenbeschreibungen und auf den nachfolgenden Seiten.

Wer über einen Garten verfügt, kann Wildpflanzen aus gärtnerischer Vermehrung anbauen und so einen kleinen Beitrag zum Artenerhalt leisten. Das Genießen der besonderen Gaumenfreuden wird dann ohne Eingriffe in die Natur möglich. Deshalb finden sich in diesem Buch auch Hinweise zur gärtnerischen Verwendung essbarer Wildpflanzen.

Vorausgeschickt sei, dass man beim Ausprobieren von Wildpflanzenrezepten zuweilen auch Enttäuschungen erleben kann. Die Geschmacksnoten einiger Wildkräuter und -früchte sind recht speziell und zum Teil gewöhnungsbedürftig. Doch so geht es manchem ja auch z.B. mit Oliven, Knoblauch oder Grünkohl – man muss nicht alles mögen und sollte im Zweifelsfall mit den verwendeten Mengen experimentieren. Wir machten außerdem die Erfahrung, dass das Aroma von Wildpflanzen nicht nur stark von der Sammelzeit, sondern auch vom Fundort abhängen kann. Manche Pflanzen entfalten erst unter optimalen Wachstumsbedingungen ihre wahren Geschmacksqualitäten.

Das Sammeln von Wildpflanzen bringt einen ganz nebenbei der natürlichen Umwelt näher. Es macht Spaß, die wild wachsende Flora zu erkunden, die Pflanzen beim Untersuchen auf charakteristische Merkmale genau kennenzulernen und auf die feinen Unterschiede verschiedener Arten zu achten. Dies ist allerdings auch unverzichtbare Voraussetzung vor dem Verzehr wild wachsender Pflanzen. Eine hervorragende Hilfestellung für das Bestimmen bieten die ansprechenden, detailgenauen Zeichnungen der Grafikerin Ruth Weber, der wir für ihre engagierte, sachkundige Mitarbeit bei diesem Buch ganz besonders danken möchten.

Wir wünschen viel Freude beim Erkunden der Natur und guten Appetit!

Die Autoren

Einleitung

Wildgemüse und -obst: schmackhaft und gesund

Supermärkte, Wochenmärkte und Gemüseläden versorgen uns heute zu jeder Jahreszeit mit einem breiten Angebot an Gemüse, Obst und Kräutern. Das Sortiment wird immer wieder durch neue Züchtungen und exotische Delikatessen erweitert. Selbst im Winter kann man dank großflächigem Unterglasanbau und Importen aus warmen Ländern zwischen zahlreichen Früchten und Gemüsen wählen. Die so einfach gewordene Versorgung mit pflanzlicher Kost ist sicherlich begrüßenswert, kaum jemand möchte die Angebotsvielfalt rund ums Jahr missen. Doch die ganze Entwicklung hat bekanntermaßen auch negative Aspekte, etwa die Boden- und Trinkwasserbelastung und die Gefährdung der natürlichen Artenvielfalt durch intensiven Pflanzenbau. Die nur an äußeren Merkmalen orientierte Handelsklasseneinteilung der Marktware berücksichtigt zudem weder Geschmacksqualität noch Inhaltsstoffe. Bei der Züchtung auf Größe, appetitliches Aussehen und gute Verarbeitungseigenschaften ist so manches an inneren Werten auf der Strecke geblieben.

Es verwundert deshalb nicht, dass gerade Gourmets und erfahrene Köche unverfälschte Genüsse aus der Natur bevorzugen und ganz selbstverständlich Brennnesseln, Löwenzahn oder Bärlauch auf den Speiseplan setzen. Die besonderen Aromen wild wachsender Gemüse bereichern längst auch die feine Küche, vor allem im kulinarischen Musterland Frankreich. Nebenbei haben Feinschmecker das „rustikale" Element wieder entdeckt und in die noble Kochkunst eingegliedert, und dazu passt der ursprüngliche Genuss, den Wildpflanzen bieten, ganz vortrefflich.

Doch ob Haute Cuisine oder einfache, zünftige Kost – gesundheitliche Aspekte der Ernährung werden heute auch von ausgesprochenen Genießern ernst genommen. Essbare Wildpflanzen, von den Pionieren der Vollwertküche schon früh empfohlen, wachsen nicht nur ohne chemischen Pflanzenschutz und übermäßige Düngung heran. Die Blätter und Früchte vieler Arten enthalten beachtliche Mengen an Vitaminen und Mineralstoffen, oft weit mehr als angeblich besonders gesunde Kulturpflanzen und importierte Südfrüchte. Der hohe Gehalt mancher Wildpflanzen an Eiweißen und Vitaminen der B-Gruppe, die sonst hauptsächlich über tierische Nahrungsmittel aufgenommen werden, kommt nicht nur Anhängern vegetarischer oder fleischarmer Ernährung zugute. Schließlich zählen auch etliche essbare Pflanzen aus der Natur schon lange zu den geschätzten Heilpflanzen.

Hohe Vitamin- und Mineralstoffgehalte

In verschiedenen Untersuchungen hat man in 100 g frischen Brennnesselblättern zwischen 200 und 330 mg Vitamin C nachgewiesen. Das ist 4- bis 6-mal so viel wie in Spinat, der ebenso wie Zitronen etwa 50 mg je 100 g Frischmasse enthält. Mit 300-400 mg Vitamin C übertrifft das wild wachsende Gänsefingerkraut nicht nur Paprika (100 mg) und Schwarze Johannisbeeren (150 mg), sondern – je nach Analyseergebnis – sogar die Kiwi (300 mg). Auch die absoluten Spitzenreiter kann man in der Natur ernten: Sanddornfrüchte weisen 450 mg Vitamin C auf, Hagebutten oft sogar über 1000 mg je 100 g essbarem Anteil.

Diese detaillierten Zahlen am Beispiel Vitamin C mögen genügen, um die Vorzüge von Wildpflanzen zu veranschaulichen. Man muss dazu anmerken, dass die Gehalte solcher Inhaltsstoffe stark schwanken können; möglicherweise sind die Abweichungen gerade bei wild wachsenden, weder durch Züchtung noch Kulturbedingungen vereinheitlichten Pflanzen besonders groß. Doch die Tendenz zu deutlich höheren Werten wird auch bei Untersuchungen auf Provitamin A (Karotin) bestätigt. Hier liegen die Gehalte etwa von Rotklee, Wiesenknopf, Giersch und Brennnessel doppelt so hoch wie z.B. die von Brokkoli oder Gartenkresse. Noch deutlich mehr Karotin findet sich in Ebereschen- und Sanddornfrüchten. Nur die Möhren sind bei diesem Inhaltsstoff natürlich unübertroffen.

Bei den wichtigen Mineralstoffen, die wir hauptsächlich über Gemüse zu uns nehmen, zeigt sich dasselbe Bild, also oft ein deutlich höherer Gehalt bei Wildpflanzen. Zu einer guten Magnesiumversorgung verhelfen z.B. Gänsefuß und Weidenröschen, hohe Eisengehalte bieten neben der Brennnessel das Knopfkraut und die Vogelmiere. Hohe Werte an Kalzium finden sich, wie gehabt, bei Brennnesseln, außerdem bei Franzosenkraut, Huflattich und Wiesenbärenklau.

Da viele Blattgemüse aus der Natur reich an Vitaminen und Mineralstoffen sind, bieten sie sich für eine kulinarische Frühjahrskur geradezu an. Wirklich Frisches mit intensivem Geschmack – das ist in jedem Frühjahr erneut ein Gaumenerlebnis und macht den Körper nach den Strapazen des Winters bald wieder fit. Der „Verband freier Heilpraktiker" empfiehlt sogar eine 4- bis 6-wöchige Kur mit Wildgemüsen und Wildkräutertees als probates Mittel gegen Frühjahrsmüdigkeit. Um tatsächlich in den Genuss der Vitamine zu kommen, ist es ratsam, das Sammelgut möglichst frisch zu verarbeiten und vorzugsweise roh, also als Salat, zu essen. Beim Garen sollte man schonenden Methoden wie dem Dünsten oder Dämpfen den Vorzug geben.

Leichte Kost und doch sättigend

In Notzeiten, in denen Wildpflanzen nicht nur als „Zubrot" gesammelt wurden, waren die so genannten wertgebenden Inhaltsstoffe oder Vitalstoffe kaum das Hauptthema. Sicher diente Essbares aus der Natur auch als Bereicherung des eintönigen Speiseangebots, oft sollte es aber vor allem satt machen. Dabei spielen Kohlenhydrate und Eiweiße (Proteine) eine wichtige Rolle, an denen heute in der Regel kein Mangel besteht. Doch auch hier zeigen viele Wildpflanzen deutlich höhere Gehalte als entsprechende Kulturpflanzen.

Da sich Inhaltsstoff-Untersuchungen meist auf die (nicht getrocknete) Frischmasse des Ernteguts beziehen, dürfte ein Grund dafür schlicht der geringere Wassergehalt wild wachsender Pflanzen sein. Angebaute Gemüse haben, bedingt durch Züchtung und Düngung, einen recht hohen Wasserbedarf, der durch regelmäßiges und reichliches Gießen gedeckt wird.

Jedenfalls kann, was früher gegen den Hunger half, heute gezielt für eine gesunde Ernährung eingesetzt werden: Gehaltvolle Wildgemüse machen auch bei sparsamer Kartoffel-, Nudel- oder Reisbeilage satt und gewährleisten bei geringem Fleischverzehr eine gute Eiweißversorgung. Dabei gibt es zumindest Hinweise, dass die Eiweißqualität, die durch die jeweiligen Anteile an Aminosäuren bestimmt wird, bei manchen Wildgemüsen besonders hochwertig ist; systematische Untersuchungen dazu liegen jedoch nicht vor.

Den „Sättigungsfaktor" von Wildgemüse sollte man übrigens beim Bemessen der Portionen nicht unterschätzen. Manchmal erscheint einem das Sammelgut im Korb recht dürftig, später beim Essen erweist es sich oft als mehr als ausreichend. Schon unter diesem Gesichtspunkt empfiehlt sich ein maßvolles Beernten wild wachsender Pflanzenbestände.

Inhaltsstoffe mit Heilwirkung

Viele Wildgewächse enthalten nicht nur reichlich Vitamine und Mineralstoffe, sondern auch besondere gesundheitsfördernde Substanzen: Ätherische Öle, Bitter- und Gerbstoffe, Schleimstoffe (Pektine), Flavonoide und Saponine sind wichtige Wirkstoffe bewährter Heilpflanzen. Tatsächlich wurden und werden viele essbare Wildkräuter und -gehölze in der Pflanzenheilkunde verwendet, z. B. Spitzwegerich, Schlüsselblume, Linde und Weißdorn. Darauf weist auch der häufige botanische Artname *officinalis* hin: Der Verkaufsraum der Apotheke hieß früher „Offizin". Freilich sind für die Nutzung als Heilpflanze oft besondere Zubereitungen, etwa in Form von Tee oder Extrakt, nötig. Beim Genuss der Pflanzen als Salat, gegartes Gemüse oder sparsam dosierte Würze entfalten solche Inhaltsstoffe nicht automatisch medizinische „Nebenwirkungen".

Trotzdem kommen auch beim Essen von Wildpflanzen gesundheitsfördernde Substanzen zum Tragen, insbesondere was die Verdauung angeht. Hier entfalten vor allem Bitterstoffe, einige ätherische Öle oder auch Senföle eine günstige Wirkung, etwa durch Anregung der Gallensaftproduktion, Verbesserung der Fettverdaulichkeit sowie durch krampflösende, beruhigende Eigenschaften. Sie tragen nicht nur zur Bekömmlichkeit der Speisen bei, sondern helfen auch auf Dauer, Magen und Darm gesund zu erhalten. In dieser Beziehung sind essbare Wildpflanzen den kultivierten Küchenkräutern gleichzusetzen, die dasselbe bewirken sollen.

Daneben fördern einige Inhaltsstoffe auch die Entschlackung, was man sich z.B. bei der bereits angeregten Frühjahrskur mit Wildkräutern zunutze macht, binden Giftstoffe, wirken antiseptisch und blutreinigend. Die beste Gesundheitswirkung erzielt man dabei nicht durch den gelegentlichen Verzehr großer Mengen ein und derselben Art, sondern durch mäßiges, aber regelmäßiges Einbeziehen verschiedener Wildpflanzen in den Speiseplan. Wer solche Kost nicht gewöhnt ist und zum ersten Mal ausprobiert, beginnt am besten mit kleinen „Dosierungen"; denn die deutlich verdauungsfördernde Wirkung mancher Pflanzen z. B. kann im Übermaß auch unangenehm werden.

Bedenkliche Substanzen – auch in der Natur

Wer sich ein wenig mit Pflanzenheilkunde beschäftigt, lernt schnell, dass der Unterschied zwischen Heilsubstanz und Gift manchmal nur eine Frage der Dosierung ist. Zu den bekanntesten Beispielen zählt der Fingerhut, dessen Glykoside für hochwirksame Herzmittel gewonnen werden, im Übermaß aber tödlich sind.

Auch bei den essbaren Wildpflanzen ist vereinzelt Vorsicht geboten, etwa beim Waldmeister, der Cumarin enthält. In größerer Dosis aufgenommen, wirkt dieser Stoff betäubend, bei erhöhter Daueraufnahme soll er Leberschäden verursachen. Bei gelegentlichem Genuss ist jedoch kaum mit Nebenwirkungen zu rechnen. Sparsame und nicht allzu häufige Verwendung empfiehlt sich z.B. auch bei Sauerampfer und Sauerklee, die größere Mengen der in hohen Dosen gesundheitsschädlichen Oxalsäure enthalten, wie übrigens auch der Rhabarber. In den nachfolgenden Pflanzenbeschreibungen wird jeweils auf bedenkliche Inhaltsstoffe hingewiesen. In solchen Fällen muss jeder selbst entscheiden, ob er die Pflanzen – zurückhaltend – in der Küche verwenden will oder ob er lieber ganz darauf verzichtet.

Das gilt besonders auch für Huflattich und Beinwell, beides wohlschmeckende Pflanzen mit wirksamen Heilsubstanzen. Sie sind jedoch in letzter Zeit in Verruf geraten, weil man in ihnen Alkaloide entdeckt hat, die in Tierversuchen – in größeren Mengen verabreicht – Leberschädigung oder gar Krebs verursachten. Allerdings ist kaum anzunehmen, dass etwa der Genuss von 3 Portionen Huflattichsalat jährlich große Gesundheitsrisiken birgt. Wahrscheinlich sind diese weit geringer als beim regelmäßigen Essen von nitratbelastetem Kopfsalat aus winterlichem Gewächshausanbau. Schließlich bleibt anzumerken, dass jeder übermäßige, einseitige Verzehr eines Nahrungsmittels, ob pflanzlich oder tierisch, der Gesundheit nicht zuträglich ist. Zur Wildkräuterküche gehört ohnehin die Vielfalt, der „Massengenuss" einer Pflanze verbietet sich schon aus Gründen der Naturschonung.

Vom begehrten Sammelgut zum „Unkraut"

Wer in der – mehr oder weniger – freien Natur Essbares von Pflanzen sammelt, wandelt dabei auf den Spuren der Urahnen. Während der Alt- und Mittelsteinzeit war neben der Jagd auf Wildtiere die Suche nach Beeren, Nüssen, Samen, Wurzeln und Kräutern unerlässlich, um die Ernährung zu sichern. Es gibt verschiedene Vermutungen, wie die Vorfahren lernten, Nahrhaftes und Giftiges zu unterscheiden. Vielleicht wurden Pflanzen fressende Tiere beobachtet und ihre Vorlieben übernommen, wahrscheinlich mussten jedoch auch viele Menschen sterben, bis die Giftigkeit bestimmter Arten erkannt war. Nicht nur das Sammeln, sondern auch genaue Kenntnis der Wildflora waren damals lebensnotwendig. Naturnahe Völker anderer Kontinente, die zum Teil noch heute als Wildbeuter leben, haben europäische Ethnologen immer wieder durch ihr detailliertes Pflanzenwissen beeindruckt.

Willkommene Nahrungsergänzung

Nach Einführung der Tierhaltung haben nomadisch lebende Gruppen ihren Bedarf an Pflanzenkost wohl weiterhin aus der Natur gedeckt, wie es z.B. von einigen Indianerstämmen bekannt ist. Diese Lebensweise war nicht unbedingt karg; im Gegenteil, bei entsprechendem natürlichem Umfeld dürfte das Nahrungsangebot reicher und vielfältiger gewesen sein als in den Anfangszeiten des Ackerbaus. Diese werden in unserem Kulturkreis mit dem Einsetzen der Jungsteinzeit gleichgesetzt, die Ursprünge des Pflanzenanbaus liegen demnach im 6. Jahrtausend v. Chr. Es waren allerdings je nach Region und Kultur noch weitere 2000 - 4000 Jahre nötig, bis Ackerbau und Viehhaltung zur tragfähigen Wirtschaftsweise wurden. Höchstwahrscheinlich ergänzten die frühen Ackerbauern ihre Kost noch lange Zeit durch das Sammeln von Wildpflanzen.

Führend bei der Entwicklung von Pflanzenbau und -züchtung waren bereits die Ägypter und Perser, die schon im 3. Jahrtausend v. Chr. einen eindrucksvollen Acker- und Gartenbau betrieben. Davon lernten die Griechen und Römer vieles, zu den materiellen Grundlagen der Antike gehörte sicher auch eine ausgereifte, effiziente Pflanzenkultur. Trotzdem war das Sammeln von Wildpflanzen längst nicht „out", wie alte Schriften zeigen. Der griechische Arzt Dioskurides verfasste im 1. Jahrhundert n. Chr. ein gründliches Werk über die Heilwirkungen aller damals bekannten Pflanzen. Im Kapitel „Kochkräuter" findet man dort z.B. Abhandlungen über wilden Kohl („gibt mehr Nahrung als das Kraut des Sauerampfers und ist auch dem Magen besser"), wilde Melden, Spitz- und Breitwegerich und verschiedene Wildgehölze, zum Teil mit Angaben zu Lebensräumen bzw. Fundorten.

Auch vom frühen Mittelalter bis in die Neuzeit entdeckt man immer wieder Hinweise auf und Zeugnisse für die Verwendung essbarer Wildpflanzen. Früchte, etwa von Brombeeren oder Holunder, boten eine willkommene Bereicherung des oft eintönigen Speisezettels und dienten nicht zuletzt der Herstellung alkoholischer Getränke; aromatische Wildkräuter verhalfen sättigenden Nahrungsmitteln zu mehr Geschmack. Zeitweise „vagabundierende" Berufsgruppen wie Schäfer, Hirten oder Jäger kannten, schätzten und nutzten nach wie vor das, was Wald und Flur an pflanzlicher Nahrung boten. Und natürlich rückten essbare Wildpflanzen immer dann in den Vordergrund, wenn Missernten oder Kriege zu Mangel und Hunger führten – bis hin zu den Jahren nach dem Zweiten Weltkrieg, als Brennnesselsuppe und Gänseblümchensalat in so manchen deutschen Küchen das karge Gemüseangebot ergänzten.

Kulturpflanzen kontra Wildgewächse

Mit den ersten Anbauversuchen während der Jungsteinzeit begann die Differenzierung in Wild- und Kulturpflanzen. Letztere sind nicht nur durch den gezielten, „gehegten" Anbau gekennzeichnet, sondern vor allem auch durch die züchterische Bearbeitung. Diese geschah über Jahrtausende hinweg durch Auslese: Samen für die nächste Aussaat wurden vorzugsweise von den kräftigsten und ertragreichsten Pflanzen genommen, sodass sich ihre Nachkommenschaft immer deutlicher von den ursprünglichen Wildpflanzen unterschied. Dazu kam ab und an die Entdeckung von Zufallsmutationen, etwa mit besonderem Größenwuchs, die dann kultiviert und weiter vermehrt wurden.

Zur Züchtungsgeschichte gehören außerdem frühe Kreuzungsversuche, um Eigenschaften verschiedener Arten und Formen in einer Pflanze zu vereinen. Die Grundlagen für eine gezielte, erfolgreiche Züchtung dieser Art schuf allerdings erst Gregor Mendel (1822 - 1884), indem er die Gesetzmäßigkeiten der Vererbung entdeckte. Letztendlich führten all diese Bemühungen zu Arten und Sorten mit vereinheitlichtem Genmaterial, was einen der grundlegenden Unterschiede zwischen Kultur- und Wildpflanzen darstellt.

Mit Ausbreitung des Ackerbaus wurden Wildpflanzen in Feld und Flur zunehmend als lästig empfunden, zumal sich schnell zeigte, dass die „Spontanflora" vor allem im Frühjahr viel wüchsiger war als die mühsam angebauten Getreide und Gemüse. Auch Arten, aus denen die Kulturpflanzen ursprünglich entwickelt wurden, fielen somit in die Kategorie Unkraut und wurden bekämpft. Spätestens im 20. Jahrhundert geschah das so erfolgreich, dass heute etliche Pflanzen ausgestorben oder vom Aussterben bedroht sind.

Ähnlich erging es Obst liefernden Wildgehölzen, als immer mehr Gebüsche und Feldhecken weichen mussten, um die maschinelle Bestellung zu erleichtern. Freilich leisteten neben der oft gescholtenen Landwirtschaft auch andere menschliche Aktivitäten ihren unerfreulichen Beitrag zum Artenschwund, z. B. die großflächige Bodenversiegelung durch Straßen- und Siedlungsbau, die Luft- und Wasserverschmutzung durch die Industrie, Flussbegradigungen und der Torfabbau, um nur einige „Untaten" zu nennen.

Kritiker dieser Entwicklung weisen zu Recht darauf hin, dass die Reduzierung der Wildarten nicht nur üble Folgen für die Natur hat – denn damit geht zugleich ein unschätzbares Genreservoir verloren. Tatsächlich könnte die eine oder andere in diesem Buch vorgestellte Wildpflanze dereinst Ausgangsmaterial für eine neue, wertvolle Nahrungspflanze bieten oder zumindest für verbesserte Züchtungen verwandter Kulturpflanzen – wenn sie nicht vorher ausgerottet wird.

Umgekehrt haben Landwirtschaft und Gartenbau aber auch so manche Wildart gefördert. Nährstoffliebende Pflanzen wie Brennnessel, Quecke oder Vogelmiere sind typische Kulturbegleiter und demonstrieren zugleich die Zähigkeit vieler Wildkräuter gegenüber Bekämpfungsmaßnahmen. Einige Arten, etwa Löwenzahn oder Beifuß, führen schon länger ein „Doppelleben": Sie wurden und werden immer wieder einmal angebaut, andererseits aber auch als lästige Unkräuter bekämpft. Manche der Pflanzen, die wir heute als wild wachsendes Blattgemüse schätzen, waren lange Zeit wichtige Kulturgewächse. Doch die Verbreitung des im 9. Jahrhundert eingeführten Spinats verdrängte nach und nach Melden, Gänsefußarten, Sauerampfer und andere aus den Gärten, der Gute Heinrich *(Chenopodium bonus-henricus)* steht heute sogar auf der Roten Liste gefährdeter Arten. Andererseits konnten sich einige Arten an Naturstandorten etablieren, die man früher aus fernen Ländern einführte und anbaute, später dann aber verwildern ließ, wie z. B. Kalmus und Nachtkerze.

Kulturbegleiter, Eingebürgerte, Ausgewilderte – solche Begriffe geben nebenbei einen Hinweis auf einen wichtigen Zusammenhang: „Wilde", gänzlich unberührte Natur gibt es in unserem Kulturkreis kaum noch, in irgendeiner Weise ist fast jeder natürliche Lebensraum menschlich beeinflusst und geprägt. Von daher ist der Begriff Wildpflanzen nicht ganz scharf umrissen und muss nicht unbedingt so „eng" gesehen werden.

Eigenheiten von Wildpflanzen

Die Entwicklungsgeschichte der Wild- und Nutzpflanzen, wie in den vorangegangenen Abschnitten kurz dargestellt, macht manches besser verständlich – auch was den praktischen Umgang mit Wildpflanzen angeht. Die Wildflora, die uns Essbares und Leckeres beschert, ist keine einheitliche Gruppe. Da gibt es robuste und zarte Arten, in regelrechten Kolonien auftretend oder nur zerstreut vorkommend; Kulturbegleiter, die auf nährstoffreichen, lockeren Böden am besten gedeihen, und solche, die nur fern von Siedlungen und Äckern wachsen; Pflanzen, die fast überall auftreten, und andere, die nur an speziellen Stellen zu finden sind; besondere, ausgefallene Aromen oder auch recht vertraute Geschmäcker, wie sie ausgewilderte Gartenflüchtlinge bieten. Zum Wesen der züchterisch unbearbeiteten Pflanzen gehört, dass Wuchshöhe und Wuchsform, Ausbildung von Blättern oder Blatträndern und sonstige Merkmale bei Exemplaren ein und derselben Art deutlich variieren können. Das muss man beim Bestimmen von Wildpflanzen immer im Auge behalten. Gerade Größenangaben können immer nur ungefähre Anhaltspunkte bieten.

Die Wuchsentwicklung der Pflanzen und damit die Ausprägung artspezifischer Merkmale wird vom Standort und den dort einwirkenden Umwelteinflüssen mitbestimmt. Das gilt auch für die Ausbildung der so genannten sekundären Pflanzeninhaltsstoffe, diejenigen eingeschlossen, die zur Geschmacksbildung beitragen. Manchmal heißt es, Wildpflanzen seien von vornherein besonders aromatisch und gesund, weil sie sich die Plätze, an denen sie wachsen, selbst aussuchen. Allerdings besiedeln längst nicht alle Arten nur die für sie günstigsten Standorte.

Bei vielen Wildpflanzen zeigt sich deutlich das Bestreben, sich so weit wie möglich auszubreiten, zu vermehren und die Art zu erhalten. Die Samen keimen, die Ausläufer bewurzeln sich, wo immer es möglich ist – auch wenn daraus recht Kümmerliches heranwächst. Deshalb empfiehlt es sich grundsätzlich, nur Teile von gesunden Pflanzen an jeweils für sie optimalen Wuchsorten zu ernten. Die Blätter eines Löwenzahns, der in Asphaltfugen wächst, munden selten so gut wie die von Exemplaren, die auf naturnahen Wiesen oder Weiden gedeihen. Umgekehrt können Arten, die nährstoffarme Naturstandorte bevorzugen, weniger aromatisch schmecken, wenn sie sich auf gut versorgten Kulturflächen ansiedeln oder dort angebaut werden. Der Dost z. B. entwickelt sich auf steinigen, mageren Böden besser als im bestens bearbeiteten Gartenbeet und schmeckt dann auch intensiver.

Deshalb kann es ab und an ernüchternd sein, wenn man als sehr schmackhaft geltende Wildpflanzen zum ersten Mal ausprobiert. Das Aroma hängt zum Teil von der Bodenbeschaffenheit und vor allem auch von der jeweiligen Besonnung des Wuchsortes ab. Weiterhin spielt das Wasser eine große Rolle. Fällt z.B. das Frühjahr ausgesprochen trocken aus, schmecken manche sonst zarten Blätter eher „strohig". Andererseits tritt bei hoher Feuchtigkeit manchmal eine Art Verdünnungseffekt auf, ähnlich wie bei intensiv gedüngten und gegossenen Gemüsen mit verwässerter Geschmacksqualität. Dies soll nun nicht heißen, dass das Auffinden schmackhafter Wildpflanzen einem Lotteriespiel ähnelt; vielmehr: Es lohnt sich durchaus, bei anfangs nicht begeisternden Pflanzen einen zweiten Versuch zu wagen und außerdem die Sammelorte sorgfältig auszuwählen.

Hinweise zum Sammeln von Wildpflanzen

Zum Wildpflanzen-Hobby gehört nicht nur das Genießen, sondern auch das Suchen, Entdecken und Beernten. In der Regel macht diese zielgerichtete Naturerkundung selbst notorischen „Nicht-Spaziergängern" Spaß, zumal am Ende die kulinarische Belohnung winkt. Dass die Bewegung in der frischen Luft nebenbei gesund ist, versteht sich von selbst. Für die nachhaltige Freude am Sammeln gilt es einige grundlegende Punkte zu beachten, die nicht allzu schwer in die Praxis umzusetzen sind. Dabei geht es zum einen darum, wirklich brauchbares Sammelgut nach Hause zu tragen, und das mit möglichst geringen Nährstoff- und Geschmacksverlusten. Zum andern müssen bestimmte Risiken, vor allem die Verwechslung mit Giftpflanzen, ausgeschlossen werden. Wer gewissermaßen die Früchte der Natur erntet, sollte schließlich schon aus Eigeninteresse schonend und verantwortungsvoll mit den Schätzen der Wildflora umgehen.

Für Einsteiger sind organisierte Kräuterwanderungen, die im Frühjahr und Frühsommer des Öfteren angeboten werden, sehr empfehlenswert. Solche Wildkräuterführungen veranstalten z.B. Ortsgruppen verschiedener Naturschutzverbände, manchmal auch Volkshochschulen, Heimat- oder Gartenbauvereine. Hinweise darauf findet man in der Tagespresse oder regionalen Veranstaltungskalendern. Andernfalls kann man bei entsprechenden Gruppen und Institutionen oder auch bei der zuständigen Umwelt- bzw. Naturschutzbehörde nachfragen.

Naturschutz beachten

Da das vorliegende Buch einen recht weit gefassten Überblick über essbare Wildpflanzen Mitteleuropas bieten soll, wurden vereinzelt auch selten gewordene Arten berücksichtigt. Sie können in bestimmten Regionen zu den gefährdeten Arten zählen, in anderen Teilen Europas dagegen noch häufig auftreten. Da in Deutschland und Österreich der Naturschutz weitgehend Ländersache ist, können zudem bestimmte Pflanzen in manchen Bundesländern besonders geschützt sein, während sie woanders noch nicht als gefährdet gelten. Entsprechende Informationen erhält man von Umwelt- oder Naturschutzbehörden, z.B. bei den jeweiligen Landesämtern, oder von Naturschutzverbänden (s. S. 250).

Wenn einem vorgestellte Kraut- oder Gehölzarten nicht geläufig sind und in der Umgebung kaum und nur in kleinen Grüppchen vorkommen, ist das schon ein Indiz: Dann sollte man sich unbedingt informieren, ob sie in der Region zu den bedrohten Arten zählen. In diesem Fall ist jegliche Entnahme, auch von Pflanzenteilen, verboten. Der Wildpflanzen-Fan respektiert dies freilich nicht wegen der gesetzlichen Strafandrohung, sondern schon aus Verantwortungsbewusstsein gegenüber der Natur.

Doch auch bei nicht gefährdeten Pflanzen ist behutsamer Umgang angesagt. Das Sammeln essbarer Wildpflanzen sollte nie mit dem Plündern natürlicher Vorkommen einhergehen, zumal für gelungene Mahlzeiten oft maßvolle Erntemengen ausreichen.

Zu den allgemeinen „Umgangsformen", die unter erfahrenen Sammlern üblich sind, gehören folgende Empfehlungen:

▷ Sammeln Sie Essbares aus der Natur möglichst nur dort, wo die Pflanzen in größeren Beständen vorkommen, und beernten Sie nie alle Exemplare eines Fundorts.

▷ Beschränken Sie sich beim erstmaligen Sammeln einer noch nicht in der Küche getesteten Art auf kleine Probiermengen. Möglicherweise entspricht die Pflanze gar nicht Ihrem Geschmack und ein größerer Sammelvorrat müsste sinnlos weggeworfen werden.

▷ Umfangreiche Erntemengen für eine eventuelle Konservierung kommen nur bei häufig und in großen Gruppen auftretenden Pflanzen infrage.

▷ Ernten Sie immer nur die für die Küche benötigten Pflanzenteile; das Ausreißen der Wurzeln sollte, soweit sie nicht den essbaren Teil darstellen, unbedingt vermieden werden. Ist zum zweifelsfreien Bestimmen einer Pflanze die Betrachtung des Wurzelstocks nötig, reicht oft schon ein vorsichtiges Aufgraben der Erde; andernfalls entnimmt man nur 1-2 Exemplare für die nähere Untersuchung.

Giftpflanzen: Verwechslungen ausschließen

Grundsätzlich sei angemerkt: Es gibt kaum ausgesprochene Giftpflanzen, die essbaren Arten bis ins Detail und über die ganze Vegetationsperiode hinweg ähnlich sehen. Bei sorgfältiger Bestimmung und Beachtung aller Vorsichtsmaßregeln besteht kein Grund zur Besorgnis. Das Thema wird hier nicht wegen besonderer Bedrohlichkeit recht ausführlich behandelt, sondern um Einsteigern eine möglichst gute Orientierung zu bieten. Etwas problematisch ist vor allem die große Familie der Doldenblütengewächse, deren Gattungen und Arten für das ungeübte Auge oft schwer zu unterscheiden sind; giftige Familienmitglieder werden deshalb am Ende dieses Abschnitts (s. S. 15 -17) kurz beschrieben.

Soweit bei den vorgestellten Wildpflanzen überhaupt Verwechslungsgefahren bestehen, gibt es dazu in den Pflanzenporträts eine gesonderte Rubrik. Dabei geht es jedoch selten um äußerst gefährliche „Doppelgänger", sondern oft nur um ungenießbare Pflanzen. Giftig sind allerdings die Früchte etlicher Wildgehölze, die in einer Übersicht im Anhang (s. ab S. 240) beschrieben sind. Doch bei Beachtung der unterschiedlichen Wuchsformen und Blüten kann es kaum zu Verwechslungen mit essbarem Wildobst kommen, auch wenn die Früchte manchmal recht ähnlich aussehen.

Zur Vermeidung unnötiger Risiken sollten Sie unbedingt folgende Punkte beachten:

▷ Pflanzen dürfen ausnahmslos nur gesammelt und verzehrt werden, nachdem man sie zweifelsfrei als essbare Art identifizieren konnte.

▷ Junge, blütenlose Pflanzen, deren Blätter meist am besten schmecken, sind zum Teil schwer zu bestimmen und von anderen zu unterscheiden. Im Zweifelsfall sollte man unbedingt die Blüte abwarten, die in der Regel endgültig Aufschluss gibt, sich den Fundort vormerken und das Pflücken auf das nächste Frühjahr verschieben.

▷ Umgekehrt empfehlen sich bei vermeintlichen Wildobstarten, die man nicht genau kennt, regelmäßige Begutachtungsspaziergänge schon vom Frühjahr an, um die Blüte und die ganze Gehölzentwicklung mitzuverfolgen und später die Verwechslung mit giftigen Früchten auszuschließen.

▷ Wer noch geringe Kenntnisse über Wildpflanzen und wenig Übung im Bestimmen hat, sollte zunächst am besten nur in Begleitung erfahrener Sammler „auf die Pirsch“ gehen.

▷ Schließlich ist es empfehlenswert, sich über Aussehen und Merkmale giftiger Pflanzen genau zu informieren und beim Sammeln ein Bestimmungsbuch mitzunehmen, in dem die Giftpflanzen gut beschrieben sind.

Zudem darf man von sicher identifizierten essbaren Arten nur die zum Verzehr empfohlenen Pflanzenteile nutzen; denn in Einzelfällen kann es vorkommen, dass andere Pflanzenorgane nicht nur ungenießbar, sondern sogar giftig sind. Das ist nun keine besondere Tücke von Wildpflanzen – Blätter von Kartoffeln und Tomaten enthalten ja ebenfalls Giftstoffe. Spezielle Hinweise müssen in den Porträts einiger Wildobstarten beachtet werden: Manche Früchte sind vor der Reife oder im Rohzustand giftig und werden erst bei Vollreife bzw. nach dem Verarbeiten genießbar.

Sollte es trotz aller Vorsicht und Sorgfalt zu Vergiftungserscheinungen kommen, muss so schnell wie möglich ein Arzt aufgesucht bzw. geholt werden. Reste der unter Giftverdacht stehenden Pflanze oder eventuell Erbrochenes sollte man dann unbedingt aufheben, um dem Arzt die Diagnose und das Einleiten entsprechender Gegenmaßnahmen zu erleichtern. Kann ein Arzt nicht gleich erreicht werden, bestehen die besten Erste-Hilfe-Maßnahmen darin, Erbrechen auszulösen (betroffene Person in stabile Seitenlage bringen) sowie Kohletabletten zu verabreichen. Günstig und nötig ist dann in der Regel die Aufnahme von reichlich Flüssigkeit (warmer Tee oder Wasser).

Als Giftstoffe eingestufte Substanzen stellen nicht unbedingt eine akute Gefahr dar, manche rufen nur Unannehmlichkeiten wie etwa Magenbeschwerden hervor. Andere unangenehme Auswirkungen haben bestimmte Cumarinderivate, die bei Berührung oder nach Einnahme die Lichtempfindlichkeit der Haut erhöhen (Photosensibilisierung). Es kann dann unter Sonneneinwirkung zu starken allergischen Reaktionen kommen, etwa in Form von Rötung und Bläschenbildung. Wiesenbärenklau und Engelwurz enthalten z. B. solche Stoffe. Wer in dieser Beziehung empfindlich ist, sollte beim Umgang mit diesen Arten Handschuhe tragen oder sie ganz meiden.

Giftige Doldenblütengewächse

Die Familie der Doldenblütler *(Apiaceae)* zeichnet sich, wie der Name schon sagt, durch die in Dolden angeordneten Blüten aus. Meist sind die kleinen Einzelblüten weiß oder auch rosa überhaucht. Sie stehen in kleinen, lang gestielten Döldchen zusammen, die wiederum gemeinsam eine große Dolde ergeben. Die gestielten Döldchen werden auch als „Strahlen“ bezeichnet, die zusammengesetzten Dolden weisen je nach Art 5-20 oder gar mehr Strahlen auf. Typisch für viele Doldenblütler ist auch das stark gefiederte Laub.

Dieser Familie verdanken wir nicht nur viele unserer Gemüse und Kräuter, z.B. Möhre und Petersilie. Sie hat auch einige schmackhafte Wildpflanzen zu bieten, etwa Giersch, Wiesenkümmel und Pastinake. Im Grunde zählt auch der Wiesenkerbel *(Anthriscus sylvestris)* dazu. In dieses Buch wurde jedoch kein Porträt und Rezept der Pflanze aufgenommen, weil sie wirklich schwer vom hochgiftigen Schierling zu unterscheiden ist. Dieser hat durch den Schierlingsbecher, mit dem der griechische Philosoph Sokrates zum Tode verurteilt wurde, traurige Berühmtheit erlangt. Hier folgen nun Kurzbeschreibungen der giftigen Doldenblütler, die auf den folgenden zwei Seiten abgebildet sind:

Gefleckter Schierling *(Conium maculatum)*: Zweijährig, seltener einjährig, 1-2 m hoch; Stängel oft blau bereift, unten rotfleckig, kahl, fein gerillt, innen hohl; untere Blätter groß, kräftig grün, 2- bis 4-fach gefiedert, obere kleiner;

Blüte Juni bis August, weiße Blüten in Dolden mit 8-20 Strahlen; eiförmige, unbehaarte, wellig gerippte Spaltfrüchte. Besonderes Merkmal: Pflanze riecht unangenehm nach Mäusen. Vorkommen: zerstreut auf Wegen, Äckern, Brachland, in Gärten; Stickstoff liebend.

Wasserschierling *(Cicuta virosa)*: Ausdauernd, 60 - 140 cm hoch; Stängel grün, aufrecht

oder aufsteigend, innen hohl; blasig aufgetriebene Blattscheiden, Blätter 2 - bis 3 - fach gefiedert, mit lanzettlichen, spitzen, scharf gesägten Fiederblättchen; Blüte Juni bis August, weiße Blüten in Dolden mit 15 - 25 Strahlen; kugelige bis eiförmige Spaltfrüchte. Besondere Merkmale: knolliges Rhizom, innen mit hohlen Fächern; beim Zerschneiden der Pflanze tritt gelblicher, an der Luft braun werdender Saft aus, der sellerieartig riecht. Vorkommen: im Röhricht fließender und stehender Gewässer, selten.

Taumelkälberkropf *(Chaerophyllum temulum)*: Zweijährig, 30 - 150 cm hoch; Stängel rot gefleckt, unten rau, oben anliegend behaart, innen hohl; untere Blätter 2 - fach, obere 3 - fach gefiedert, mit lappigen Teilblättchen, hell-

grün; Blüte Mai bis Juli, weiße Blüten in Dolden mit 6-12 Strahlen, Döldchenstiele behaart; längliche Spaltfrüchte. Besonderes Merkmal: knollige, „kropfartige" Verdickung der Stängelknoten. Vorkommen: zerstreut in lichten Wäldern, Hecken, Gebüschen, an Zäunen; Stickstoff liebend.

Hundspetersilie *(Aethusa cynapium)*: Ein- bis zweijährig, 10-120 cm hoch; Stängel grün, kantig; Blätter 2- bis 3-fach gefiedert, grün, glänzend; Blüte Juni bis Oktober, weiße Blüten in Dolden mit 10-20 Strahlen; kugelig eiförmige, bei Reife weißliche Früchte. Besondere Merkmale: 3 nach unten geschlagene Hüllblättchen an den Döldchen; auch Blattunterseiten glänzend; unangenehmer Geruch beim Zerreiben der Blätter. Vorkommen: an Wegen, auf Äckern, in Gärten, vor Gebüschen, teilweise in größeren Beständen; lockere Böden und Stickstoff liebend.

Verschmutzte Pflanzen meiden

Einige robuste und zähe Wildpflanzen trotzen widrigsten Umweltbedingungen und gedeihen selbst bei starker Belastung der Luft oder des Bodens, z. B. durch Schwermetalle. Da solche Schadstoffe zum Teil sehr fest an den Blättern haften oder gar von den Pflanzen aufgenommen werden, können Gesundheitsrisiken nicht einfach durch gründliches Waschen des Sammelguts ausgeschlossen werden. An stark belasteten Standorten verzichtet man besser ganz auf das Sammeln. Problematische Fundstellen dieser Art sind: Randstreifen von Autobahnen und anderen stark befahrenen Straßen, Industriegebiete, stillgelegte Fabrikflächen, Schutthalden sowie – bei Wasserpflanzen – stark verschmutzte Gewässer. Wo intensive Landwirtschaft, Gemüse- oder Obstanbau mit hohem Spritzmitteleinsatz betrieben werden, sollte man ebenfalls keine Wildpflanzen ernten. Als Sammelorte für typische Kulturbegleiter bieten sich eher Brachflächen, Streuobstwiesen, zum Teil auch Gärten und Parks an. Gute Voraussetzungen gibt es natürlich auch dort, wo Landwirte oder Gärtner ökologisch, unter Verzicht auf giftige Spritzmittel, wirtschaften.

Der Vollständigkeit halber sei erwähnt, dass auch in Wäldern zuweilen Pflanzenschutzmittel versprüht werden. Wer auf Nummer Sicher gehen will, sollte sich bei der zuständigen Forstverwaltung erkundigen. Dasselbe gilt für eine eventuelle Gefährdung durch den Fuchsbandwurm, die in manchen Waldregionen bestehen kann.

Sehr gering ist das Risiko, dass Wildpflanzen von Pilzen befallen sind, deren Stoffwechselprodukte der menschlichen Gesundheit schaden. Trotzdem lässt man Pflanzen, die Anzeichen von Pilzbefall zeigen, etwa dunkle, graue oder gelbe Blattflecken, besser stehen; ebenso Exemplare mit auffälligen Blattüberzügen und -belägen (auch Blattunterseiten begutachten) oder stark verformten Pflanzenteilen.

Die Sammelpraxis

Der erste Schritt beim Sammeln ist zwangsläufig das Suchen, sofern es sich nicht gerade um überall wachsende Pflanzen wie Brennnesseln handelt. Dabei hilft die Kenntnis der charakteristischen Lebensräume. Obwohl Wildpflanzen manchmal auch an für sie untypischen

Plätzen gedeihen, lassen sie sich doch recht eindeutig bestimmten Biotopen zuordnen, etwa lichten Waldrändern und Gebüschstreifen, Wegrändern und Böschungen oder mageren (nährstoffarmen), eher trockenen Plätzen. Der jeweilige Wuchsort einer Pflanze gibt oft auch schon einen nützlichen Hinweis, eine erste Eingrenzung für das Bestimmen ab und hilft ähnliche Arten auseinander zu halten, da diese oft unterschiedliche Standortansprüche haben. In bestimmten Lebensräumen kommen immer auch bestimmte Pflanzengesellschaften vor, sodass die Kenntnis einer Leitart Rückschlüsse zulässt, was an der Stelle sonst noch wachsen könnte.

Man sollte beim Sammeln übrigens daran denken, dass die „freie Natur" nicht immer ganz so frei ist, gerade im siedlungsnahen Umfeld. Da manche Zeitgenossen ungeniert und eimerweise Anbaufrüchte aus Obstpflanzungen oder von Feldern ernten, reagieren Bauern verständlicherweise empfindlich, wenn Sammler auf ihren Flächen herumlaufen – selbst wenn man nur ihr „Unkraut" pflücken will.

Auf der Suche nach Wildwurzeln umgewühlte Ackerrandstreifen werden ebenso ungern gesehen wie kahl geerntete junge Wildobststräucher, die so mancher umweltbewusste Landwirt in den letzten Jahren als Vogelnährgehölz gepflanzt hat. Zum Ehrencode des Wildpflanzensammlers gehört natürlich auch, dass er abgegrenzte, gartenähnliche Grundstücke nur nach Rücksprache mit dem Besitzer betritt.

Die jeweils günstigsten Jahreszeiten zum Sammeln der verschiedenen Arten lassen sich den Pflanzenporträts sowie dem Sammelkalender (s. ab S. 242) entnehmen. Da bei krautigen Pflanzen vorzugsweise die jungen, zarten Blätter geerntet werden, liegt die Hauptsaison im Frühjahr. Ein weiterer Schwerpunkt ergibt sich im Spätsommer und Herbst, wenn die Früchte der Wildgehölze reifen. Die Angaben in den Porträts, sowohl zum Sammelzeitpunkt wie zur jeweiligen Blütezeit, sind durchschnittliche Spannen. Die Pflanzenentwicklung kann je nach regionalem und Jahresklima sehr verschieden ablaufen. Gerade im Frühjahr sind die regionalen Unterschiede sehr ausgeprägt, im Rheintal z. B. regt sich die Vegetation um Wochen früher als im Voralpenland.

Ein wichtiges Kennzeichen essbarer Pflanzen ist vielfach ihr besonders aromatischer Geruch. Der entfaltet sich allerdings in der Regel erst dann, wenn man die Blätter zwischen den Fingern zerreibt. Geschmackstests führt man nur mit einer kleinen Probe durch und natürlich nur dann, wenn es sich ganz sicher nicht um eine Giftpflanze handelt. So oder so sollte man die Probe danach ausspucken.

Zur Sammelausrüstung gehört ein Paar robuster (Garten-)Handschuhe, um Verletzungen an bestachelten und bedornten Pflanzen sowie allergische Reaktionen auf photosensibilisierende Arten zu vermeiden. Generell empfehlenswert ist übrigens auch eine Tetanusimpfung, die von Zeit zu Zeit erneuert werden muss. Zum wichtigen Handgepäck des Sammlers zählen ein scharfes Messer und eine Schere; ein praktisches Utensil ist zudem eine kleine Lupe, die bei der genauen Bestimmung hilft. Für das Ausgraben von Wurzeln kann sich ein Hand- oder Klappspaten als nützlich erweisen.

Gesammelt werden selbstverständlich nur Teile gesunder Pflanzen, die nicht von Insekten zerfressen sind und weder Anzeichen von Pilzbefall noch irgendwelche starken Verschmutzungen aufweisen. Wird das Sammelgut noch am selben Tag zubereitet, kann es ruhig regen- oder taunass sein. Was jedoch länger aufbewahrt, getrocknet oder konserviert werden soll, darf beim Pflücken nicht allzu feucht sein. Das betrifft nicht nur Blätter, sondern auch Früchte.

Beim Pflücken bzw. Ernten geht man möglichst schonend mit den Pflanzen und mit dem Erntegut um – etwa so, wie wenn man welke Teile von einer Zimmerpflanze entfernt. Die Blätter, jungen Sprossteile, Blüten oder Früchte werden möglichst nicht abgerissen, sondern mit leichtem Ruck abgedreht, mit dem Fingernagel abgeknipst oder sauber abgeschnitten.

Das Sammelgut sollte nicht gequetscht werden und kommt am besten in einen luftigen Korb. Wenn man an einem warmen, sonnigen Tag länger unterwegs ist, sollte man die Pflanzenteile im Korb mit etwas Papier abdecken und das Behältnis möglichst im Schatten abstellen. Papier, am besten in Form etwas größerer Tüten, gehört somit ebenfalls zur Ausrüstung. Man kann darin Blättchen und andere kleinere Pflanzenteile transportieren und das Erntegut verschiedener Arten getrennt im Korb aufbewahren. Auch Leinentaschen eignen sich für diesen Zweck gut. Auf keinen Fall sollte das Sammelgut längere Zeit in einer luftundurchlässigen Plastiktüte transportiert werden.

Begeisterte Wildpflanzen-Fans, die gern größere Touren unternehmen, machen es sich bald zur Angewohnheit, die besten Fundorte zu notieren oder gar mit der Kamera festzuhalten. Anmerkungen zu den in verschiedenen Jahren vorgefundenen und geernteten Pflanzenmengen können schließlich auch beim verantwortungsvollen Umgang mit der Natur helfen. Man registriert auf diese Weise sehr bewusst die Entwicklung der Pflanzen und wird sich in „mageren" Jahren zurückhalten.

Tipps für die Wildpflanzenküche

Salate aus zarten Frühlingsblättern zählen zu den bekanntesten und beliebtesten Wildpflanzengerichten, doch die essbare Flora lässt sich darüber hinaus vielfältig kulinarisch nutzen. Hinweise dazu finden sich in den Pflanzenporträts unter dem Stichwort „Verwendung"; die konkreten Rezeptbeispiele demonstrieren dann, wie abwechslungsreich der Speiseplan mithilfe natürlicher Gaumenfreuden gestaltet werden kann. Daneben gibt es freilich unzählige weitere Möglichkeiten – ein weites Feld für fantasievolle Hobbyköche.

Experimentierfreudige Einsteiger in die Wildpflanzenküche orientieren sich zunächst am besten an vergleichbaren Kulturpflanzen: Wo die Blätter als Gemüse verwendet werden können, testet man z. B. verschiedene Spinat-, Mangold- oder Kohlrezepte, wilde Wurzeln und Knollen bereitet man etwa wie bekannte Wurzelgemüse zu. Entsprechend wählt man die Zutaten und Beilagen aus. Dieser einfache Weg führt oft schon zu schmackhaften Erfolgen, und man bekommt so bald ein Finger- und Zungenspitzengefühl dafür, inwieweit Mengen, Kochzeiten oder Zutaten variiert werden müssen, was zueinander passt und was nicht.

Die Praxiserfahrung zeigt natürlich auch erst, ob einem das jeweilige Wildpflanzenaroma zusagt oder vielleicht im Übermaß aufdringlich erscheint. Das kann nicht zuletzt von den verwendeten Pflanzenteilen, z. B. Sprossen oder Blättern, abhängen, in denen die geschmacksbildenden Stoffe oft unterschiedlich konzentriert sind. Der kreative Umgang damit beschränkt sich nicht auf die Mengenbemessung. Man kann je nach Gaumenentscheidung verschiedene Pflanzenteile als Hauptgericht, Beilagen oder Würze nutzen und mit entsprechenden Zutaten verfeinern.

Ebenso ist das Kombinieren verschiedener Wildpflanzen schlicht Geschmacks- und Übungssache. Hierzu sei empfohlen, zunächst die Pflanzen einzeln zu „erschmecken" und sich dann von seinem Gaumen und seiner Fantasie leiten zu lassen. Natürlich bieten Ihnen auch unsere Rezepte Anregungen dazu. Abgesehen von vielfältig zusammengestellten Frühlingssalaten sind allzu wilde Mischungen jedoch nicht empfehlenswert. Bei Gemüsegerichten beschränkt man sich oft besser auf eine Art, der höchstens noch eine zweite als Würze hinzugesellt wird.

Schonend vor- und aufbereiten

Was gemeinhin empfohlen wird, um Geschmack und Inhaltsstoffe von Gemüse und Kräutern zu erhalten, lässt sich uneingeschränkt auf essbare Wildplanzen übertragen. Zuallererst gilt es, die gesammelten Pflanzenteile möglichst frisch zu verwenden. Nach längerer Lagerung verlieren sie nicht nur an Aroma; der Vitamin-C-Gehalt z. B. kann schon nach wenigen Tagen um die Hälfte reduziert sein. Falls eine baldige Verwertung nicht möglich ist, sollte das Sammelgut an einem kühlen, dunklen Ort oder vorübergehend im Kühlschrank aufbewahrt werden.

Gröbere Verunreinigungen, etwa anhaftende Erde oder welke Blätter, werden gleich entfernt, wenn man das Erntegut aus dem Sammelkorb nimmt. Die „Feinsäuberung" führt man erst direkt vor dem Zubereiten durch. In der Regel genügt es, Blätter und andere grüne Pflanzenteile kurz, aber gründlich abzuwaschen. Manche Wildpflanzenköche raten, dem Waschwasser einen Schuss Essig zuzugeben. Entdeckt man beim Säubern kleine Raupen oder ähnliche unappetitliche „Beilagen", die beim Sammeln übersehen wurden, legt man das Pflanzenmaterial 5-10 Minuten in Salzwasser, das man dann durch ein Sieb abschüttet, und wäscht es danach nochmals gründlich. Ansonsten ist es ungünstig, das Erntegut mit allzu viel Wasser zu traktieren, da dabei wasserlösliche Vitamine ebenso ausgeschwemmt werden wie Geschmacksstoffe.

Ob die Blattstiele vor der Zubereitung entfernt werden müssen, hängt von Pflanzenart und -alter ab. Bei jungem, zartem Sammelgut ist das nicht immer nötig. Blätter mit mehr oder weniger rauer Behaarung werden gaumenfreundlicher, nachdem man sie in Öl eingelegt oder blanchiert hat. Stängel müssen häufig geschält werden, da in der Außenhaut zum Teil harte Faserstoffe eingelagert sind. Zum Säubern von Knollen und Wurzeln genügt manchmal schon eine Gemüsebürste. Allerdings ist die Rinde bzw. Außenhaut oft ausgesprochen bitter; in solchen Fällen führt kein Weg am gründlichen Schälen vorbei, was bei feinen Wurzeln freilich ein mühsames Geschäft ist. Knollen und Wurzeln werden ebenso wie Blätter und Stängel erst kurz vor der Zubereitung zerkleinert.

Verwendung als Salat und Rohkost

Was über das Kombinieren verschiedener Pflanzengeschmäcker gesagt wurde, gilt auch für die Zugabe von Salatölen, Essig und Gewürzen. Dem einen mundet Löwenzahnsalat mit Olivenöl vortrefflich, für den anderen verdeckt das Öl zu sehr das Wildpflanzenaroma. Als geschmacklich recht neutrale, gesunde Zugabe empfiehlt sich für Wildkräutersalate kaltgepresstes Sonnenblumen-, Distel- oder Traubenkernöl. Wenn man noch behutsam etwas Wein- oder Apfelessig sowie eine Prise Salz und Pfeffer hinzufügt, kann man kaum etwas verkehrt machen und die Kräuter unverfälscht genießen.

Eine Alternative zum Essig ist Zitronensaft, der den frischen Geschmack zarter Frühlingsblätter gut unterstützt. Weiterhin rundet Crème fraîche viele Wildpflanzenaromen hervorragend ab. Als Salatzutat kann sie zudem ebenso wie Sahne die Schärfe mancher Pflanzen, z. B. des Löffelkrauts, abmildern. Sehr gut passen auch einfache Vinaigretten aus Weinessig, Senf, Pfeffer, Salz und, wenn man es mag, etwas Zucker. Dazu kommen nach Belieben fein gehackte aromatische Würz- und Wildkräuter. Die Zutaten werden in einer Schüssel mit dem Schneebesen vermengt, dann wird nach und nach Öl untergerührt. Für 4 Portionen nimmt man 2 Esslöffel Essig, 1/2-1 Teelöffel Senf und 6 Esslöffel Öl.

Pflanzen mit sehr ausgeprägtem, charakteristischem Aroma, etwa der Bärlauch, sind in größeren Mengen genossen nicht jedermanns Geschmack. Für Salate empfiehlt es sich, solche

Wildkräuter zunächst nur mit einigen Blättchen als würzende Zugabe zu verwenden. Scharf und besonders intensiv schmeckende Pflanzen eignen sich auch gut für andere Formen der Rohkost, nämlich zum Herstellen von Brotaufstrichen, Wildkräuterbutter oder Wildkräuterquark.

Verwendung als Gemüse

Vor der eigentlichen Zubereitung ist es häufig ratsam, Blätter und Stängelteile in Salzwasser zu blanchieren, insbesondere bei Arten mit hohem Bitterstoffgehalt und derben, hartfaserigen oder rau behaarten Pflanzenteilen. Für zarte Blätter genügt das Übergießen mit kochendem Wasser, festere Pflanzenteile taucht man kurz darin ein; hartes oder sehr bitteres Wildgemüse bleibt bis zu 5 Minuten in der kochenden Flüssigkeit, der man noch etwas Salz zugegeben kann. Danach schreckt man das Gemüse mit (eis)kaltem Wasser ab. Das Blanchierwasser ist nicht weiter verwendbar und wird weggeschüttet. Durch das kurzfristige Erhitzen mit abruptem Abbruch werden wenig Inhaltsstoffe zerstört, aber Enzyme in ihrer Tätigkeit gestoppt. Dadurch behalten die Blätter bei der weiteren Zubereitung ihre grüne Farbe.

Das Kochen im engeren Sinne, also das Garen in reichlich Flüssigkeit bei 100 °C, ist in der Regel bei Wildpflanzen weder nötig noch ratsam. Bei dieser Zubereitungsart werden bekanntlich wertvolle Inhaltsstoffe beeinträchtigt bzw. „ausgekocht". Im Zusammenhang mit Gemüse, ob wild oder kultiviert, kommt das Kochen im wesentlichen nur für Suppen und Eintöpfe infrage. Gemüse oder Wildkräuter werden dann am besten nicht von Anfang an mit erhitzt, sondern erst in kochendes Wasser gegeben.

Als schonendste Garmethode empfiehlt sich das Dünsten im geschlossenen Topf unter Zugabe von etwas Fett oder Öl und wenig Wasser. Das Gemüse schmort so im eigenen Saft, schmeckt am intensivsten und ist besonders bekömmlich. Ähnliches gilt für die Zubereitung im Wok, in dem man das Gemüse mit wenig Öl oder Fett unter häufigem Umrühren erhitzt. Auch das Dämpfen (Garen durch Wasserdampf ohne Druck) mithilfe eines Siebeinsatzes im geschlossenen Topf gehört zu den gut geeigneten Garverfahren. Der Dampfdrucktopf dagegen taugt für zarte Blätter kaum, knollige Wurzelstöcke z. B. kann man damit jedoch schnell und ohne größere Inhaltsstoffverluste garen.

Verwendung als Würze

Intensiv schmeckende, aromatische Wildkräuter eignen sich hervorragend zum Würzen von Speisen aller Art und geben vielen Gerichten eine besondere Note, die das herkömmliche Gewürzregal in der Küche so nicht zu bieten hat. Selbst was einem „pur" als Wildgemüse nicht besonders mundet, kann in dezenter Dosis, etwa als Zutat im gemischten Salat, in ganz anderem geschmacklichen Licht erscheinen. Zum Teil eignen sich auch etwas ältere Blätter, die kein zartes Gemüse mehr ergeben, durchaus noch als Würzkraut – zuweilen sogar besser, da sie mehr Geschmacksstoffe ausgebildet haben als der frühe Laubaustrieb.

Auch sonst gelten oft andere Regeln als bei Salat und Gemüse; so ist z.B. nicht immer frisches Sammelgut gefragt, manches entfaltet erst nach der Trocknung sein wahres Aroma. Beim Würzen kommen neben den Blättern verstärkt andere Pflanzenteile zur Anwendung, von Wurzeln über Blütenknospen und Samen bis hin zu den Beerenzapfen des Wacholders, die jeweils verschiedene Behandlungen verlangen und sehr unterschiedlich eingesetzt werden. Auf die wie Küchenkräuter genutzten Pflanzen trifft allerdings das meiste zu, was für Wildsalate und -gemüse empfohlen wurde: die möglichst frische Verwendung sowie das schonende Säubern und Aufbereiten. Besonders wichtig ist, dass die Kräuter erst kurz vor der Verwendung zerkleinert werden, am besten mit einem Wiegemesser. Zu Gemüse, Fleisch oder Fisch werden sie häufig erst am Ende zugegeben, das komplette Mitgaren würde bei vielen Arten zum Verlust des Aromas führen.

Bei den als Würzkräuter verwendeten Arten bietet sich das Konservieren am ehesten an, da dafür nur kleine Mengen benötigt werden. Das geläufigste Verfahren ist das Trocknen. Dafür braucht man einen schattigen, warmen Platz, an dem die Luft zirkulieren kann, z. B. auf dem Dachboden. Die Pflanzen hängt man entweder in lockeren Bündeln kopfunter auf, oder man breitet sie auf Rosten aus. Diese werden am besten auf einen erhöhten Holzrahmen gelegt, damit auch Luftzufuhr von unten gewährleistet ist. Wenn hohe Trocknungstemperaturen nötig sind, kann im spaltbreit geöffneten Backofen getrocknet werden. Die trockenen Kräuter werden gerebelt, also fein zerrieben, und in möglichst luftdicht verschlossenen Schraubgläsern an einem dunklen Ort aufbewahrt.

Eine andere, kulinarisch reizvolle Art der Kräuterkonservierung ist das Einlegen in Essig oder Öl. Allerdings konserviert man so nicht die Kräuter selbst, sondern ihre Aromen, da die Pflanzenteile – je nach gewünschter Würzintensität – nach 10 - 20 Tagen abgesiebt werden. Anders bei einer Ölpaste nach Art des italienischen Pesto: Hierzu gibt man auf 100 ml Öl 100 g fein gewiegte Kräuter und 1 Teelöffel Salz. Für eine solche Zubereitung eignen sich vor allem Geißfuß und Bärlauch, die auch gemischt werden können.

Verwendung von Wildobst

Frische Walderdbeeren, Brombeeren und anderes wild wachsendes Beerenobst bieten dem Gaumen immer wieder unvergleichliche Genüsse. Auch Felsenbirnen munden direkt vom Strauch. Bei Krähenbeere, Schlehe und einigen anderen Gehölzen muss man allerdings den Winter bzw. den ersten Frost abwarten, bis sie ihre Geschmacksqualitäten entfalten. Und viele Wildobstarten sind sogar nur nach Verarbeitung genießbar. In Marmeladen und Gelees, als Säfte, Sirup oder Fruchtmus jedoch schmecken z. B. Hagebutten, Kornelkirschen oder die Früchte von Speierling und Mispel hervorragend. An anderen Wildobstarten wiederum scheiden sich die Geister; teils stört man sich an hohen Säure- oder Bitterstoffgehalten, teils werden Früchte – je nach Geschmack – als fad oder als zart fruchtig empfunden.

Nun beißt man, bildlich gesprochen, selbst wegen der hohen Vitamin - C - Gehalte nicht gleich in jeden sauren Apfel. Doch durch Mischung mit süßeren Obstarten und Zugabe von Honig oder Zucker wird nicht nur die Säure kompensiert, oft treten dann auch die angenehmeren Geschmackskomponenten der Früchte in den Vordergrund. Saure Obstarten eignen sich natürlich gut zur Herstellung von Essig. Legt man nach der Gärung noch 2-3 Wochen lang aromatische Wildkräuter ein, kann man wirklich extravagante Geschmacksnoten erzielen.

Wer sich ein wenig mit der Praxis der alkoholischen Gärung vertraut macht und geeignete Glasballons für diesen Zweck ersteht, wird auch bei der Herstellung von Wildfruchtweinen und -likören viele interessante Möglichkeiten entdecken. Wichtig ist dabei, dass alle Gerätschaften und Gefäße sorgfältigst gereinigt werden, um weder Schimmel noch andere unerwünschte Pilze oder Bakterien zu fördern. Dies gilt auch für Marmeladen und ähnliche Obstzubereitungen.

Gekochte Wildfrüchte – die übrigens immer noch einen recht hohen Vitamin - C-Gehalt haben – sowie die frisch verwertbaren Obstarten lassen sich ansonsten beliebig für Süßspeisen und Ähnliches verwenden: Die Palette reicht von Fruchtquark und -eis über Kompott und Pudding bis hin zu Kuchen und Torten.

Hinweise zu den Rezepten

Sämtliche Rezepte sind für 4 Personen ausgelegt. Die jeweiligen Zutatenmengen können natürlich je nach eigenem Appetit und Geschmack variiert werden. Wenn man Wildpflanzen mit ausgeprägtem Aroma zum ersten Mal probiert, verwendet man zunächst besser etwas geringere Mengen, solange man nicht sicher ist, ob die Geschmacksrichtung einem wirklich zusagt. Umgekehrt kann es bei manchem Sammelgut nötig werden, das Quantum zu erhöhen, da die Intensität der Aromen, wie erwähnt, schwanken kann.

Ernte- und Reifezeitpunkte sind bei Wildpflanzen längst nicht so vereinheitlicht und verbindlich anzugeben wie beim gezüchteten Kulturgemüse. Je nach Wuchsbedingungen kann es auch Unterschiede im Wassergehalt und im Anteil fester Gerüstsubstanzen geben. Das kann dazu führen, dass hier und da etwas längere oder kürzere Garzeiten nötig sind als angegeben. Dabei spielt freilich auch die persönliche Gaumenentscheidung eine Rolle, ob man bestimmte Gemüse eher „al dente" oder weich bevorzugt.

Sofern vor der Zubereitung die Blattstiele zu entfernen sind, steht in den Rezepten der Begriff Blättchen für die nutzbaren Blattabschnitte bzw. Teilblätter. Wiegen bezeichnet das feine Zerkleinern mithilfe des Wiegemessers.

Die verwendeten Abkürzungen:
EL = Esslöffel
TL = Teelöffel
Msp. = Messerspitze
Min. = Minuten
g = Gramm
mg = Milligramm
l = Liter
ml = Milliliter
m = Meter
cm = Zentimeter
mm = Millimeter

Wildpflanzen im Garten

Eine elegante Möglichkeit, zu Wildpflanzen-Genüssen zu kommen, bietet sich Gartenbesitzern: Viele Arten lassen sich ohne weiteres im Garten ansiedeln, das „Sammeln" wird so äußerst bequem. Selbst auf Balkon oder Terrasse kann man kleinere Wildstauden in Gefäßen ziehen. Man mag nun feinsinnige Betrachtungen darüber anstellen, ob es sich dann noch um „echte" Wildpflanzen handelt. Jedenfalls schmecken die im Garten kultivierten Exemplare ebenso gut wie wild wachsende, sofern man ihnen geeignete Plätze zu bieten hat. Typische Kulturbegleiter und früher als Gemüse genutzte Arten munden oft sogar besser als Sammelgut vom Acker- oder Wegesrand, und man kann sicherstellen, dass sie frei von Schadstoffen sind.

Wer die besonderen Aromen bestimmter Spezies schätzt, darf so vor seiner Haustür ohne schlechtes Gewissen auch größere Mengen ernten. Und bei einigen selten gewordenen Arten ist die Gartenkultur sogar die einzige Möglichkeit, überhaupt noch Pflanzen für die Küche zu erhalten. Das betrifft z.B. den Guten Heinrich, der hier und da von Spezialgärtnereien angeboten wird, oder auch die Felsenbirne, in vielen Regionen weit häufiger in Gärten als in der freien Landschaft zu finden.

Lebhafte Gartengestaltung

Versender von Gemüseraritäten, Wildstaudengärtnereien sowie Baumschulen mit Wildgehölzsortiment sind die Bezugsquellen für entsprechende Samen oder Jungpflanzen. Dort werden solche Arten weiter vermehrt, also keinesfalls aus der Natur entnommen. Adressen solcher Versandgärtnereien findet man in Garten- und Naturzeitschriften oder auch in Journalen der Naturschutzverbände. Das Angebot an Wildpflanzen verdanken wir einerseits dem

Bemühen, verdrängte Arten durch Gartenkultur zu erhalten, sowie dem zunehmenden Interesse am Naturgarten.

Viele Gärtner schätzen mittlerweile die zarten Blüten und anmutigen Formen von Wildpflanzen, die besondere Gestaltungen ermöglichen und ein ganz eigenes Flair in den Garten bringen. Besonders vorteilhaft lassen sich naturnahe Arten, je nach Standortansprüchen, an Schattenplätzen, in der Umgebung eines Teichs oder im Steingarten einsetzen. Die meisten Wildobstarten sind zugleich wichtige Vogelschutzgehölze, bieten Freibrütern Nistplätze und anderen gefiederten Gästen bis in den Winter hinein Nahrung. Einen Teil der Wildobsternte darf man ihnen gönnen, zumal sie sich auch durch eifrige Schädlingsvertilgung nützlich machen. Ebenso tun das Igel und Kröten, die in wild bepflanzten Gartenecken gern Unterschlupf suchen. Über Wildkräuter und -stauden freuen sich Bienen, Hummeln und Schmetterlinge, die hier weit mehr Nahrung finden als bei vielen Gartenblumen mit für sie untauglichen Prachtblüten.

Pflanzen für den Naturgarten

Zu den Ein- und Zweijährigen mit hübschen Blüten gehören Gänseblümchen, Klatschmohn, Lungenkraut, Malve und Ochsenzunge. Die meisten Wildblumen sind jedoch mehrjährig bzw. ausdauernd, zählen also zu den Stauden. Einige ansehnliche gartentaugliche Vertreter dieser Gruppe sind Beinwell, Braunelle, Dost, Fetthenne, Frauenmantel, Glockenblume, Huflattich, Nachtkerze, Natternkopf, Schafgarbe, Schlüsselblume, Thymian, Waldziest, Weidenröschen, Wiesenknopf, Wiesenmargerite. Bei Auswahl und Pflanzung von Wildstauden sollte man sehr genau auf deren Boden- und Lichtansprüche achten, sonst wird man wenig Freude an ihnen haben.

Günstige Standorte vorausgesetzt, haben einige Wildpflanzen einen gewaltigen Ausbreitungsdrang, sodass mit der Zeit ein regelmäßiges Eindämmen des Flächenwachstums nötig wird; das ist dann aber auch in der Regel die einzig nötige Pflegemaßnahme. Die kriechende Verbreitung über bewurzelnde Sprosse oder Ausläufer kann man sich allerdings zunutze machen, indem man Problemstellen mit niedrigen Arten begrünt. Gute Bodendecker für Halbschatten und/oder Schatten sind Bärlauch, Gundermann, Sauerklee, Scharbockskraut, Taubnessel, Walderdbeere, Waldmeister und Wohlriechendes Veilchen. Für sonnigere Plätze kommt das Gänsefingerkraut infrage. Auch für den Gartenteich hat die essbare Wildflora etwas zu bieten: Bachbunge, Brunnenkresse, Kalmus und Mädesüß können den Teichrand zieren, die schwimmenden Wasserlinsen gelten als gute Algenhemmer.

Berberitze, Brombeere, Felsenbirne, Haselnuss, Heidelbeere, Holunder, Kornelkirsche, Mispel, Sanddorn, Wacholder, Weißdorn, Wildrosen – so liest sich das Alphabet der gartentauglichen Wildgehölze. Man sollte allerdings schon bei der Auswahl daran denken, dass die meisten dieser Arten mit den Jahren recht groß und ausladend werden.

Weit weniger Zierwert als die vorgenannten Pflanzen haben z. B. Melde, Gänsefuß, Löffelkraut, Löwenzahn, Pastinake oder Sauerampfer. Man baut sie eher wie Gemüse auf einem sonnigen, gut gelockerten, mit Kompost versorgten Beet an. Ebenso kann man mit anderen früheren Kulturgemüsen und -kräutern verfahren, etwa Nachtkerze, Beinwell, Beifuß und Lungenkraut. Schließlich sieht man auch Unkräuter wie Giersch, Vogelmiere und Stachellattich dann doch mit etwas anderen Augen, nachdem man sie zum ersten Mal als schmackhaftes Gemüse genossen hat. Und die Brennnessel, so lästig sie manchmal ist, hat nicht nur kulinarischen Wert. Mit ihren Blüten zählt sie nebenbei zu den wichtigsten Schmetterlingsnährpflanzen, und die Blätter sind ebenso wie die des Schachtelhalms für Pflanzenschutzbrühen und -jauchen verwendbar.

Wildkräuter, Wildgemüse

Die Beschreibung der Pflanzen
erfolgt in alphabetischer Reihenfolge
der wissenschaftlichen Gattungsnamen.

Gemeine Schafgarbe

Familie: Korbblütengewächse *(Asteraceae, auch: Compositae)*
Andere Namen: Wiesenschafgarbe, Tausendblatt, Grillenkraut, Grensing, Rippel
Beschreibung: Deutliche Kennzeichen der ausdauernden Pflanze sind die stark gefiederten Blätter, die beim Zerreiben einen deutlich würzigen Geruch entfalten. Jedes Blatt besteht aus zahlreichen Teilblättchen, die wiederum gefiedert sind. Das von der Basis her buschig verzweigte Kraut wird 30 - 80 cm hoch. Ab Frühsommer erscheinen die in doldenartigen Rispen angeordneten Blütenkörbchen, innen mit gelblich weißen Röhrenblüten, die außen von meist 4 - 5 weißen oder rosaroten Zungenblüten umgeben sind.
Blütezeit: Juni bis Oktober
Vorkommen und Verbreitung: Die Gemeine Schafgarbe ist in ganz Europa recht häufig zu finden. Sie wächst auf Wiesen, an Wegrändern und Böschungen, außerdem in lichten Wäldern. Nährstoffreiche Böden werden bevorzugt, sie gedeiht aber fast überall, wo es nicht dauerfeucht und überwiegend sonnig ist. In Gärten trifft man meist Zuchtsorten an, seltener die naturnahe Wildform.
Ähnliche Arten: Die Sumpfschafgarbe *(Achillea ptarmica)* wächst zerstreut an feuchten Standorten. Ihre Blätter sind nicht gefiedert, an den Körbchen sitzen meist mehr als 8 Zungenblüten. Die Blätter können wie die der Gemeinen Schafgarbe verwendet werden.
Verwechslungsgefahren: Blütenlose Pflanzen könnten auf den ersten Blick mit Farnen verwechselt werden, unterscheiden sich davon jedoch durch deutlich ausgebildete Stängel und vor allem durch den aromatischen Geruch.
Sammelgut und Sammelzeit: Am besten schmecken die jungen Blättchen des Neuaustriebs, von Februar bis April geerntet. Ältere Blätter können die ganze Vegetationszeit hindurch gepflückt werden, sind jedoch härter. Vorsicht: Schafgarbensaft kann bei dafür empfindlichen Menschen Entzündungen (Bläschenbildung) hervorrufen, wenn die benetzte Haut dem Sonnenlicht ausgesetzt wird.
Verwendung: Die jungen, zarten Blätter bereichern gemischte Salate, Gemüsesuppen und Kräuterquark. Ältere Blätter schmecken eher herbbitter; man kann sie klein gehackt als Würzkraut verwenden, dünsten oder in Butter anbraten.
Rezept: Kabeljaufilets mit Schafgarbe
Zutaten: 1 - 2 EL frische Schafgarbenblättchen, Salz, 4 Kabeljaufilets, Currypulver, Pfeffer, 2 - 3 EL Butter, 100 ml Weißwein, 1 Zitrone, 4 EL Crème fraîche.
Zubereitung: Die Schafgarbenblätter kurz blanchieren, abtropfen lassen und die Mittelrippe entfernen. Die Kabeljaufilets würzen und in der geschmolzenen heißen Butter bei geringer Hitze etwa 5 Min. (je nach Dicke der Filets) dünsten. Die Fischfilets wenden, die Schafgarbenblättchen darüber streuen und weitere 5 Min. dünsten. Den Fischsud mit dem Weißwein ablöschen. Die Zitrone in Scheiben schneiden, die Filets mit je 1 EL Crème fraîche und 2 Zitronenscheiben garnieren und servieren. Dazu passen Reis, ein bunter Wildkräutersalat und Weißwein.

Achillea millefolium L.

Echter Kalmus

Familie: Kalmusgewächse *(Acoraceae)*
Andere Namen: Deutscher Ingwer, Magenwurz, Brustwurz, Kalms, Kalmen, Kamswuttel
Beschreibung: Die ausdauernde, 60-120 cm hohe Pflanze hat dreikantige, rinnige Stängel und lange schwertförmige, hellgrüne Blätter, oft am Rand gewellt. Im Sommer bilden sich nahe der Stängelspitze 6-8 cm lange, seitlich abstehende Kolben, besetzt mit zahlreichen kleinen, gelbgrünen bis hellbraunen Blüten. Der Kalmus überdauert den Winter mithilfe eines dicken braunen Wurzelstocks mit Blattnarben auf der Oberseite und an der Unterseite entspringenden, wenig verzweigten Wurzeln. Der Wurzelstock ist innen weiß mit einem rosa Schimmer und riecht stark aromatisch.
Blütezeit: Juni bis Juli
Vorkommen und Verbreitung: Den Kalmus findet man im Uferbereich stehender und fließender Gewässer sowie an sumpfigen Standorten, wo er regelrechte Dickichte bildet. Im 16. Jahrhundert wurde er aus Ostasien als Heilpflanze eingeführt, verwilderte dann und ist heute in fast ganz Europa eingebürgert und gebietsweise häufig. Die wüchsige Sumpfstaude kann auch im Flachwasserbereich großer Gartenteiche gepflanzt werden.
Verwechslungsgefahren: Wer im Frühjahr an Feuchtstandorten junge Kalmusblätter ernten will, wird häufig auf die ähnlichen Blätter von Rohrkolben (*Typha*-Arten) stoßen. Die sind allerdings nicht giftig, nur wenig schmackhaft. Gefährlicher wäre eine Verwechslung mit dem seltenen, schwach giftigen Zungen-Hahnenfuß *(Ranunculus lingua)*, der sich erst später durch seine gelben Blüten deutlich unterscheidet. Sicherstes Kennzeichnen des Kalmus ist in diesem Stadium sein oben beschriebener, aromatischer Wurzelstock.
Sammelgut und Sammelzeit: Wurzelstöcke werden im September/Oktober gesammelt. Zum Trocknen (bei 30 - 35 °C) schneidet man sie in etwa 3 cm lange Stücke, die man der Länge nach viertelt. Blätter erntet man am besten bald nach dem Austrieb.
Verwendung: Die zerteilten, getrockneten Wurzelstöcke dienen als Gewürz und lassen sich ähnlich wie Ingwer, Zimt oder Lorbeerblätter einsetzen. Zuweilen werden sie auch eingezuckert oder als Konfitüre gekocht. Junge, zarte Blätter und Sprossteile können wie Salat oder Gemüse zubereitet werden.
Rezept: Schweinelendchen mit Kalmus
Zutaten: 1 EL getrocknete Kalmuswurzeln, 4 EL Sonnenblumenöl, 800 g Schweinelende, Piment, Salz, 150 g grob gehackte Walnüsse.
Zubereitung: Die Kalmuswurzeln würfeln und in heißem Öl dünsten. Die Schweinelendchen in Scheiben schneiden, würzen, zu den Kalmuswurzeln geben und bei geringer Hitze 5-8 Min. braten. Die Lendenscheiben wenden, mit den Walnüssen bestreuen und weitere 5-8 Min. braten. Die Walnüsse ständig umrühren, damit sie nicht zu dunkel werden. Dazu passt ein Kalmussalat aus zarten Blättern, nur mit Öl, Balsamessig, Salz und einigen Bärlauchblättchen oder Knoblauch angerichtet.

Acorus calamus L.

Giersch

Familie: Doldenblütengewächse *(Apiaceae,* auch: *Umbelliferae)*
Andere Namen: Zaungiersch, Geißfuß, Gichtkraut, Zipperleinkraut, Baumtropfen
Beschreibung: Die ausdauernde, 30-100 cm hohe Pflanze besitzt hohle, kahle, gefurchte Stängel und dreieckige oder dreigeteilte Blätter mit länglich eiförmigen Teilblättchen, die an den Rändern deutlich gesägt sind. Sie sitzen an langen, im Querschnitt dreikantigen Blattstielen. Im Frühsommer erscheinen an den Spitzen der oben ästig verzweigten Stängel die zusammengesetzten, flachen Blütendolden mit 12-18 Strahlen. Aus den Blütchen entwickeln sich kleine, länglich eiförmige Früchte. Unter der Erde findet man einen kriechenden Wurzelstock mit langen, dünnen Ausläufern.
Blütezeit: Juni bis August
Vorkommen und Verbreitung: Der Giersch wächst gern auf lehmigen, stickstoffreichen Böden und wird in Gärten oft als Unkraut lästig, da er sich kräftig ausbreitet und schnell größere Bestände bildet. Zu finden ist er außerdem in feuchten Laub- und Mischwäldern, besonders auch in Auwäldern, sowie unter Hecken und Gebüschen. Die Pflanze ist in Europa fast überall häufig.
Verwechslungsgefahren: Die Familie der Doldenblütler umfasst viele ähnliche Arten, darunter auch einige giftige (s. S. 15 ff.). Deren Blätter sind jedoch deutlich gefiedert, also wesentlich feiner unterteilt. Charakteristisches Unterscheidungsmerkmal ist außerdem der dreikantige Blattstiel des Giersch.
Sammelgut und Sammelzeit: Die Blätter können von Frühjahr bis Herbst gepflückt und verwendet werden. Solange sie noch hellgrün, glänzend und leicht gekräuselt sind – bis etwa Anfang Mai – schmecken sie besonders zart.
Verwendung: Der Giersch gibt ein schmackhaftes, vitaminreiches Gemüse ab, die zarten Frühjahrsblätter und -sprosse munden auch als Salat. Mit ihrem petersilienartigen Aroma eignen sich auch ältere Blätter als Würze, z. B. in Quark oder Suppen. In Norddeutschland zählt der Giersch zu den „Neunerlei-Kräutern" für die so genannte Grüne Suppe.
Rezept: Bunter Kartoffel-Giersch-Salat
Zutaten: 300 g Möhren, 800 g Salatkartoffeln, 100 g Gierschstängel, 1 Zwiebel, 200 g Joghurt, 1-2 EL Weißweinessig, 4 Tomaten, 1 Salatgurke, 250 g braune Champignons, Pfeffer, Salz, 4-6 EL Öl, 2 EL fein gehackte Gierschblätter.
Zubereitung: Die Möhren schälen und zusammen mit den Kartoffeln in kochendem Salzwasser bissfest garen. Die Gierschstängel schälen. Die Zwiebeln fein würfeln und mit dem Joghurt und dem Essig in eine Schüssel geben. Die Kartoffeln pellen und in Scheiben schneiden, die Möhren in Stifte schneiden, die Tomaten waschen und vierteln, die Gurke schälen und grob würfeln. Die Champignons waschen, würzen, in Scheiben schneiden und mit den Gierschstängeln in heißem Öl bei geringer Hitze etwa 15 Min. dünsten. Alles mit der Joghurtsoße vermischen, würzen, mit den Gierschblättern abschmecken und mit den Tomatenvierteln garnieren.

Aegopodium podagraria L.

Gemeiner Frauenmantel

Familie: Rosengewächse *(Rosaceae)*
Andere Namen: Mantelkraut, Gänsegrün; botanisch auch als *Alchemilla vulgaris* geläufig
Beschreibung: Kennzeichnend für die ausdauernde, 10 - 50 cm hohe Pflanze sind die im Umriss nierenförmigen, 7- bis 11 - lappigen Blätter. Sie scheiden an den Rändern kleine Wassertröpfchen ab, die dann oft in der Blattmitte zu größeren, glänzenden Tropfen zusammenlaufen. Die Blätter sind am Rand deutlich gekerbt, zum Teil zottig behaart und bilden eine Art Rosette, über der sich die recht dünnen, beblätterten Stängel erheben. Ab Frühsommer zeigen sich an ihren Enden die Blütenrispen mit grüngelben Einzelblüten, bestehend aus glockigen Kelchen mit 4 Kelchzähnen. Der Frauenmantel überdauert mithilfe eines stark verholzten Wurzelstocks.
Blütezeit: Mai bis September
Vorkommen und Verbreitung: Der Gemeine Frauenmantel ist in ganz Europa vom Tiefland bis in alpine Höhen verbreitet, je nach Region häufig oder zerstreut. Wiesen und Weiden, Feldränder und Waldlichtungen sowie Heiden sind typische Standorte, wobei etwas feuchte, lehmige, leicht beschattete Stellen bevorzugt werden. Die Wildstaude eignet sich gut für naturnahe Pflanzungen und bevorzugt Halbschatten bis Schatten.
Ähnliche Arten: Der kleinere Alpen-Frauenmantel *(Alchemilla alpina)* hat fast bis zum Grund geteilte, unterseits dicht behaarte Blätter. Er kommt nur ab 1200 m Höhe vor und empfiehlt sich schon wegen seiner Seltenheit nicht für Küchenzwecke. In Gärten sieht man am häufigsten die dicht buschige, reichblütige *Alchemilla mollis*, die in Osteuropa heimisch ist.
Sammelgut und Sammelzeit: Man sammelt die jungen Blätter vor der Blüte. Für die Zubereitung von Kräutertee (u. a. gegen Darmbeschwerden) können die Blätter bis August geerntet werden.
Verwendung: Frische Blätter munden als Salat und als Gemüse. Geschmacklich passen sie z.B. gut zu Brennnesseln, Sauerampfer und Lauch. Getrocknete Blätter kann man aufbewahren und als Würze sowie für Tees verwenden.
Rezept: Frauenmantelsuppe
Zutaten: 1 Zwiebel, 2 EL Öl, 150 g Frauenmantelblätter, Salz, 1 l Gemüsebrühe, eine Prise Muskatnuss, Pfeffer, 100 g Crème fraîche.
Zubereitung: Die Zwiebel fein würfeln und in heißem Öl glasig dünsten. Die Frauenmantelblätter kurz blanchieren, abtropfen lassen und zu der Zwiebel geben. Gemüsebrühe hinzugießen, das Ganze würzen, aufkochen lassen und bei geringer Hitze 15 - 20 Min. garen. Die Suppe pürieren, in Teller füllen und mit je 1 EL Crème fraîche servieren. Als hübsche und leckere Garnierung können Wildkräuterblüten, z. B. Gänseblümchen, verwendet werden. Dazu schmeckt frisches Baguette mit Kräuterbutter.

Alchemilla xanthochlora Rothm.

Knoblauchrauke

Familie: Kreuzblütengewächse *(Brassicaceae,* auch: *Cruciferae)*
Andere Namen: Knoblauchkraut, Lauchkraut, Knoblauchhederich; botanisch auch als *Alliaria officinalis* geläufig
Beschreibung: Deutliches Kennzeichen der meist zweijährigen, 20-100 cm hohen Pflanze ist der namengebende Knoblauchgeruch, den die Blätter beim Zerreiben entfalten. Die ungeteilten Blätter sind nieren- bis herzförmig; im unteren Bereich lang gestielt und grob gekerbt, weiter oben am aufrechten, kräftigen Stängel mit kurzem Blattstiel und gezähnten Rändern. Die Blütchen mit 4 weißen Blütenblättern stehen in doldenähnlichen Trauben zusammen. Aus ihnen bilden sich bis 6 cm lange, 4-kantige Schoten, die viele kleine Samen enthalten.
Blütezeit: April bis Juli
Vorkommen und Verbreitung: Auf nährstoffreichen, lockeren, etwas feuchten Böden ist die Knoblauchrauke in ganz Mitteleuropa häufig zu finden. Lichte Wälder, Wald- und Wegränder, Gebüsche, manchmal auch Gärten und Parks, bieten der Pflanze optimale Wuchsbedingungen, wobei sie schattige Standorte bevorzugt. Früher wurde sie in Bauerngärten als Salatpflanze angebaut.
Verwechslungsgefahren: Gefahren im eigentlichen Sinn drohen nicht. Die Einzelblüten der Knoblauchrauke ähneln denen vieler Kreuzblütler, etwa denen des ebenfalls essbaren Hederichs (s. S. 142). Die Blattform der Knoblauchrauke ist allerdings ebenso wie ihr Geruch sehr charakteristisch; Verwechslungen mit Brennnesseln lassen sich durch eine Riechprobe leicht vermeiden.
Sammelgut und Sammelzeit: Die Blätter werden von April bis Juni gesammelt und sind vor der Blüte am aromatischsten. Samenernte ist ab Juli bis September möglich.
Verwendung: Wem das Aroma des echten Knoblauchs zu durchdringend ist, der findet vielleicht in den Blättern der Knoblauchrauke den optimalen Ersatz. Sie sind von ähnlichem Geschmack, aber deutlich milder, und eignen sich deshalb gut als Beigabe zu Salaten und Gemüsegerichten. Die ebenfalls würzigen, etwas bitteren Samen lassen sich wie Senfkörner verwenden. Der ältere botanische Name *A. officinalis* weist darauf hin, dass die Knoblauchrauke früher als „offizinelle" Heilpflanze genutzt wurde.
Rezept: Kräuteraufstrich
Zutaten: 200 g fetthaltiger Schafskäse, 4 EL Joghurt, 1-2 El. Olivenöl, 100 g Knoblauchraukenblätter, einige Zitronenmelisseblätter, Salz, Pfeffer, Chilipulver, 1 Tomate.
Zubereitung: Den Schafskäse würfeln und mit dem Joghurt und dem Olivenöl gründlich verrühren. Die Knoblauchraukenblätter und die Zitronenmelisse fein wiegen und mit der Käse-Joghurt-Masse vermischen. Mit den Gewürzen abschmecken und mit den Tomatenvierteln servieren.

Alliaria petiolata (M. B.) Cavara et Grande

Bärlauch

Familie: Lauchgewächse *(Alliaceae)*
Andere Namen: Bärenlauch, Bärenkraut, Waldknoblauch, Hexenzwiefel
Beschreibung: Der Bärlauch überdauert mithilfe einer schmalen, länglichen Zwiebel, aus der im Frühjahr 2-3 gestielte, lanzettliche Blätter treiben, die bis zu 30 cm lang werden können. Etwa ebenso hoch wachsen die aufrechten, oben unbeblätterten, stumpf dreikantigen Stängel mit den doldenartigen Blütenständen an der Spitze. Die Einzelblüten haben 5 sternförmig angeordnete Kronblätter. Nach der Blüte zieht die Pflanze allmählich die oberirdischen Teile ein, um erst im nächsten Frühjahr wieder zu erscheinen.
Blütezeit: April bis Juni
Vorkommen und Verbreitung: Auf den Bärlauch trifft man in bodenfeuchten Auwäldern, in Buchen- und Laubmischwäldern. Er bildet dort regelrechte Kolonien, die weithin einen knoblauchartigen Duft verströmen. Auch auf humusreichen, lockeren Böden in Parks macht er sich gern unter Bäumen und Sträuchern breit.
Ähnliche Arten: Je nach Region gibt es zahlreiche weitere wilde *Allium*-Arten, meist mit schmalen, schnittlauchähnlichen Blättern und rosa Scheindolden, z.B. der Weinbergslauch *(A. vineale)*. Die Pflanzen sind essbar, jedoch schwer zu identifizieren; sie sollten ohnehin geschont werden.
Verwechslungsgefahren: Folgenschwer wäre eine Verwechslung mit Maiglöckchen, deren giftige Blätter sehr ähnlich aussehen. Sie riechen allerdings nicht nach Knoblauch und zeigen im Mai die typischen Blütenglöckchen. Im Zweifelsfall sollte man unbedingt abwarten, bis die Blüten Aufschluss geben.
Sammelgut und Sammelzeit: Gesammelt werden die jungen Blätter vor der Blüte, und zwar ab März, nach der Schneeglöckchenblüte, bis in den Mai hinein. Bärlauchzwiebeln sind ebenfalls verwendbar; man erntet sie im September/Oktober, nachdem man sich im Frühjahr den Fundort vorgemerkt hat.
Verwendung: Blätter und Zwiebeln des Bärlauchs haben ein kräftiges Knoblaucharoma und sollten deshalb roh nur sparsam verwendet werden. Gekochte Blätter schmecken deutlich milder und geben ein feines Frühjahrsgemüse ab.
Rezept: Überbackenes Rotkraut mit Bärlauchwürze
Zutaten: 200 g Dinkel, Chilipulver, Salz, 3 EL Sonnenblumenöl, 400 g Rotkraut, Muskatnuss, Pfeffer, 3-4 Bärlauchzwiebeln, 100 g grob gehackte Walnüsse, 200 g Cambozola, 100 g süße Sahne.
Zubereitung: Die Dinkelkörner über Nacht in Wasser einweichen, salzen und leicht mit Chilipulver würzen. Die Körner kurz in heißem Öl anbraten, das Ganze gut mit Wasser bedecken, aufkochen lassen und bei geringer Hitze etwa 45 Min. garen. Die Rotkrautblätter in kochendem Wasser mit Pfeffer, Salz und Muskatnuss etwa 15 Min. garen. Die abgetropften Blätter in eine gefettete Backform legen. Die Bärlauchzwiebeln fein wiegen, mit dem Dinkel vermischen und auf den Rotkrautblättern verteilen. Die Walnüsse darüber streuen, die Cambozolascheiben darauf verteilen und die Sahne darüber gießen. Das Ganze im Ofen 15-20 Min. überbacken.

Gemeine Ochsenzunge

Familie: Borretschgewächse *(Boraginaceae)*
Andere Namen: Echte, Gewöhnliche Ochsenzunge
Beschreibung: Die ausdauernde, seltener nur zweijährige Ochsenzunge wird 30 - 80 cm hoch. Der aufrechte, kantige Stängel ist mit steifen Härchen besetzt, ebenso die Blätter. Die unteren Blätter zeigen eine länglich zungenartige Form; die oberen, kleineren Blätter sitzen direkt am Stängel bzw. Blütenstiel, den sie zum Teil umfassen. Durch die Behaarung erscheinen die Blätter bläulich grün, zur Blütezeit sind sie oft schon verwelkt. Aus den rötlichen, rispenartig dicht zusammenstehenden Knospen öffnen sich karminrote, später violettblaue Blüten mit 5 Blütenblättern, die im unteren Bereich zu einer geraden, nicht geknickten Röhre verwachsen sind. Unter der Erde entdeckt man eine kräftige, mehrköpfige Pfahlwurzel mit schwarzer Rinde.
Blütezeit: Mai bis September
Vorkommen und Verbreitung: Das Wildkraut mit den hübschen Blüten wächst zwar fast überall in Europa, ist jedoch nirgendwo häufig und tritt nur zerstreut auf. Es gedeiht vorwiegend an trockenen, sandigen und kalkarmen Standorten, etwa an Weg- und Ackerrändern sowie Bahndämmen, bei Steinbrüchen und auf Trockenrasen. Die sonnenliebende, aber auch halbschattenverträgliche Ochsenzunge gehört zu den schönsten Wildstauden für den Naturgarten.
Verwechslungsgefahren: Ähnliche, wenn auch weniger steif behaarte Blätter haben junge Fingerhüte *(Digitalis)*, die zu den hochgiftigen Pflanzen zählen. Am sichersten erkennt man sie an den ab Juni erscheinenden Trauben mit 2-5 cm langen, nickenden Blütenglocken mit breitem Schlund. Beim roten Fingerhut *(D. purpurea)* sind sie purpurrot, bei *D. grandiflora* und *D. lutea* hellgelb.
Sammelgut und Sammelzeit: Gesammelt werden die jungen Blätter und Sprossspitzen vom Frühjahr bis kurz vor der Blüte.
Verwendung: Zarte Blätter und Triebspitzen ergeben ein leckeres Gemüse, das sich auch gut mit anderen Wildarten mischen lässt. Nach Einlegen in Öl kann man die Blätter außerdem roh als Salat genießen.
Rezept: Ochsenzungengemüse
Zutaten: 800 g Ochsenzungenblätter, Salz, 1 Zwiebel, 1 Knoblauchzehe, 2 EL Sonnenblumenöl, 100 ml Gemüsebrühe, Pfeffer, Muskatnuss, süße Sahne.
Zubereitung: Die Ochsenzungenblätter blanchieren, abtropfen lassen und wiegen. Die Zwiebel fein würfeln, die Knoblauchzehe fein zerdrücken und alles kurz in heißem Öl andünsten. Die Gemüsebrühe und die Ochsenzungenblätter hinzufügen, würzen und bei geringer Hitze 15 - 20 Min. dünsten. Gegen Ende der Garzeit das Ganze nach Belieben mit Sahne verfeinern. Überschüssige Flüssigkeit verdampfen lassen oder mit etwas Frischkäse eindicken.

Anchusa officinalis L.

Waldengelwurz

Familie: Doldenblütengewächse *(Apiaceae,* auch: *Umbelliferae)*
Andere Namen: Wilde Engelwurz, Waldbrustwurz, Angelika
Beschreibung: Die zweijährige bis ausdauernde Pflanze fällt durch ihre imposante Gestalt auf. Sie kann über 2 m hoch werden; der runde, innen hohle, aber kräftige Stängel erreicht am Grund fast Armdicke. Er ist oft rötlich getönt. Die 2- bis 3-fach gefiederten, am Rand gesägten Blätter können im unteren Bereich über 50 cm groß werden. Auffällig sind die bauchig aufgetriebenen Blattscheiden am Stängel. Die Engelwurz bildet einen verdickten Wurzelstock, besetzt mit kräftigen Wurzeln. Im Sommer erscheinen die großen, oft halbkugeligen Dolden mit 20-40 Strahlen, an denen die weißen oder rosafarbenen Blütchen sitzen. Alle Pflanzenteile duften würzig.
Blütezeit: Juli bis September
Vorkommen und Verbreitung: Bodenfeuchte, nährstoffreiche, lehmige Standorte sagen der häufig vorkommenden Waldengelwurz am meisten zu. Auwälder und feuchte Wiesen, Gräben und Wegränder sind bevorzugte Standorte. Sie gibt auch eine eindrucksvolle Gartenpflanze ab, selbst für Schattenplätze.
Ähnliche Arten: Essbar und auf gleiche Weise zu nutzen ist die sehr ähnliche Echte Engelwurz *(Angelica archangelica)*, in unseren Breiten wahrscheinlich aus alten Anpflanzungen verwildert. Sie wächst noch etwas stattlicher und blüht schon ab Juni mit grünlich weißen Dolden.
Verwechslungsgefahren: Die meisten anderen Doldenblütler haben kleinere, feiner unterteilte bzw. stark gefiederte Blätter. Jede Verwechslung mit giftigen Doldenblütlern muss jedoch ausgeschlossen werden. (s. S. 15 ff).
Sammelgut und Sammelzeit: Junge, nachwachsende Triebe und Blätter werden vom Frühjahr bis zum Sommer gesammelt; Samen sind je nach Blütezeit ab August reif, Wurzeln gräbt man im September oder Oktober aus. Auch die Blüten können verwendet werden. Empfindliche Personen sollten beim Sammeln Handschuhe tragen, da der Pflanzensaft Hautausschläge verursachen kann.
Verwendung: Zarte Blattstängel und Blätter können als Salat oder Gemüse zubereitet werden und eignen sich aufgrund ihres ausgeprägt würzigen Geschmacks gut für Mischungen. Die Wurzeln, die man nach dem Waschen längs spaltet, zerkleinert und dann am besten bei 40 °C trocknet, sind ebenso wie die Samen als Zutat für verdauungsfördernde Kräuterliköre und -schnäpse gebräuchlich. Die Blüten dienen als würzende Beigabe.
Rezept: Waldengelwurzröllchen
Zutaten: 100 g junge Engelwurztriebe, 1 EL Sonnenblumenöl, 50 g Sellerie, Salz, Pfeffer, 8 Scheiben gekochter Schinken, 4 große Engelwurzblätter.
Zubereitung: Die Engelwurztriebe schälen und kurz in heißem Öl rösten. Den Sellerie schälen, in Stifte schneiden und in kochendem Salzwasser garen. Nach etwa 5 Min. die Engelwurztriebe hinzufügen und alles etwa 10-15 Min. garen. Das Wasser abgießen, das Gemüse pfeffern und auf die Schinkenscheiben setzen. Die Scheiben einrollen und auf den Engelwurzblättern servieren.

Große Klette

Familie: Korbblütengewächse *(Asteraceae,* auch: *Compositae)*
Andere Namen: Bolstern, Klebern, Kirmsen
Beschreibung: Typisch und sprichwörtlich sind die kugeligen, gut 3 cm großen Blütenkörbchen, die an Kleidern oder selbst an der Haut haften „wie Kletten". Dies verursachen die hakigen Hüllblätter, die die rötlich violetten Röhrenblüten umgeben. Die Körbchen stehen an den Spitzen und in den Achseln der Blütenstiele in lockeren Blütenständen beisammen. Am 50 - 200 cm hohen, aufrechten, markigen, reich verzweigten Stängel trägt die meist zweijährige Pflanze große, rundliche oder herzförmige Blätter, die unterseits graufilzig behaart sind. Die Grundblätter können bis zu 50 cm lang werden, nach oben hin sind die Blätter kleiner. Unter der Erde findet man eine lange, spindelförmige, fleischige Wurzel.
Blütezeit: Juli bis September
Vorkommen und Verbreitung: Die Große Klette bildet zerstreute, kleinere Unkrautbestände an Wegen und Waldrändern, in Gärten und auf Brachflächen, bevorzugt auf lehmigen Böden. Sie ist ein europaweit verbreiteter Kulturbegleiter und kommt auch in höheren Lagen vor. In Japan und China wird sie als Nutzpflanze angebaut.
Ähnliche Arten: Es gibt einige weitere Klettenarten, die nicht als essbare Pflanzen genutzt werden. Unter diesen ist die Filzige Klette *(Arctium tomentosum)* am verbreitetsten; sie bleibt in allen Teilen etwas kleiner als die Große Klette und besitzt wollig umhüllte Blütenkörbchen.
Sammelgut und Sammelzeit: Blätter und junge Sprosse sammelt man im Frühjahr, Blattstängel ab April bis Juni (im zweiten Lebensjahr der Pflanze). Wurzeln werden im Oktober oder November (des ersten Jahres) ausgegraben.
Verwendung: Blätter und junge Sprosse sind Geschmackssache, da sie recht viele Bitterstoffe enthalten. Blanchiert und mit anderem Wildgemüse gemischt können sie durchaus munden. Ausgesprochen fein schmecken – gekocht und roh – die jungen Stängel, die man allerdings sehr sorgfältig schälen muss; ihr Aroma ist mild, angenehm süsslich bis nussig. Eine ähnliche Delikatesse stellen die Wurzeln dar, die ebenfalls von der Rinde befreit werden müssen. Gerade sie bieten mit ihren verschiedenen wertvollen Inhaltsstoffen und dem hohem Inulingehalt, der für Diabetiker vorteilhaft ist, einen besonders gesunden Genuss.
Rezept: Klettenwurzelgemüse
Zutaten: 400 g Klettenwurzeln, Salz, 300 ml Gemüsebrühe, 40 g Butter, 1 EL gewiegte Wiesenknopfblätter.
Zubereitung: Die Klettenwurzeln schälen und in Scheiben schneiden. Die Scheiben etwa 5 Min. blanchieren und dann etwa 30 Min. in der kochenden Gemüsebrühe garen. Die Brühe in ein Gefäß abgießen und als Suppe verwenden. Die Klettenwurzeln in heißer Butter dünsten, mit den Wiesenknopfblättern bestreuen und servieren. Das feine Wildgemüse passt gut zu Kurzgebratenem oder Fisch.

Arctium lappa L.

Beifuß

Familie: Korbblütengewächse *(Asteraceae,* auch: *Compositae)*
Andere Namen: Beiges, Besenkraut, Flohkraut, Gänsekraut, Magert, Wilder Wermut
Beschreibung: Die ausdauernde Pflanze treibt im Frühjahr mehrere aufrechte, runde, reich verzweigte Stängel, die bis zu 1,5 m hoch wachsen und oft rötlich überlaufen sind. Die 5-10 cm langen, fiederteiligen Blätter sind oberseits dunkelgrün, unterseits weißfilzig behaart und haben einen charakteristischen herbwürzigen Geruch. Anders als viele Korbblütler bildet der Beifuß keine Zungenblüten aus; die etwa 5 mm langen, eiförmigen, gelblich grünen Körbchen bestehen nur aus Röhrenblüten. Sie sind in ährenähnlichen Rispen angeordnet, begleitet von schmalen Hochblättern. Zur Überdauerung dient ein ästiger Wurzelstock, der keine Ausläufer treibt.
Blütezeit: Juli bis September
Vorkommen und Verbreitung: Der in Europa vielerorts häufige Beifuß wächst an Wegen, Bahndämmen, Waldrändern und in Schottergruben, auf Kultur- und Brachland. In Gärten wurde er früher häufig als Würz- und Heilpflanze angebaut.
Ähnliche Arten: Der in gleicher Weise verwendbare, recht bittere Wermut *(Artemisia absinthium)* wächst nicht ganz so hoch, verholzt im unteren Stängelbereich und ist auch blattoberseits silbrig behaart. Letztere Eigenschaften zeigt auch der bis 60 cm hohe Strandbeifuß *(A. maritima)*, der nur an der Küste und auf salzhaltigen Standorten vorkommt.
Sammelgut und Sammelzeit: Man sammelt die oberen Triebspitzen im Blütenknospenstadium, also etwa ab Juni bis Anfang August. Sie werden dann im Schatten getrocknet, gerebelt und in einem verschließbaren Glas aufbewahrt. Junge Triebe für die Frischverwendung entnimmt man im Frühjahr vor der Blüte.
Verwendung: Die verdauungsfördernden Eigenschaften der altbewährten Heilpflanze macht man sich seit jeher zunutze, indem man fetten Gänse- und Entenbraten damit würzt oder Beifuß in Bitter-Likören verarbeitet. Man kann ihn auch zu Soßen und Marinaden geben oder bei der Essigherstellung hinzufügen.
Rezept: Gänseschmaus mit Beifuß
Zutaten: 1 Apfel, 200 g braune Champignons, 1 Gans, 1 Zwiebel, 1 EL Olivenöl, 500 ml Gemüsebrühe, 5 g Beifuß, 3-4 TL süßes Paprikapulver, Salz, Pfeffer.
Zubereitung: Den Apfel schälen und raspeln. Die Champignons waschen, fein würfeln, pfeffern, salzen und mit dem Apfel vermischen. Die Gans waschen, innen und außen mit den Gewürzen einreiben, dann mit der Champignon-Apfel-Masse füllen. Die Zwiebel fein würfeln und in heißem Öl anbraten. Die Gemüsebrühe, den Beifuß und die Gewürze hinzugeben und das Ganze bei geringer Hitze etwa 5 Min. köcheln lassen. Die Hälfte der Brühe in einen Bräter füllen und die Gans hineinlegen. Die Backzeit im Ofen beträgt bei 200 °C je nach Größe der Gans 2 1/2-3 Stunden. Die Gans immer wieder mit der verbliebenen Brühe bestreichen. Die restliche Brühe gegen Ende des Garens darüber gießen und die Gans bei 250 °C etwa 10 Min. bräunen. „Klassische“ Beilagen sind Rotkraut und Kartoffeln.

Artemisia vulgaris L.

Spießmelde

Familie: Gänsefußgewächse *(Chenopodiaceae)*
Andere Namen: Spießblättrige Melde; botanisch auch als *Atriplex hastata* geläufig
Beschreibung: Bei dieser 30 - 80 cm hohen, einjährigen Melde sind die unteren Blätter meist spießförmig dreieckig, die oberen Blätter etwas schmaler, oft mit deutlich ausgezogenen Ecken zum Blattstiel hin. Häufig haben die Blätter eine ausgeprägte Zähnung, sie können aber auch glattrandig sein. Vor allem junge Spießmelden sehen oft wie mit Mehl bestäubt aus. Charakteristische Kennzeichen stellen die dreieckigen Vorblätter dar, die jeweils unterhalb der Blütenknäuel sitzen. Diese setzen sich aus unscheinbaren, grünlichen Blütchen zusammen, aus denen kleine braune Samen entstehen.
Blütezeit: Juli bis September
Vorkommen und Verbreitung: Die in ganz Europa zerstreut vorkommende Pflanze bildet Bestände an Acker- und Wegrändern sowie auf Brachland. Häufiger anzutreffen ist sie an der Meeresküste und auf Schlickböden, da sie sich gern an feuchten, salzhaltigen Standorten ansiedelt.
Ähnliche Arten: Die Spreizende Melde *(Atriplex patula)* gehört zu den häufigsten Melden und bevorzugt lockere, stickstoffreiche Böden. Ihren Namen hat sie von den stark abstehenden Seitentrieben. Anders als bei der Spießmelde sind Blätter und Blütenvorblätter nicht dreieckig, sondern länglich oval. Zuweilen findet man auch die ähnliche Gartenmelde *(A. hortensis)*, eine früher häufig kultivierte Art. Beide sind ebenso essbar wie die verwandten Gänsefußarten (s. S. 66).
Verwechslungsgefahren: An den Küsten und auf Schlickböden kommt noch eine weitere, wenig schmackhafte Meldenart vor, die Strandmelde *(A. littoralis)*. Sie ist durch ihre schmalen, lanzettlichen Blätter zu unterscheiden.
Sammelgut und Sammelzeit: Die Blätter sammelt man vor der Blüte, am besten im Frühjahr. Im Frühsommer sollte man vorher einen Geschmackstest durchführen, oft sind die Blätter dann schon bitter.
Verwendung: Man bereitet die zarten Blätter als Salat oder als Gemüse zu. Die eng verwandte Gartenmelde war einer der wichtigsten Vorläufer des Spinats, was bestimmte Zubereitungen schon nahelegt. In Osteuropa werden die Blätter ähnlich wie Weißkohl eingelegt, um eine Art Sauerkraut herzustellen.
Rezept: Meldensalat
Zutaten: 1 Schalotte, 1 Bärlauchzwiebel, 2 EL Weintraubenkernöl, 200 g Spießmeldenblätter, Salz, Pfeffer, 1/2 Zitrone, 100 g Hüttenkäse.
Zubereitung: Die Schalotte und die Bärlauchzwiebel fein würfeln, in einer Schüssel mit dem Öl und den Spießmeldenblättern gut vermischen. Das Ganze würzen. Die Zitrone auspressen und den Hüttenkäse mit dem Zitronensaft und den Gewürzen abschmecken. Den Salat auf die Teller verteilen und je 1 EL Hüttenkäse dazugeben.

Atriplex prostrata Boucher ex DC.

Barbarakraut

Familie: Kreuzblütengewächse *(Brassicaceae,* auch: *Cruciferae)*
Andere Namen: Barbenkraut, Winterkresse
Beschreibung: Die zweijährig oder ausdauernd wachsende, bis zu 60 cm hohe Pflanze trägt im unteren Stängelbereich leierförmig gefiederte Blätter mit großer rundlicher Endfieder; oben sind sie verkehrt eiförmig oder fiederschnittig und stängelumfassend. Sie bleiben bis in den Winter hinein grün, zumindest bis zum 4. Dezember, dem Barbaratag, was der Pflanze ihren Namen verliehen hat. Recht eindeutige Merkmale zeigen die gelben Blüten, die an den Triebspitzen in Trauben zusammenstehen: Die Blütenblätter sind doppelt so lang wie der Kelch, die Fruchtknoten gut 3-mal so lang wie breit. Daraus bilden sich im Sommer an dünnen Stielen abstehende kleine Schoten.
Blütezeit: April bis Juni
Vorkommen und Verbreitung: Feuchte, sonnige Stellen mit hohem Kiesanteil und reichlich Stickstoff im Boden sind genau das Richtige für das Barbarakraut. Und so findet man es häufig an Kieswegen und Bahndämmen, auch an Ufern, auf steinigem Ödland und Kahlschlägen. Das Kreuzblütengewächs ist in ganz Europa verbreitet, kommt zum Teil aber nur zerstreut vor.
Verwechslungsgefahren: Verwechslungen könnten am ehesten mit ähnlich beblätterten, gelb blühenden Kreuzblütlern vorkommen. Darunter befinden sich ebenfalls schmackhafte Pflanzen, z.B. Hederich (s. S. 142) und Ackersenf (s. S. 156); nur mäßig gut munden Raps (blaugrüne Blätter) oder Rübsen (untere Blätter meist behaart). Der ungenießbare Ackerschöterich *(Erysimum cheiranthoides)* hat ungeteilte, gesägte Blätter, an denen man unter der Lupe 3-zackige Härchen erkennt.
Sammelgut und Sammelzeit: Gesammelt werden die noch wintergrünen Blätter sowie der zarte Neuaustrieb im Frühjahr.
Verwendung: Die Winterblätter kann man als spinatartiges Gemüse zubereiten, junge Frühjahrsblätter bereichern Salate mit mildem, kresseartigem Geschmack.
Rezept: Gefüllte Champignons mit Barbarakraut
Zutaten: 8 Riesenchampignons, 1-2 EL Olivenöl, 1 Tomate, 100 g Barbarakrautblätter, 100 g Frischkäse, 1/2 Kopfsalat, 1 EL saure Sahne, 1 TL geriebener Meerrettich, Salz, Pfeffer.
Zubereitung: Die Pilze waschen. Die Stiele von den Pilzen entfernen, in feine Scheiben schneiden und mit den Pilzhüten unter häufigem Umrühren etwa 20 Min. in heißem Öl dünsten. Die Tomaten waschen, würfeln und kurz mitdünsten. Die Barbarakrautblätter grob hacken und mit dem Frischkäse vermischen. Die Pilzstiele und die Tomatenwürfel zur Kräuterkäsemasse geben, die saure Sahne, den Meerrettich, die Gewürze hinzufügen und alles gut vermischen. Die noch warmen Pilzhüte mit der Masse füllen und auf grünen Salatblättern servieren.

Barbarea vulgaris R. Br.

Gänseblümchen

Familie: Korbblütengewächse *(Asteraceae,* auch: *Compositae)*
Andere Namen: Tausendschön, Maßliebchen, Marienröschen
Beschreibung: Die schlichteren Verwandten der Gartenmaßliebchen sind ausdauernde Pflanzen, deren eiförmige bis spatelartige, leicht behaarte Blätter eine lockere Rosette bilden. Darüber erheben sich bis 15 cm hohe, unbeblätterte Stängel, die jeweils ein Blütenkörbchen tragen. Die äußeren Zungenblüten sind weiß oder rötlich überlaufen, die inneren Röhrenblätter gelblich. Abends und bei feuchter Witterung schließen sich die Körbchen.
Blütezeit: März bis November
Vorkommen und Verbreitung: Das Gänseblümchen findet sich nicht nur – züchterisch bearbeitet – in Gärten und Balkonkästen wieder; es wächst in ganz Mitteleuropa wild, bis in höhere Berglagen hinauf. Häufig trifft man es auf Wiesen, Weiden und Rasen an, ebenso an Feld- und Wegrändern. Das Korbblütengewächs bevorzugt lehmige Böden und wächst meist in in kleineren oder größeren Gruppen.
Ähnliche Arten: Die gezüchteten Gänseblümchen-Varianten eignen sich nicht zum Verzehr.
Sammelgut und Sammelzeit: Blätter, noch nicht behaarte Blütenknospen und Blüten können über die ganze Vegetationszeit geerntet werden, die Blätter sogar während des Winters. Nachtreibende junge Rosettenblätter im Frühjahr sind natürlich am zartesten.
Verwendung: Die Blätter munden am besten als Salat, können aber auch als Gemüse gegart werden. Marinierte bzw. in Essig eingelegte Blütenknospen sind als Gewürz verwendbar, die Blüten eignen sich als ansprechende Garnierung. Da das Gänseblümchen häufig vorkommt und die Blätter recht bekömmlich sind, steht selbst dem täglichen Genuss im Rahmen einer Frühjahrskur nichts im Wege.
Doch Vorsicht: Die Pflanze wirkt nicht nur blutreinigend, sondern auch leicht abführend.
Rezept: Frühlingsquark mit Wildkräutern
Zutaten: 1 Schalotte, 500 g Speisequark, 1 EL Olivenöl, Salz, Pfeffer, 20 g Pastinakenblätter, 30 g junge Gänseblümchenblätter, 1 Sauerampferblatt, 10 Gänseblümchenblüten.
Zubereitung: Die Schalotte in feine Scheiben schneiden. Die Scheiben mit dem Quark und dem Öl vermischen und das Ganze würzen. Dickere Blattstiele von den Pastinaken- und Gänseblümchenblättern entfernen. Die Blätter hacken, das Sauerampferblatt wiegen und den Quark mit den Kräuern vermischen. Mit Gänseblümchenblüten garnieren.

Bellis perennis L.

Wiesenknöterich

Familie: Knöterichgewächse *(Polygonaceae)*
Andere Namen: Schlangenknöterich, Otternzunge; botanisch auch *Polygonum bistorta* geläufig
Beschreibung: Die ausdauernde Pflanze verdankt ihren Zweitnamen „Schlangenknöterich" dem schlangenartig gewundenen, etwa daumenstarken braunen Wurzelstock, der weit kriechende Ausläufer treibt. Die schlanken, unverzweigten Stängel erscheinen dadurch oft in regelrechten Horsten. Die wechselständigen Blätter sind länglich eiförmig bis lanzettlich, am Rand gewellt, oberseits dunkelgrün und unterseits blaugrün. An den Stängelspitzen bilden sich schon früh die Blütenähren, die walzenartig geformt sind und bis zu 8 cm lang werden können. Sie sind dicht mit rosaroten Blüten besetzt.
Blütezeit: Mai bis August
Vorkommen und Verbreitung: Der Wiesenknöterich ist in Europa weit verbreitet und kommt an feuchten Standorten häufig vor, auch in höheren Lagen, jedoch kaum in Küstenregionen. Man findet ihn, meist gesellig wachsend, auf nährstoffreichen Wiesen, an Bachrändern und Straßengräben oder in Auwäldern. Er ist eine sehr attraktive Staude für feuchte Gartenbereiche und Teichränder.
Ähnliche Arten: Der Vogelknöterich *(Polygonum aviculare)*, eine einjährige Pflanze, hat auf den ersten Blick wenig Ähnlichkeit mit dem Wiesenknöterich. Er bildet bis zu 50 cm lange, stark verzweigte, meist niederliegende, zum Teil aufsteigende Stängel mit länglich ovalen Blättern. Die kleinen rosa oder grünlichen Blüten stehen zu mehreren in den Blattachseln und erscheinen ab Mai. Die anspruchslose Pflanze wächst auf Ödland und Äckern, in Gärten und an Wegen, sogar in Pflasterritzen. Die jungen Stängel und Blätter sind sehr vitamin- und eiweißhaltig und können als Salat oder Gemüse zubereitet werden.

Sammelgut und Sammelzeit: Die jungen Blätter pflückt man ab März bis Mai, bevor der Blütenstängel erscheint.
Verwendung: Die jungen Wiesenknöterichblätter munden roh in Salaten. Wie Spinat zubereitet, sind sie ein ausgezeichnetes, sehr bekömmliches Gemüse.
Rezept: Wiesenknöterichpastete
Zutaten: 150 g Dörrfleisch, 2 EL Öl, 1 kleine Zwiebel, 100 g Wiesenknöterichblätter, Salz, 100 ml Gemüsebrühe, 50 g Austernpilze, Pfeffer, 1 Bund Petersilie, 2-3 TL süße Sahne, 4-8 kleine Blätterteigplatten, 4-8 große Salatblätter.
Zubereitung: Das Dörrfleisch fein würfeln und gut anbraten. Die Zwiebel ebenfalls fein würfeln, dazugeben und glasig dünsten. Die Knöterichblätter blanchieren, abtropfen lassen, mit der Gemüsebrühe pürieren und zusammen mit den Austernpilzen zu Zwiebeln und Dörrfleisch geben. Das Ganze würzen, aufkochen lassen und bei geringer Hitze etwa 10 Min. garen. Die Petersilie fein wiegen und mit der Sahne unterrühren. Je 1 EL der Masse auf die Teigplatten setzen, diese um die Füllung schlagen und die Pasteten 20-30 Min. im Ofen garen. Auf großen Salatblättern servieren.

Bistorta officinalis Delarbre

Schwarzer Senf

Familie: Kreuzblütengewächse *(Brassicaceae,* auch: *Cruciferae)*
Andere Namen: Roter Senf, Brauner Senf, Keck, Mostartkorn
Beschreibung: Der Schwarze Senf ist einjährig und sorgt durch reiche Samenbildung für seinen Fortbestand. Er wächst als Wildpflanze 60-100 cm hoch, manchmal auch höher, mit unten schwach, oben stark verzweigtem Stängel und durchweg gestielten, dunkelgrünen Blättern, die zumindest oben ungeteilt sind. An den Spitzen der Seitentriebe und der Blütenstängel stehen die leuchtenden gelben Blüten büschelartig beisammen, mit jeweils vier Blütenblättern, die doppelt so lang sind wie der Kelch. Nach der Blüte bilden sich 2-3 cm lange, aufrecht stehende, 4-kantige Schoten, die die rundlichen, rotbraunen Samenkörner enthalten.
Blütezeit: Juni bis September
Vorkommen und Verbreitung: Die Pflanze wird nahezu weltweit zur Gewinnung von Senf bzw. Mostrich angebaut und schon seit der Antike für diese Zwecke sowie als Heilpflanze genutzt. Bei Beständen in der freien Landschaft handelt es sich um verwilderte Nachkommen früher kultivierter Pflanzen. Man findet sie vor allem an feuchten Stellen, z.B. an Flussufern oder auf frischen Äckern.
Ähnliche Arten: Ackersenf (s.S. 156) und Hederich (s.S. 142) sind sowohl im Aussehen als auch in der Verwendung sehr ähnlich.
Verwechslungsgefahren: Ähnlichkeit besteht mit Barbarakraut (s.S. 48) sowie mit Rübsen (untere Blätter meist behaart) und Raps (blaugrüne Blätter), die ebenfalls essbar sind. Der ungenießbare Ackerschöterich *(Erysimum cheiranthoides)* besitzt ungeteilte, gesägte Blätter mit 3-zackigen Härchen (unter der Lupe erkennbar) und wird nur 30-60 cm hoch.
Sammelgut und Sammelzeit: Die Blätter kann man von März bis Oktober sammeln, die Samen ab Juli bis in den Herbst hinein.
Verwendung: Die Senfkörner sind sehr scharf, wohl noch etwas schärfer als die des Weißen Senfs *(Sinapis alba)*, und sollten nur zurückhaltend verwendet werden. Eine eher leichte, angenehme Schärfe entfalten junge Blätter, die sich gut für Salate eignen. Ältere Blätter ergeben ein kohlähnliches Gemüse.
Rezept: Selbstgemachter Kräutersenf
Zutaten: 30 g Senfsamen, 1 EL junge, fein gewiegte Wiesenknopfblätter, 1 EL junge, gewiegte Malvenblätter, 1 EL Weißweinessig, 2-3 EL Traubenkernöl, 1 Ei.
Zubereitung: Die Senfsamen mahlen oder in Wasser einweichen und im Mörser zerreiben. Den zerriebenen Senf mit den Kräutern, dem Essig und dem Öl vermischen. Das Ei hart kochen und das Eigelb mit dem Senf verrühren. Durch das Eigelb bekommt der Senf eine schöne Farbe, ist dann allerdings nicht lange haltbar.

Brassica nigra (L.) W.D.J. Koch

Sumpfdotterblume

Familie: Hahnenfußgewächse *(Ranunculaceae)*
Andere Namen: Sumpfbutterblume
Beschreibung: Bei aufrechtem Wuchs können die Stängel der ausdauernden Pflanze bis zu 60 cm Höhe erreichen, oft wachsen sie aber auch niederliegend bzw. kriechend. Sie sind kahl, innen hohl und tragen nierenförmige, dunkelgrüne, glänzende, fein gekerbte Blätter, unten mit langen, rinnigen Blattstielen, oben kurz gestielt oder direkt am Stängel sitzend. Aus den rundlichen bis 4-kantigen Knospen, zu mehreren an den Triebspitzen stehend, öffnen sich die dottergelben, glänzenden, bis zu 4 cm breiten Blüten. Aus den 5-8 Fruchtknoten je Blüte entstehen sternförmige Balgfrüchte.
Blütezeit: März bis Juni, manchmal Zweitblüte ab Juli bis November
Vorkommen und Verbreitung: Die Sumpfdotterblume wächst, wie ihr Name schon sagt, an bodenfeuchten Stellen und verträgt auch eine zeitweise Überflutung im Wurzelbereich. Entsprechend findet man sie an Ufern und Gräben, in Auwäldern und auf nassen Wiesen, wo sie oft größere Bestände bildet. Durch Trockenlegen von Feuchtgebieten ist die Sumpfdotterblume in einigen Regionen selten geworden und zählt mancherorts zu den gefährdeten Arten. Sie wird auch als Staude kultiviert und an Gartenteichen gepflanzt.
Verwechslungsgefahren: Schon ihre großen, ungeteilten, dunkelgrünen Blätter unterscheiden die Sumpfdotterblume recht deutlich von anderen Hahnenfußgewächsen, zu denen auch einige giftige Arten zählen. Spätestens durch die großen, gelb glänzenden Blüten werden eventuelle Zweifel beseitigt. Relativ ähnlich ist das ebenfalls essbare Scharbockskraut (s.S. 140).
Sammelgut und Sammelzeit: Gesammelt werden die noch nicht geöffneten Blütenknospen im Frühjahr.
Verwendung: Die gesalzenen, in Essig oder Öl eingelegten Blütenknospen wurden früher verbreitet als „deutsche Kapern" genutzt, d.h. als Ersatz für die einst teuren Knospen des echten Kapernstrauchs. Das kann man mit den schmackhaften Sumpfdotterknospen heute noch tun, es sollte jedoch sicherheitshalber ein seltener Genuss bleiben. Die Blätter der Pflanze sind leicht giftig, und es wird zumindest angenommen, dass auch die Knospen problematische Stoffe enthalten. Andererseits gibt es Hinweise, dass diese durch Blanchieren und Einlegen in Salz oder Essig unschädlich gemacht werden.
Rezept: Sumpfdotterknospenpaste
Zutaten: 80 g Sumpfdotterknospen, 3 Fleischtomaten, 1-2 EL Olivenöl, Salz, 20 g Knoblauchraukenblätter.
Zubereitung: Die Sumpfdotterknospen mit kochendem Salzwasser überbrühen und 3 Stunden stehen lassen. Das Wasser abgießen und die Knospen fein wiegen. Die Tomaten über Kreuz zart einschneiden und in kochendem Wasser brühen, die Haut abziehen und den Blütenansatz entfernen. Das Fruchtfleisch würfeln und etwa 5 Min. in heißem Öl dünsten. Die Knospen hinzufügen und alles etwa 5 Min. weiterdünsten. Restliche Flüssigkeit verdampfen lassen. Die Paste mit Salz abschmecken und vom Herd nehmen. Die Knoblauchraukenblätter fein wiegen und untermischen. Die Paste zu Weißbrot servieren.

Caltha palustris L.

Familie: Glockenblumengewächse *(Campanulaceae)*
Andere Namen: Rapunzelartige Glockenblume
Beschreibung: An besonders günstigen Standorten entwickeln sich stattliche Exemplare mit fast 1 m Höhe, man findet aber auch nur etwa 30 cm hohe Vertreter der Art. Die unverzweigten Stängel sind etwas rau behaart und im Querschnitt rund oder nur andeutungsweise kantig. An ihnen sitzen kurz gestielte, eiförmige, spitz zulaufende, am Rand gesägte Blätter, häufig etwas nach unten gebogen. Zur Blütezeit sind die untersten Blätter oft schon verwelkt. Die blauvioletten, zum Teil bis zu 4 cm langen Trichterblüten haben 5 deutliche Zipfel mit feinem Wimpernbesatz und sind alle nach einer Seite hin ausgerichtet. Zur Überdauerung und Verbreitung dienen der Pflanze kriechende, dünne runde Ausläufer, die Wurzeln sind büschelig.
Blütezeit: Juni bis August
Vorkommen und Verbreitung: Die Ackerglockenblume wächst oft in kleinen Gruppen an Feld- und Wegrändern sowie an sonnigen Wald- und Gebüschsäumen. Lehmige, kalkhaltige Böden sagen ihr am meisten zu. Sie ist in nahezu ganz Europa verbreitet. Im Naturgarten gehört sie zu den schönsten Stauden und kann aus Samen angezogen werden.
Ähnliche Arten: Es gibt mehrere Glockenblumen, die auf dieselbe Weise in der Küche verwendet werden können, z. B. die Nesselblättrige Glockenblume *(Campanula trachelium,* s. Abb. rechts mit Blüte und Blatt), die Breitblättrige Glockenblume *(C. latifolia)*, die Alpenglockenblume *(C. alpina)* sowie die zweijährigen Arten Rapunzel *(C. rapunculus)* und Marienglockenblume *(C. medium)*.
Sammelgut und Sammelzeit: Die jungen Blätter sammelt man vor der Blüte von März bis Mai. Die Wurzel gräbt man im Frühjahr oder Herbst aus.
Verwendung: Aus den zarten Blättern können leckere Salate zubereitet werden. Die gegarten, leicht süßlich schmeckenden Wurzeln mischt man mit anderen Gemüsen wie Möhren, Pastinaken oder Sellerie. Aus dem Mischgemüse kreiert man Beilagen oder herzhafte Suppen.
Rezept: Ackerglockenblumensalat
Zutaten: 50 g grob gehackte Walnüsse, 1 EL Sonnenblumenöl, 100 g Joghurt, 4 EL Walnussöl, Salz, Pfeffer, 250 g Glockenblumenblätter, einige Zitronenmelisseblätter.
Zubereitung: Die Walnüsse kurz in heißem Sonnenblumenöl rösten. Die gerösteten Nüsse mit dem Joghurt und dem Walnussöl verrühren. Das Ganze würzen. Die Blattstiele von den Ackerblumenblättern entfernen und die Blättchen mit der Walnuss-Joghurt-Soße vermischen. Die Zitronenmelisseblätter fein wiegen und den Salat damit abschmecken.

Campanula rapunculoides L.

Hirtentäschel

Familie: Kreuzblütengewächse *(Brassicaceae, auch: Cruciferae)*
Andere Namen: Hirtentäschelkraut, Täschelkraut, Tellerkraut
Beschreibung: Die ein- bis zweijährige Pflanze bildet nach Selbstaussaat eine Blattrosette mit oft löwenzahnähnlichen Blättern, deren Form allerdings variieren kann. Daraus wächst ein bis zu 80 cm hoher, verzweigter, fein gerillter Stängel mit sitzenden, stängelumfassenden Blättern, im oberen Bereich länglich und ganzrandig. An den Stängelspitzen legt das Hirtentäschel bald weiße Blütchen an, die zunächst dicht gedrängt zusammenstehen. Später streckt sich der Blütenstand zu einer Traube, an den fast waagrecht abstehenden Stielchen bilden sich schließlich die charakteristischen dreieckigen bis verkehrt herzförmigen Schötchen, die der Pflanze ihren Namen verliehen.
Blütezeit: Frühjahr bis Herbst, je nach Region fast ganzjährig (außer bei Frost)
Vorkommen und Verbreitung: Das fast weltweit verbreitete Hirtentäschel tritt als typischer Kulturbegleiter auf Äckern, Wiesen, Brachland und an Wegen auf. Die Stickstoff liebende, sonst äußerst anspruchslose Pflanze gilt als lästiges Unkraut, besiedelt auch feuchte Stellen wie Uferränder und kommt bis in 3000 m Höhe vor.
Verwechslungsgefahren: Da die Grundblätter unterschiedlich ausgeprägt sein können, sind sie schwer von denen anderer Rosetten bildender Pflanzen zu unterscheiden. Am sichersten ist es, die Bildung der typischen „Täschel"-Schoten abzuwarten; an derselben Stelle findet man dann oft auch blütenlose Exemplare.
Sammelgut und Sammelzeit: Man nutzt junge Rosettenblätter vor der Blüte. Da die Samen fast rund ums Jahr keimen, kann man zu jeder Zeit Pflanzen in unterschiedlichen Stadien antreffen und selbst im Winter brauchbare Blätter finden. Auch erntereife Samen gibt es fast über die ganze Vegetationszeit. Exemplare, die durch einen weißlichen Überzug Pilzbefall anzeigen, sollte man nicht sammeln.
Verwendung: Die Blätter schmecken kohlähnlich, sind aber schärfer als Gemüsekohl. Sie eignen sich als Zutat zu Salaten und können zu Gemüse oder Suppen verarbeitet werden. Die Samen, die zahlreich in den Schoten enthalten sind, lassen sich ähnlich wie Senf- oder Pfefferkörner nutzen.
Rezept: Hirtentäschel-Eier-Salat
Zutaten: 2 Tomaten, 1 rote Paprika, 50 g Kopfsalat, 50 g Hirtentäschelblätter, 2 Eier, 1 TL Senf, 1 EL saure Sahne, 1 EL Balsamico-Essig, 5 EL Sonnenblumenöl, Salz, Pfeffer.
Zubereitung: Die Tomaten und die Paprika waschen. Die Tomaten in Scheiben, die Paprika in Streifen schneiden. Den Kopfsalat waschen, ganze Kopfsalatblätter in jeweils gleicher Anzahl auf 4 Tellern verteilen. Die Tomatenscheiben und die Paprikastreifen abwechselnd auf die Salatblätter legen, die Hirtentäschelblätter in die Mitte setzen. Die Eier hart kochen, zerdrücken, mit dem Senf, der sauren Sahne, dem Essig und dem Öl vermischen. Das Ganze würzen und über den Salat gießen.

Wiesenschaumkraut

Familie: Kreuzblütengewächse *(Brassicaceae,* auch: *Cruciferae)*
Andere Namen: Kuckucksblume
Beschreibung: Die ausdauernde Pflanze überwintert mithilfe eines kurzen, kriechenden Wurzelstocks und wächst je nach Standort 20 - 60 cm hoch. Die grünen Pflanzenteile zeigen eine blaue Bereifung, die Blätter eine zarte Behaarung. Die meist unverzweigten Stängel sind rund, fein gerillt und hohl. Sie erheben sich über rosettenartigen, lang gestielten Grundblättern, die aus rundlichen Teilblättchen zusammengesetzt sind. Nur kurz gestielt oder sitzend sind die Stängelblätter mit den länglich schmalen Fiederblättchen. In dichten Trauben erscheinen an langen Stielen die Blüten mit den rosa oder weißen, oft violett überhauchten und dunkel geaderten Kronblättern. Der Kreuzblütler fruchtet mit schmalen, bis 4 cm langen Schoten. Für die namengebenden Schaumflöckchen sind die Larven der Schaumzikade verantwortlich, die häufig an den Pflanzen saugen.
Blütezeit: April bis Juni
Vorkommen und Verbreitung: Das in ganz Mitteleuropa verbreitete Wiesenschaumkraut gedeiht auf frischen bis feuchten Böden, nicht nur auf Wiesen, sondern auch in lichten Auwäldern und Flachmooren. In den Alpen kommt es noch bis 2500 m Höhe vor, z. B. auf Gebirgswiesen. An feuchten Gartenplätzen kann man die anmutige Staude mit etwas Glück auch ansiedeln.
Ähnliche Arten: Das Behaarte Schaumkraut *(Cardamine hirsuta)* sowie das Bittere Schaumkraut *(C. amara)* können in gleicher Weise verwendet werden. Letzteres ist allerdings tatsächlich ziemlich bitter, wie der Name schon sagt. Beide blühen weiß und bleiben meist deutlich kleiner als das Wiesenschaumkraut.
Sammelgut und Sammelzeit: Vor dem Einsetzen der Blüte, ab März bis April/Mai, sammelt man die Blätter und zarten Triebspitzen, ab April die Blütenknospen.
Verwendung: Man verwendet die jungen Blätter und Sprosse sowie die Knospen vorzugsweise in gemischten Salaten und als Würze, da ihr kresseartiger Geschmack recht scharf ausfällt.
Rezept: Schweinegeschnetzeltes
Zutaten: 600 g zartes Schweinefleisch, 4 EL Sonnenblumenöl, 10 g frischer Ingwer, süßes Paprikapulver, Pfeffer, Salz, 400 g Lauch, 50 g Wiesenschaumkrautblätter, 200 ml Gemüsebrühe, 100 g süße Sahne, 100 g Cambozola.
Zubereitung: Das Schweinefleisch in dünne Streifen schneiden, in heißem Öl würzen und mit dem geschälten und fein gewiegten Ingwer anbraten, bis das Fleisch goldbraun ist. Den Lauch waschen, putzen und in feine Streifen schneiden. Die Schaumkrautblätter blanchieren und fein hacken. Beides mit der Gemüsebrühe zum Fleisch geben, aufkochen lassen und etwa 10 Min. garen. Die Sahne und den Käse hinzufügen und bei geringer Hitze umrühren, bis der Käse geschmolzen ist. Das Geschnetzelte abschmecken und zu Gnocchi oder Reis servieren.

Cardamine pratensis L.

Wiesenkümmel

Familie: Doldenblütengewächse *(Apiaceae,* auch: *Umbelliferae)*
Andere Namen: Kömel, Maikimmig
Beschreibung: Als typischer Vertreter seiner Familie blüht der Kümmel mit weißlichen Dolden und hat fein gefiedertes Laub, das aromatisch duftet. Er ist zweijährig, bildet also im ersten Jahr nach der Samenkeimung eine Blattrosette, überwintert mit fingerdicker, rübenartiger Wurzel und treibt dann im Frühjahr mit einem kantig gerieften Stängel aus. Dieser verzweigt sich von unten her und wird 30-100 cm hoch. Die Blätter zeigen im oberen Stängelbereich ein charakteristisches Merkmal: Ihre unteren Fiederchen stehen, etwas entfernt von den anderen, direkt am Grund der Blattscheiden. Die Blütendolden sind mittelgroß und aus 8-16 Strahlen zusammengesetzt, manchmal rötlich überhaucht. Die etwa 5 mm lange Spaltfrucht zerfällt bei der Reife in die beiden als „Kümmelkörner" bekannten Samen.
Blütezeit: Mai bis Juli
Vorkommen und Verbreitung: Der Kümmel gehört zu den seit alters angebauten Würz- und Heilpflanzen, die vielerorts aus Gärten verwilderten. Seinem Namenszusatz gemäß wächst er häufig auf Wiesen und Weiden, bis in alpine Höhen hinauf; auch an Wegrändern kann man ihn finden. Der Doldenblütler bevorzugt etwas feuchte Böden an sonnigen Plätzen.
Verwechslungsgefahren: Was giftige Doldenblütler angeht, wäre der Kümmel am ehesten mit der Hundspetersilie und dem Gefleckten Schierling (s. S. 15 ff.) zu verwechseln. Beide haben jedoch rundlich eiförmige Früchte, außerdem fehlen die Fiederblättchen am Blattscheidengrund.
Sammelgut und Sammelzeit: Die Samen werden ab Juni bis August reif, man sammelt sie bei beginnender Braunfärbung und lässt sie an einem schattigen Ort nachreifen. Junge Blätter und Triebe nutzt man am besten nur im ersten Wachstumsjahr.
Verwendung: Die würzigen jungen Blätter und Sprosse eignen sich für Salat- und Gemüsemischungen. Die Samen dienen bekanntlich als verdauungsförderndes Gewürz und können zum feineren Dosieren zu Pulver zermahlen werden.
Rezept: Gefüllte Auberginen
Zutaten: 80 g Bulgur (Hartweizengrieß), 2 große Auberginen, 100 g Austernpilze, 200 g braune Champignons, 6 EL Olivenöl, 6-8 TL getrockneter Dost, 1 Prise Kümmelpulver, 1 TL süßes Paprikapulver, Salz, Pfeffer, 300 g Raclettekäse.
Zubereitung: Das Bulgur in kochendem Salzwasser 10-15 Min. garen. Die Auberginen waschen, halbieren und das Fruchtfleisch herauslösen. Die Auberginenhälften etwa 10 Min. in kochendem Salzwasser garen und dann in eine geölte Backform legen. Die Austernpilze waschen und ebenso wie das Fruchtfleisch fein würfeln. Die Champignons waschen und in heißem Öl dünsten. Nach etwa 5 Min. das Auberginenfruchtfleisch und nach weiteren 5 Min. die Austernpilze hinzufügen und das Ganze weiter dünsten. Das Bulgur dazugeben, alles mit den Gewürzen vermischen und auf den Auberginenhälften verteilen. Die gefüllten Auberginen mit Raclettekäse belegen und im Ofen bei 200 °C etwa 20 Min. überbacken. Dazu passen ein frischer Wildkräutersalat und warmes Brot.

Carum carvi L.

Weißer Gänsefuß

Familie: Gänsefußgewächse *(Chenopodiaceae)*
Andere Namen: Mehlkraut, Gänsekraut, Schissmelde
Beschreibung: Das einjährige Gänsefußgewächs gehört zu den Arten, die sich je nach Standort sehr unterschiedlich entwickeln. Die Wuchshöhen reichen von 20-200 cm, man findet aufrechte und leicht hängend wachsende Exemplare, mit stark oder kaum verzweigten Stängeln. Diese sind oberhalb der Verzweigungen oft rot gefleckt. Die wechselständigen, länglichen, gezähnten, zum Teil auch gelappten Blätter zeigen häufig eine blaugrüne Farbe. Beim Zerreiben entfalten sie einen leicht aromatischen Geruch. Bis zur Blütezeit haben sich die älteren Blätter meist schon gelb verfärbt. Die grünlich weißen Blütchen vereinen sich zu dichten Büscheln, die ähren- oder rispenartig an den Spitzen der Stängel und Seitentriebe aufgereiht sind. Diese Blütenstände, oft auch die Blätter, wirken wie mehlig bestäubt, deshalb der Namensvorsatz „weiß".
Blütezeit: Juni bis September
Vorkommen und Verbreitung: Der Weiße Gänsefuß ist ein in ganz Mitteleuropa häufiges Ackerunkraut und wächst auch in Gärten und an Wegrändern.
Ähnliche Arten: Der selten gewordene, vielerorts geschützte Gute Heinrich *(Chenopodium bonus-henricus)* heißt wegen seiner großen Ähnlichkeit auch Dorfgänsefuß und kann am ehesten durch seine spießförmig dreieckigen, ganzrandigen Blätter unterschieden werden. Recht geringe Unterschiede gibt es auch zu den Melden (s. S. 46).
Verwechslungsgefahren: Die wenigen ungenießbaren Gänsefuß- und Meldearten kann man in der Regel schon am unangenehmen Geruch unterscheiden, z. B. den seltenen Stinkenden Gänsefuß *(C. vulvaria)*.
Sammelgut und Sammelzeit: Von Frühling bis Herbst kann man die Blätter und Triebspitzen sammeln, doch die Frühjahrsernte ist wie üblich am zartesten.
Verwendung: Blätter und Triebspitzen munden als spinatähnliches Gemüse.
Rezept: Wildgemüse-Hackfleisch-Auflauf
Zutaten: 200 g junge Gänsefußblätter, Salz, Pfeffer, Muskatnuss, 100 g Raclettekäse, 4 Zwiebeln, 2 Bärlauchzwiebeln, 800 g Hackfleisch, 3 EL Olivenöl.
Zubereitung: Die Gänsefußblätter etwa 10 Min. blanchieren, fein wiegen und würzen. Den Käse reiben. Zwiebeln und Bärlauchzwiebeln fein würfeln, mit dem Hackfleisch, dem Käse und 2 EL Öl vermischen und das Ganze mit den Gewürzen abschmecken. Mit dem restlichen Öl eine Backform ausstreichen. Die Hälfte des Hackfleischs in die Form geben, das Gänsefußgemüse darauf verteilen und mit dem restlichen Hackfleisch auffüllen. Den Auflauf im Ofen bei 220 °C etwa 40 Min. backen. Dazu passen Kartoffeln oder Reis und Salat.

Chenopodium album L.

Wegwarte

Familie: Korbblütengewächse *(Asteraceae,* auch: *Compositae)*
Andere Namen: Wilde Zichorie
Beschreibung: Die meist mehrjährige Wegwarte wird bis zu 1,5 m hoch, mit sparrig verzweigtem, kantigem Stängel, der oft borstig behaart ist. Im unteren Bereich sind die wechselständigen, länglichen Blätter gestielt, oben sitzen sie direkt am Stängel bzw. den Seitentrieben. Sie sind am Rand gesägt, zum Teil auch stark eingeschnitten. Am Ende der Triebe sowie an deren Seiten erscheinen die 3 - 4 cm breiten, hellblauen, seltener weißen oder rosa Blütenköpfchen, einzeln oder in kleinen Gruppen zusammenstehend. Sie sind allerdings nur vormittags zu bewundern, da sie sich regelmäßig nach der Mittagszeit schließen. Die Stängel enthalten den für viele Korbblütler typischen Milchsaft. Im Boden verankert sich die Pflanze mit einer langen, spindelförmigen, braunen Wurzel.
Blütezeit: Juni bis September
Vorkommen und Verbreitung: Diese europaweit verbreitete Verwandte der Endivie wächst seit jeher so häufig an Wegen, dass sie nach ihrer bevorzugten Standortwahl benannt wurde. Sie gedeiht recht gut zwischen Steinen und Schotter, kommt aber auch an Ackerrändern vor. Kultivierte Varietäten der Wegwarte sind die Salat- und die Wurzelzichorie.
Verwechslungsgefahren: Es droht keine „akute" Verwechslungsgefahr mit Giftpflanzen; doch wenn man sich bei den rosettenähnlichen Grundblättern nicht ganz sicher ist, sollte man unbedingt die typische Blüte abwarten.
Sammelgut und Sammelzeit: Wie üblich sammelt man bevorzugt junge Blätter und Triebe im Frühjahr, aber auch ältere Blätter sind durchaus schmackhaft. Wurzeln werden von Frühjahr bis Herbst gesammelt.
Verwendung: Für Salate eignen sich vor allem die Frühlingsblätter, die leicht bitter, etwa wie Endivie, schmecken. Ansonsten sind mit Blättern und Sprossen viele Gemüsezubereitungen möglich, am besten nach vorherigem Blanchieren. Das gilt auch für die Wurzeln, die mit ihrem hohen Inulingehalt günstig für Diabetiker sind. In früheren Notzeiten wurden sie geröstet als Kaffee-Ersatz genutzt, auch heute verwendet man sie für magenschonende Heißgetränke.
Rezept: Wegwartensalat
Zutaten: 2 Kartoffeln, 1 Römischer Salat, 1 roter Apfel, 20 g junge Wegwartenblätter, 2 EL Weißweinessig, 4 - 6 EL Traubenkernöl, Zucker, Salz, Pfeffer.
Zubereitung: Die Kartoffeln kochen, pellen und in Scheiben schneiden. Die Salatblätter waschen und grob zerpflücken, den Apfel schälen und fein würfeln, die Wegwartenblätter grob wiegen. Alles mit Öl und Essig vermischen und mit den Gewürzen abschmecken.

Cichorium intybus L.

Kohldistel

Familie: Korbblütengewächse *(Asteraceae,* auch: *Compositae)*
Andere Namen: Kohlkratzdistel
Beschreibung: Der ausdauernde Korbblütler überwintert mithilfe eines kräftigen Wurzelstocks und treibt zunächst eine Grundrosette aus oft tief eingeschnittenen Blättern. Der kaum verzweigte Stängel erreicht 30 - 120 cm Höhe und ist leicht behaart. An ihm sitzen wechselständig hellgrüne, eiförmige, spitz zulaufende Blätter, an deren gezähnten Rändern weiche Dornen sitzen. Die unteren Blätter sind in der Regel fiederspaltig, die oberen oft ungeteilt. Im Sommer erscheinen an den Sprossenden zu mehreren die etwa 3 cm hohen, gelblich weißen Blütenkörbchen, umhüllt von bleichen Hochblättern.
Blütezeit: Juni bis September
Vorkommen und Verbreitung: Die Kohldistel gilt als verlässlicher Feuchtezeiger und wächst meist in größeren Gruppen auf nassen Wiesen, an Ufern, in sumpfigem Gelände sowie in Moorlandschaften. Sie kommt in ganz Mitteleuropa vor.
Ähnliche Arten: Die häufiger zu findende, rot blühende Kratzdistel *(Cirsium vulgare)* ist wegen ihrer Dornen unangenehmer zu handhaben, doch sowohl die jungen Sprosse als auch die noch nicht geöffneten Blütenköpfchen werden in der Naturküche geschätzt. Dasselbe gilt für die Wollige Kratzdistel *(C. eriophorum)* und für die Nickende Distel *(Carduus nutans).*
Verwechslungsgefahren: Die entwickelte Pflanze ist unverwechselbar. Die im Frühjahr austreibenden Blätter können jedoch recht unterschiedlich geformt sein, sodass man im Zweifelsfall einen späteren Pflücktermin abwartet.
Sammelgut und Sammelzeit: Die Blätter können ab April bis September gepflückt werden. Stängel erntet man im Frühsommer, Blüten während der gesamten Blütezeit.
Verwendung: Junge, zarte Blätter geben einen angenehmen, mild schmeckenden Salat ab, ältere Blätter und die geschälten Stängel ein gutes Gemüse. Wer viel Geduld hat, kann die Blütenböden von den Kelch- und Kronblättern befreien. Die Mühe lohnt sich, wenn man Artischocken mag und einmal ihre natürlichen Verwandten testen möchte, die durchaus mithalten können.
Rezept: Kohldistelauflauf
Zutaten: 400 g Kohldistelblätter, Salz, 1 Zwiebel, 2 EL Sonnenblumenöl, Muskatnuss, Pfeffer, süße Sahne, 1 EL Dinkelmehl, 2 Fleischtomaten, 200 g Mozarella, 50 g Cashewkerne.
Zubereitung: Die Kohldistelblätter etwa 5 Min. blanchieren, abtropfen lassen und zerteilen. Die Zwiebel fein würfeln und in etwas heißem Öl glasig dünsten. Die Kohldistelblätter hinzufügen, alles würzen und mit süßer Sahne abschmecken. Das Mehl unterrühren, das Ganze aufkochen lassen, bei geringer Hitze unter ständigem Rühren etwa 5 Min. garen und in eine Backform füllen. Tomaten waschen und ebenso wie den Mozarella in Scheiben schneiden. Abwechselnd Mozarella- und Tomatenscheiben auf das Wildgemüse legen. Die Cashewkerne grob hacken, im restlichen Öl goldgelb rösten und auf die Tomaten und den Mozarella streuen. Im Ofen bei 175 °C etwa 30 Min. überbacken. Dazu passen Fleisch, Fisch oder Eier sowie Kartoffeln.

Löffelkraut

Familie: Kreuzblütengewächse *(Brassicaceae,* auch: *Cruciferae)*
Andere Namen: Echtes Löffelkraut, Löffelkresse
Beschreibung: Charakteristisch für die zwei- oder mehrjährige, wintergrüne Pflanze sind ihre namengebenden „Löffel"-Blätter, lang gestielt, rundlich und mit geschweiftem Rand, die eine lockere Rosette bilden. Dazwischen wachsen mehrere kantig gefurchte Stängel bis zu 50 cm hoch. Die Blätter sitzen am Stängel und umfassen diesen mit kleinen überstehenden „Öhrchen". An langen Stielen erscheinen die weißen, angenehm duftenden Blüten, die sich zu lockeren Trauben vereinen. Die annähernd eifömigen Schötchen enthalten rundliche, rotbraune Samen.
Blütezeit: Mai bis Juni
Vorkommen und Verbreitung: Das Löffelkraut findet man vorwiegend in Küstenregionen Nord- und Westeuropas, man kann es aber auch im Binnenland antreffen. Es wächst auf feuchten, gern auch salzhaltigen oder torfigen Böden. Für den Anbau im Garten reicht ein gut feucht gehaltenes, gelockertes Fleckchen in der Sonne oder im Halbschatten.
Ähnliche Arten: Ausschließlich auf salzhaltigen Böden wächst das etwas kleinere Dänische Löffelkraut *(C. danica)*, das nicht für die Küche empfohlen wird. Seine Stängelblätter sind handförmig gelappt und umfassen – anders als beim echten Löffelkraut – den Stängel nicht.
Sammelgut und Sammelzeit: Die auch im Winter grünen Blätter können, abgesehen von Frostperioden, ganzjährig gepflückt werden, Sprosse erntet man im Frühjahr.

Verwendung: Die Blätter erinnern im Geschmack an Rettich und sind genauso scharf. Man verwendet sie, ebenso wie junge Sprosse, als Würzkraut. Wer es gern etwas schärfer mag, kann sie auch „pur" als Salat oder Gemüse zubereiten. Löffelkraut passt hervorragend in Kräuterquark und zu Gemüsesuppen. Ein schlichter, aber leckerer Genuss ist ein mit fein gehackten Blättern belegtes Butterbrot. Die Pflanze enthält reichlich Vitamin C; sie wurde früher als „Skorbutkraut" bezeichnet und als Hilfsmittel gegen die gefürchtete Vitamin-C-Mangelkrankheit benutzt.
Rezept: Bunter Gemüsesalat
Zutaten: 1 Stange Lauch, Salz, 12 Spargelköpfe, 1 rote Paprika, 1 gelbe Paprika, 100 ml Crème fraîche, 2 EL Öl, 1 EL Weißweinessig, Pfeffer, einige Löffelkrautblätter.
Zubereitung: Den Lauch waschen, putzen, in feine Scheiben schneiden und kurz blanchieren. Die Spargelköpfe schälen, die Paprika waschen, halbieren und beides in kochendem Salzwasser garen. Die Paprikahälften fein würfeln und mit dem Lauch, der Crème fraîche, dem Öl und dem Essig vermischen und alles würzen. Die Löffelkrautblätter fein hacken und die Soße damit abschmecken. Die warmen Spargelköpfe auf Tellern anrichten und mit der Soße übergießen.

Cochlearia officinalis L.

Wilde Möhre

Familie: Doldenblütengewächse *(Apiaceae,* auch: *Umbelliferae)*
Andere Namen: Wilde Gelbe Rübe
Beschreibung: Die schmalen, spindelförmigen Wurzelrüben der Wilden Möhre nehmen sich im Vergleich zu den Gartenmöhren bescheiden aus und sind gelblich weiß, manchmal violett überhaucht. Der Doldenblütler ist zweijährig, seine behaarten, gefurchten, hohlen Stängel werden 30 - 60 cm hoch und tragen 2- bis 3-fach gefiederte Blätter, die denen der Gartenmöhre sehr ähnlich sind. Beim Zerreiben riechen die Blätter aromatisch. Voll aufgeblüht sind die Dolden flach; während der Reife der kleinen behaarten Früchte ziehen sie sich zusammen und erinnern an die Form eines Vogelnests. Ein oft, aber leider nicht immer auftretendes Charakteristikum ist eine schwärzlich dunkelrote, sterile Blüte inmitten der weißen Dolde, die Insekten zur Bestäubung anlocken soll. Weiteres wichtiges Merkmal: Die Hüllblätter unterhalb der Dolden sind ausgeprägt gefiedert.
Blütezeit: Juni bis September
Vorkommen und Verbreitung: Möhren wachsen in Mitteleuropa schon seit Jahrhunderten als Wildpflanze. Die deutlich dickeren Rüben der Gartenmöhren entstanden wahrscheinlich durch Einkreuzung einer mediterranen Möhrenart. Heute noch recht häufig vorkommend, wächst die Wilde Möhre vorzugsweise auf Wiesen, aber auch an Wegrändern und Böschungen.
Verwechslungsgefahren: Die genannten charakteristischen Merkmale helfen, die Wilde Möhre von giftigen Doldenblütlern, z.B. Schierling oder Hundspetersilie (s. S. 15 ff.), zu unterscheiden.
Sammelgut und Sammelzeit: Gut verwendbar sind die Wurzeln ab Oktober des ersten Lebensjahrs, in der die Möhre eine Blattrosette bildet, bis zum April des darauffolgenden Frühjahrs. Danach werden sie von innen her holzig. Blätter kann man von März bis Juni pflücken.
Verwendung: Die jungen Wurzeln munden roh ebenso wie gekocht, sie haben einen angenehm süßlichen Geschmack. Allerdings muss man für eine ergiebige Gemüsezubereitung schon beträchtliche Mengen sammeln. Die Blätter werden als würzende Zugabe für Salate verwendet oder ähnlich wie Petersilie roh zu Suppen gegeben.
Rezept: Feine Möhrensuppe
Zutaten: 1 Zwiebel, 2 EL Sonnenblumenöl, 3 Kartoffeln, 1 l Gemüsebrühe, 600 g Wilde-Möhren-Wurzeln, Currypulver, Muskatnuss, Salz, einige Zitronenmelisseblätter, 1 Bund Schnittlauch.
Zubereitung: Die Zwiebel fein würfeln und in heißem Öl glasig dünsten. Die Kartoffeln schälen, würfeln und zu der Zwiebel geben. Die Gemüsebrühe dazugießen und das Ganze aufkochen lassen. Die Möhrenwurzeln in feine Scheiben schneiden und nach etwa 5 Min. hinzufügen. Die Suppe würzen und bei geringer Hitze etwa 15 Min. garen. Die Zitronenmelisse fein wiegen und den Schnittlauch in feine Röllchen schneiden. Die Suppe mit der Zitronenmelisse abschmecken und mit den Schnittlauchröllchen bestreuen.

Daucus carota L.

Natternkopf

Familie: Borretschgewächse *(Boraginaceae)*
Andere Namen: Blauer Natternkopf, Blaustern, Himmelsauge
Beschreibung: Der zweijährige Natternkopf bildet im Jahr der Selbstaussaat eine Blattrosette aus schmalen, lanzettlichen Blättern. Im darauffolgenden Frühjahr erhebt sich darüber ein oben verzweigter Stängel, der 30-80 cm hoch wächst. An ihm sitzen ebenfalls lanzettliche, spitz zulaufende Blätter, die etwas nach Gurken riechen. Blätter und Stängel sind rau behaart, durch die hellen Borsten erscheint die ganze Pflanze grau- bis blaugrün. An der Stängelspitze entwickelt sich ab Frühsommer ein ährenähnlicher Blütenstand, der in den Blattachseln dicht mit rötlichen Knospen besetzt ist. Nach dem Aufblühen färben sich die trichterförmigen Blüten blau, seltener weiß. Durch die deutlich herausragenden Staubblätter mit 2-zipfeliger Narbe erinnern die Blüten an züngelnde Schlangenköpfe, woraus sich der etwas abschreckende Name der Pflanze erklärt.
Blütezeit: Juni bis September
Vorkommen und Verbreitung: Das Borretschgewächs liebt sonnige, warme, trockene Plätze und gedeiht an Weg- und Ackerrändern, an Bahndämmen und Steinbrüchen. Es ist fast weltweit verbreitet und kommt in ganz Mitteleuropa bis zum unteren Bergland vor. Im Garten vermehrt sich die hübsche, genügsame Pflanze durch Selbstaussaat.
Ähnliche Arten: Die Borretschgewächse umfassen viele recht ähnliche, oft essbare Arten, z. B. Ochsenzunge (s.S. 38) und Beinwell (s.S. 162).
Verwechslungsgefahren: Verwechslungen mit den im Rosettenstadium ähnlichen, giftigen Fingerhüten (Digitalis) müssen unbedingt vermieden werden. Hierzu sei auf den entsprechenden Hinweis bei der Ochsenzunge (s. S. 38) verwiesen.
Sammelgut und Sammelzeit: Blätter sammelt man ab Oktober des ersten Wachstumsjahres bis zum darauffolgenden April. Bald darauf sind die Blüten an der Reihe, die meist bis August ansehnlich sind.
Verwendung: Nach Einlegen in Öl lassen sich die Blätter zu einem schmackhaften Salat verarbeiten, gegart eignen sie sich für spinatähnliche Zubereitungen. Die attraktiven Blüten kann man zum Garnieren verwenden.
Rezept: Natternkopflasagne mit Seelachs
Zutaten: 200 g Seelachsfilet, Salz, Pfeffer, 600 g Natternkopfblätter, 1 Zwiebel, 1-2 Bärlauchzwiebeln, 1 EL Olivenöl, 500 g Strauchtomaten, Chilipulver, 250 g Lasagne-Teigplatten, 100 g Gruyère, 100 g Raclettekäse, 250 g süße Sahne, 1-2 TL Mehl, 1 Bund Petersilie.
Zubereitung: Die Seelachsfilets salzen und pfeffern. Die Natternkopfblätter etwa 5 Min. blanchieren und fein wiegen. Zwiebeln und Bärlauchzwiebeln fein würfeln und kurz in heißem Öl andünsten. Die Tomaten waschen, vierteln und hinzufügen. Das Ganze würzen und bei geringer Hitze etwa 10 Min. dünsten. Die Tomaten-Zwiebel-Masse pürieren und in eine Backform füllen. Die Hälfte der Teigplatten, die Natternkopfblätter und die Seelachsfilets darauf legen. Das restliche Wildgemüse auf den Filets verteilen und alles mit den übrigen Teigplatten bedecken. Den Käse reiben, mit der Sahne und dem Mehl vermischen, das Ganze würzen und über die Platten gießen. Die Lasagne im Ofen bei 200 °C etwa 40 Min. backen. Die Petersilie fein hacken und vor dem Servieren aufstreuen.

Echium vulgare L.

Gemeine Quecke

Familie: Echte Gräser *(Poaceae)*
Andere Namen: Quitsch, Zwecke, Schosshalm, Schnürgras; botanisch auch als *Agropyron repens* geläufig
Beschreibung: Die ausdauernde Pflanze bildet unterirdisch kriechende, helle Wurzelstöcke (Ausläufer), die über 1 m lang sein können. Die aufrechten glatten Stängel erreichen bis 1,2 m Höhe. Die langen, schmalen, dünnen Blätter sind spitz, an der Oberseite rau und oft ein wenig nach innen gerollt. Der Blütenstand besteht aus einer etwa 10 cm langen, grünlichen Ähre mit kurz begrannten Deck- und Hüllspelzen.
Blütezeit: Juni bis August
Vorkommen und Verbreitung: Jeder Landwirt und jeder Gartenbesitzer kennt die Quecke als hartnäckiges, lästiges „Ungras". Hat sich die Pflanze erst einmal mithilfe ihrer vielen Samen angesiedelt, bildet sie zahlreiche Wurzelausläufer, die für ihre flächenmäßige Verbreitung sorgen. Dabei ist das in ganz Europa häufige Gras nicht wählerisch: Es wächst auf fast allen Böden und kommt selbst im Hochgebirge vor. Neben Kulturflächen besiedelt die Quecke auch Brachland und ist an Weg-, Acker- und Uferrändern zu finden.
Verwechslungsgefahren: Es gibt zahlreiche andere Gräser, die Ausläufer bilden und für den Ungeübten nicht so einfach von der Quecke zu unterscheiden sind. Über eine eventuelle Giftigkeit anderer Grasausläufer ist nichts bekannt, verständlicherweise wurde dies nie systematisch untersucht. Recht deutliches Erkennungsmerkmal der Quecke sind die Ausläufer selbst: kräftig, zahlreich, weißlich bis gelblich, spitz auslaufend. In Zweifelsfällen sollte ein spezielles Gräserbestimmungsbuch hinzugezogen werden.
Sammelgut und Sammelzeit: Die Ausläufer werden außerhalb der Blütezeit ausgegraben, vorzugsweise im Frühjahr oder auch September bis Oktober. Nach dem Sammeln wäscht man sie und befreit sie von den Nebenwurzeln sowie verbliebenen Blatt- und Krautteilen.
Verwendung: Die Queckenausläufer wurden früher nicht nur in der Volksheilkunde eingesetzt, sondern auch zu Mehl, Kaffeersatz und Alkoholika verarbeitet. Die frischen Ausläufer lassen sich aber auch für Suppen und Salate verwenden und geben ein schmackhaftes Gemüse ab.
Rezept: Feldsalat mit Quecke
Zutaten: 250 g Feldsalat, 1/2 Zwiebel, 3 EL Traubenkernöl, Salz, Pfeffer, 100 g Queckenausläufer, 2 EL Speiseöl, 50 g Walnüsse.
Zubereitung: Den Feldsalat waschen und die Zwiebel fein würfeln. Beides mit Traubenkernöl, Salz und Peffer in einer Schüssel vermischen. Die Quecken in gabelgerechte Würfel schneiden, in heißem Öl anrösten und das Ganze mit Wasser bedecken. Bei geringer Hitze zugedeckt 20 - 30 Min. dünsten. Gegen Ende der Garzeit das Wasser verdampfen lassen, die Walnüsse hinzufügen und alles unter ständigem Rühren etwa 5 Min. rösten. Die Quecken und die Walnüsse mit dem Salat vermischen und das Gericht warm servieren.

Elymus repens (L.) Gould

Schmalblättriges Weidenröschen

Familie: Nachtkerzengewächse *(Onagraceae)*
Andere Namen: Waldweidenröschen, Feuerkraut
Beschreibung: Bis 2,5 m hoch kann die eindrucksvolle mehrjährige Pflanze werden, die ihren Namen den weideähnlichen, lanzettlichen Blättern verdankt. Sie sitzen dicht und wechselständig am Stängel, sind am Rand fein gezähnt und unterseits blaugrün. An den Enden der kaum verzweigten, oft rötlich überlaufenen Stängel erscheinen Trauben nickender Blütenknospen, die sich zu ansehnlichen rosa- bis purpurroten Blüten entfalten. Zuweilen kommen auch weiß blühende Formen vor. Die Blüten sind oft dicht von Bienen umschwärmt. Schließlich entwickeln sich schmale, meist rötliche Fruchtkapseln, aus denen beim Öffnen Samen mit weißen Haarbüscheln herausfallen. Die Staude überdauert mithilfe eines kräftigen, verholzenden Wurzelstocks.
Blütezeit: Juni bis September
Vorkommen und Verbreitung: Das in fast ganz Europa verbreitete Nachtkerzengewächs findet man an Wegrändern und Bahndämmen, an Böschungen, Gräben und Waldrändern, im Wald auf Lichtungen, Kahlschlägen und Brandstellen. Meist wächst es in dichten Horsten und ausgedehnten Beständen, da es sich über kriechende Wurzelstöcke ausbreitet. In größeren Gärten gibt das Weidenröschen eine attraktive Staude für den Gehölzsaum ab.
Ähnliche Arten: Die Gattung umfasst mehrere recht ähnliche Arten, bei denen die Blüten meist nur lockere Trauben bilden, z.B. das Bergweidenröschen *(Epilobium montanum)* und das feuchte Böden bevorzugende Rosarote Weidenröschen *(E. roseum)*. Sie sind ebenfalls essbar, jedoch nicht alle so schmackhaft wie die vorgestellte Art.

Sammelgut und Sammelzeit: Blätter, junge Triebe und Wurzeln werden ab Frühjahr bis vor Blühbeginn gesammelt.
Verwendung: Die Blätter, die neben reichlich Vitamin C hohe Mineralstoff- und Spurenelementgehalte aufweisen, nutzt man als Salat oder kohlähnliches Gemüse. Junge Triebe und noch zarte Wurzeln kann man ähnlich wie Spargel zubereiten. Ebenso wie die Wurzeln manch anderer Wildpflanzen wurden sie früher geröstet und als Kaffee-Ersatz verwendet.
Rezept: Gemischter Salat
Zutaten: 1 Bund Schnittlauch, 1 Bund Kerbel, 1 EL Balsamessig, 4 EL Olivenöl, 1 kleiner Bataviasalat, 50 g Feldsalat, 50 g junge Weidenröschenblätter, 2 Scheiben Weißbrot, 1 TL Senf, Salz, Pfeffer.
Zubereitung: Die Kräuter fein wiegen und mit Essig und Öl verrühren. Die Salate und die Weidenröschenblätter waschen, in mundgerechte Stücke zerteilen und mit der Salatsoße vermischen. Das Weißbrot toasten, würfeln und in etwas heißem Öl knusprig braten. Die Croutons untermischen und den Salat servieren.

Epilobium angustifolium L.

Familie: Schachtelhalmgewächse *(Equisetaceae)*
Andere Namen: Zinnkraut, Schafthalm, Rattenschwanz
Beschreibung: Über 1 m tief reichen die Wurzelstöcke des Ackerschachtelhalms in den Boden. Daraus treiben im Frühjahr gelblich braune Sprosse mit deutlich abgesetzten Stängelgliedern und Knoten, die von schuppigen, an den Spitzen braunen Blättchen umkränzt sind. An den Sprossspitzen sitzt je ein ährenartiger Kolben; dieser enthält die Sporen, über die sich der Schachtelhalm – ebenso wie Farne – vermehrt. Die danach im Sommer erscheinenden grünen, quirlig verzweigten Sprosse werden bis zu 50 cm hoch und sind steril, d. h. sie bilden keine Vermehrungssporen aus.
Blütezeit: entfällt; Sporenreife März bis April
Vorkommen und Verbreitung: Das urtümlich anmutende, auf der ganzen Nordhalbkugel verbreitete Gewächs ist häufig an Wegrändern, Böschungen und Gräben anzutreffen, ebenso in Gärten, auf Wiesen und Äckern. Es wächst bevorzugt auf frischen bis feuchten Böden.
Verwechslungsgefahren: Der Sumpfschachtelhalm *(Equisetum palustre)* ist schwach giftig. Er kommt hauptsächlich an den namengebenden Feuchtstandorten wie Ufer und Gräben vor, wächst aber auch auf Weiden und bildet sehr dünne Sprosse. Es gibt noch weitere Schachtelhalmarten, über deren Genießbarkeit nichts bekannt ist. Der Ackerschachtelhalm unterscheidet sich jedoch von fast allen Arten dadurch, dass seine grünen Sprosse erst nach dem Verschwinden der Fruchtsprosse erscheinen. Außerdem ist er die einzige Art, die auf Kulturland, also in Äckern und Gärten, wächst.
Sammelgut und Sammelzeit: Für die Küche sammelt man die jungen Sporenkolben, sobald sie erscheinen, zum Teil schon im Februar bis März.
Verwendung: Die Ährenkolben lassen sich gut als Gemüse nutzen; sie können überbacken, für Aufläufe und für Suppen verwendet werden. Wesentlich bekannter ist die Nutzung des getrockneten grünen Krauts für Heilpflanzentees bei Blasen- und Nierenerkrankungen.
Rezept: Schachtelhalmkolben im Putenfleischmantel
Zutaten: 200 g Ackerschachtelhalmkolben, Salz, 4 Putenschnitzel, Pfeffer, 6 EL Sonnenblumenöl, 1 EL geriebener Meerrettich, 4 EL süße Sahne, 100 ml Gemüsebrühe.
Zubereitung: Die Schachtelhalmkolben schälen und etwa 3 Min. blanchieren. Die Putenschnitzel würzen und in heißem Öl von beiden Seiten kurz anbraten. Den Meerrettich mit der Sahne vermischen und die Putenschnitzel damit bestreichen. Die Schachtelhalmkolben würzen und auf dem Fleisch verteilen. Die Schnitzel einrollen, mit Holzspießen zusammenstecken und in einen Bräter legen. Den Bratenfond mit der Gemüsebrühe auffüllen, über das Fleisch gießen und das Ganze bei 200 °C etwa 20 Min. im Ofen braten. Dazu passen Kartoffeln, Weißwein und ein knackiger Salat.

Echtes Mädesüß

Familie: Rosengewächse *(Rosaceae)*
Andere Namen: Spierstaude, Rüsterstaude, Mälkraut, Johanniswedel, Wiesenkönigin
Beschreibung: Die ausdauernde Pflanze überwintert und verbreitet sich mittels eines kriechenden Wurzelstocks. Über der im Frühjahr austreibenden Blattrosette erhebt sich ein kantiger, nur oben verzweigter, beblätterter Stängel, der 1-1,5 m hoch wächst. Die großen, gefiederten Blätter setzen sich aus 2-5 Teilblattpaaren von verschiedener Größe und einer 3-lappigen Endfieder zusammen. Die Fiederblätter sind am Rand gesägt und unterseits weiß behaart. Im Sommer erscheinen an den Stängel- und Seitentriebspitzen zahlreiche cremeweiße Blüten in Scheindolden, die intensiv duften, je nach Nase bittermandel- oder honigartig. Die Blätter und die grünen Fruchtkügelchen riechen herbwürzig,
Blütezeit: Juni bis August
Vorkommen und Verbreitung: Im Röhricht und am Ufer von Gewässern, auf feuchten Wiesen und in Mooren findet man das in ganz Eurasien verbreitete Mädesüß recht häufig, außerdem in lichten Auwäldern und auf Gebirgswiesen. An günstigen Plätzen bildet es schnell große Bestände. Auch über den Naturgarten hinaus erfreut sich das Mädesüß als Teichrandstaude großer Beliebtheit.
Ähnliche Arten: Das 30 - 80 cm hohe Kleine Mädesüß *(Filipendula vulgaris)* hat doppelt so große Blüten und Blätter mit 10-25 schmalen Fiederpaaren. Es wächst vorzugsweise an trockenen Plätzen, ist ebenfalls essbar und bildet genießbare, aber sparsam zu verwendende Knollen aus.
Sammelgut und Sammelzeit: Blätter und junge Triebe sammelt man von März bis Mai, die Blüten bereits im Knospenstadium ab Mai bis Juli. Die Wurzeln werden außerhalb der Blütezeit, vorzugsweise im Frühherbst, ausgegraben.
Verwendung: Die grünen Pflanzenteile und die Wurzeln können für gemischte Salate, Gemüse und Suppen verwendet werden. Alle Pflanzenteile, insbesondere die Blüten, eignen sich zum Aromatisieren von Süß- und Fruchtspeisen sowie Getränken, denen sie einen süßlich herben Geschmack verleihen. Gerade die Blüten mit dem intensiven Bittermandelaroma sollten jedoch zurückhaltend eingesetzt werden. Die Blüten enthalten kleine Mengen an Salicylsäure, dem Wirkstoff des Schmerzmittels Aspirin, der für dieses bekannte Präparat jedoch synthetisch hergestellt wird.
Rezept: Apfel-Birnen-Mus mit Mädesüßwurzeln
Zutaten: 5 Äpfel, 2 Birnen, 1/2 Zitrone, 3 EL Rapshonig, 30 g Mädesüßwurzeln.
Zubereitung: Die Äpfel und die Birnen schälen, die Kerngehäuse entfernen und das Obst würfeln. Mit etwas Wasser zum Kochen bringen und bei geringer Hitze unter häufigem Umrühren 10-15 Min. garen. Die Zitrone auspressen und das Obst mit dem Zitronensaft und dem Honig abschmecken, sobald es weich zu werden beginnt. Die Mädesüßwurzeln fein würfeln, in ein Gazesäckchen füllen und zum Obst geben, wenn sich der Honig gelöst hat. Das Säckchen nach dem Garen herausnehmen und das Obst pürieren. Das aromatische Mus passt sehr gut zu Kartoffelpuffern.

Filipendula ulmaria (L.) Maxim.

Knopfkraut

Familie: Korbblütengewächse *(Asteraceae,* auch: *Compositae)*
Andere Namen: Franzosenkraut
Beschreibung: Die einjährige, rasch wachsende Pflanze wird je nach Standortbedingungen 10 - 80 cm hoch. Sie hat aufrechte, meist reich verzweigte, oben leicht behaarte Stängel mit gegenständigen, gestielten Blättern. Diese sind zugespitzt eiförmig, frischgrün und am Rand grob gesägt. Schon 4 Wochen nach der Samenkeimung erscheinen die ersten der vielen Blütenkörbchen, innen mit einer gelben Scheibe aus Röhrenblüten, außen mit 5 weißen Zungenblüten. Entsprechend zahlreich sind dann auch die winzigen, schwarzen, einsamigen Früchte. Ein Exemplar kann bis zu 30 000 Samen hervorbringen, was die massenhafte Ausbreitung erklärt. Außerdem bewurzeln sich ausgerissene Pflanzen wieder schnell.
Blütezeit: Mai bis Oktober
Vorkommen und Verbreitung: Das Knopfkraut wurde im 19. Jahrhundert aus Südamerika nach Europa eingeschleppt und breitete sich sehr schnell, nachhaltig und weltweit aus. Dies geschah angeblich während der so genannten Franzosenkriege, deshalb auch der Name „Franzosenkraut". Es bevorzugt frische, nährstoffreiche Lehmböden, wächst aber überall, wo es genügend Sonne abbekommt: auf Äckern und Ödland, in Gärten und an Wegrändern.
Ähnliche Arten: Sehr ähnlich ist das Behaarte Knopfkraut *(Galinsoga ciliata)* mit etwas größeren Blüten und Blättern und einem im oberen Bereich zottig behaarten Stängel. Die Blätter sind wie die der beschriebenen Art zu verwenden.
Sammelgut und Sammelzeit: Blätter und Sprosse sammelt man ab Frühjahr bis zum Beginn der Blütezeit. Da man ab Mai fast immer später ausgekeimte, junge Pflanzen und blühende Exemplare zugleich findet, lässt sich das Knopfkraut dann sehr leicht und sicher identifizieren.
Verwendung: Die jungen Blätter und Triebe eignen sich mit ihrem milden Geschmack hervorragend für Salate, spinatähnliche Zubereitungen und Kräutersuppen.
Rezept: Forellen mit Knopfkrautsalat
Zutaten: 2 Zitronen, 3 Borretschblätter, 1 Bund Schnittlauch, 1 Knoblauchzehe, 4 EL Olivenöl, 100 g Schafskäse, Salz, frisch gemahlener Pfeffer, 100 g Knopfkrautblätter, 4 geräucherte Forellen.
Zubereitung: 1 Zitrone auspressen, 1 Zitrone in Scheiben schneiden. Den Borretsch fein wiegen und den Schnittlauch in feine Röllchen schneiden. Den Knoblauch fein zerdrücken und mit den Kräutern und dem Öl vermischen. Den Schafskäse mit der Gabel im Öl zerdrücken und die Soße mit dem Zitronensaft und den Gewürzen abschmecken. Die Knopfkrautblätter verlesen, auf Tellern verteilen und die Salatsoße darüber gießen. Die Forellen im Wasserbad erhitzen, in große Stücke schneiden, pfeffern, auf die Blätter legen und mit den Zitronenscheiben servieren.

Galinsoga parviflora Cav.

Waldmeister

Familie: Krappgewächse *(Rubiaceae)*
Andere Namen: Maikraut, Mösch, Waldmännlein, Guggerblume, Herzfreudeli
Beschreibung: Die ausdauernde Waldpflanze wächst mit aufrechten, 4-kantigen, bis zum Blütenansatz unverzweigten Stängeln 10-60 cm hoch. Je 6-9 Blättchen sitzen quirlartig in Etagen um den Stängel. Sie sind länglich zugespitzt, dunkelgrün, am Rand rau und duften – anders als getrocknetes Sammelgut – nur leicht. Schon im späten Frühjahr erscheinen die kleinen, trichterförmigen, weißen Blüten in Scheindolden an den Spitzen der Blütenstiele. Daraus entwickeln sich kugelförmige Teilfrüchtchen mit borstigen Widerhaken.
Blütezeit: April bis Juni
Vorkommen und Verbreitung: Man findet den Waldmeister vor allem in Buchen- und Laubmischwäldern, wo er in dichten Kolonien wächst. In Nadelwäldern kommt er weniger vor. Verbreitet ist er in ganz Europa, aber nicht in allen Regionen häufig. Im Garten eignet er sich als attraktiver Bodendecker für Schattenplätze.
Verwechslungsgefahren: Zur selben Gattung gehören mehrere Labkrautarten, die alle nicht essbar sind und sich schon durch fehlenden oder unangenehmen Geruch vom Waldmeister unterscheiden lassen. An ähnlichen Standorten wächst das deutlich größere, erst ab Juni blühende Waldlabkraut *(Galium sylvaticum)* mit runden Stängeln, manchmal auch das borstig behaarte und dadurch „klebrige" Klettenlabkraut *(G. aparine)*.
Sammelgut und Sammelzeit: Man schneidet die ganzen Triebe von März bis Mai knapp über dem Boden ab, am besten noch vor der Blüte.
Verwendung: Erst nach kurzem Anwelken bzw. Trocknen entfaltet der Waldmeister sein frisches, würziges Aroma, das vor allem für die Maibowle genutzt wird. Man kann die Blättchen aber auch anderen Getränken zusetzen oder in Wasser, Fruchtsäften bzw. Milch ziehen lassen und dann zu Süßspeisen und Fruchtbereitungen geben. Das sollte man allerdings zurückhaltend und nur gelegentlich tun, da der Inhaltsstoff Cumarin nicht nur den speziellen Geruch verursacht, sondern auch gesundheitsschädliche Nebenwirkungen haben kann (s. S. 9).
Rezept: Waldmeisterbowle
Zutaten: 10-12 Waldmeistertriebe, 25 ml Kirschwasser, 1 Flasche halbtrockener Weißwein, 1 Flasche Sekt.
Zubereitung: Den Waldmeister kurz abspülen, trockentupfen und etwas anwelken lassen. Mit dem Kirschwasser und etwa 250 ml Weißwein übergießen und über Nacht ziehen lassen. Den aromatisierten Alkohol durch einen Papierfilter in ein Bowlegefäß gießen und je nach Geschmack mit kühlem Sekt und Weißwein auffüllen. Dieses Grundrezept kann ganz nach Belieben vielfältig variiert werden, etwa durch Zugabe von Erdbeeren und anderem Obst, Zucker, Honig oder auch Gundermannblüten.

Galium odoratum (L.) Scop.

Echte Nelkenwurz

Familie: Rosengewächse *(Rosaceae)*
Andere Namen: Benediktenkraut
Beschreibung: Die mehrjährige Pflanze überdauert mithilfe des namengebenden rübenartig verdickten Wurzelstocks, der ähnlich wie Gewürznelken riecht. Außen ist er gelblich braun gefärbt, innen fleischfarben und zum Teil violett überhaucht. Über der Erdoberfläche zeigt sich zunächst eine Blattrosette, die überwintert, also nicht erst im Frühjahr ausgebildet wird. Die gefiederten Grundblätter bestehen aus 1-5 Paaren ungleich großer Teilblätter und einem großen, rundlichen, gelappten Endblatt. Aus der Blattrosette treiben im Frühjahr 30-60 cm, manchmal auch 1 m hohe Stängel. Sie sind dünn, verzweigt und tragen wechselständige, 3-fach geteilte, am Rand gesägte Blätter mit 2 kleineren Nebenblättern direkt am Stängelansatz. An langen, drüsig behaarten Stielen erscheinen im Frühsommer in lockeren Rispen die Blüten mit 5 hellgelben Kronblättern; darunter sitzen länglich zugespitzte, graugrüne Kelchblätter. Diese bleiben auch als Basis für die kugeligen Köpfchen erhalten, die von haarähnlichen Früchten mit hakigen Enden gebildet werden.
Blütezeit: Mai bis September
Vorkommen und Verbreitung: Die Echte Nelkenwurz ist europaweit verbreitet, kommt auch in Höhenlagen vor und wächst an feuchten, leicht beschatteten Stellen, vor allem in Wäldern, an Waldrändern, in Gebüschen oder am Fuß von Mauern.
Ähnliche Arten: Die Bachnelkenwurz *(Geum rivale)* hat noch stärker gefiederte Rosettenblätter, dicht behaarte, oft rot überlaufene Stängel und gelbe oder rosa, nickende Blütenköpfchen mit braunroten Kelchblättern. Sie kann wie die Echte Nelkenwurz verwendet werden.
Sammelgut und Sammelzeit: Junge Blätter pflückt man im Frühjahr bis kurz vor der Blüte. Mit dem Ernten der Wurzeln sollte man nicht zu lange warten. Sie behalten nur bis etwa Anfang April ihr angenehmes Aroma – was am Geruch erkennbar ist – und können auch schon im Herbst ausgegraben werden.
Verwendung: Die Blätter eignen sich für Salate und für Gemüse. Die Wurzeln dienen als Speisegewürz sowie zum Aromatisieren von Getränken. Man lässt sie an der Luft trocknen und verwendet sie dann möglichst bald. Wie so oft geht das angenehm würzige Aroma mit etwas bitterem Beigeschmack einher, deshalb muß man vorsichtig dosieren.
Rezept: Gemischter Salat
Zutaten: 50 g junge Nelkenwurzblätter, 1 rote Zwiebel, 2 Tomaten, 1/4 Salatgurke, 100 g Austernpilze, 4-6 EL Olivenöl, 3 EL Joghurt.
Zubereitung: Die Nelkenwurzblätter verlesen. Die Zwiebel in halbe Ringe schneiden und auf den Nelkenwurzblättern verteilen. Die Tomaten waschen, die Gurke schälen, beides in Scheiben schneiden, würzen und auf die Zwiebeln legen. Die Austernpilze halbieren, in etwas heißem Öl etwa 10 Min. dünsten, würzen und zum Salat geben. Joghurt und Öl vermischen, das Ganze würzen und darüber gießen.

Geum urbanum L.

Gundermann

Familie: Lippenblütengewächse *(Lamiaceae,* auch: *Labiatae)*
Andere Namen: Gundelrebe, Efeu-Gundermann, Erdefeu, Zaungucker, Kollernmann
Beschreibung: Die 20-60 cm langen, 4-kantigen, fein behaarten Stängel der ausdauernden Pflanze liegen auf der Erde auf, bilden an den Stängelknoten büschelige Wurzeln aus und recken nur die Triebspitzen in die Höhe. Ihre immergrünen Blätter sind lang gestielt, nierenförmig bis rundlich herzförmig und an den Rändern gekerbt. Sie riechen beim Zerreiben würzig. Das gilt auch für das Blattwerk der Blüten tragenden Stängel; anders als die kriechenden Triebe erheben sich diese bis zu 50 cm über die Erde. In ihren Blattachseln sitzen je 2-5 quirlartig angeordnete, blauviolette Lippenblüten. Die so genannte Oberlippe ist flach und 2-spaltig, die Unterlippe 3-lappig und häufig dunkelrot gefleckt. Die Blütenstängel treiben oberirdische, oft mehr als 1 m lange Ausläufer.
Blütezeit: April bis Juni
Vorkommen und Verbreitung: Die Lieblingsplätze des Gundermanns sind feuchte, schattige Flächen, die er fast überall in der gemäßigten Klimazone und in Teilen Nordeuropas besiedelt. Er ist in Wäldern und Gebüschen zu finden, an Mauern, Hecken und Zäunen, an Wegen und Grabenrändern sowie auf Wiesen und Weiden. Im Garten kann man die wüchsige Pflanze als Unkraut oder Bodendecker betrachten. Ihre Attraktivität spricht für Letzteres.
Verwechslungsgefahren: Die nicht essbaren Arten der Gattung Ehrenpreis *(Veronica)* lassen sich vom Gundermann am sichersten anhand der schalenförmigen Blüten unterschieden, die aus 4 verwachsenen Kronblättern bestehen. Bei den Arten mit ähnlich geformten Laubblättern sind sie durchweg blau oder weiß. Die ähnlichsten Blätter hat der blau blühende Persische Ehrenpreis *(V. persica)*, dessen liegende Stängel jedoch keine Wurzeln ausbilden.

Sammelgut und Sammelzeit: Sammelgut sind die jungen Blätter und die im Frühling austreibenden Sprosse vor der Blüte.
Verwendung: Blätter und Jungtriebe schmecken scharfwürzig und passen zu Salaten, gemischtem Wildgemüse, Kräutersuppen, Kartoffel- und Fleischgerichten sowie Quark- und Eierspeisen. Durch Blanchieren lässt sich die Schärfe mildern. Die Blüten werden manchmal der Maibowle (s.S. 88) hinzugefügt.
Rezept: Schweinecurry mit Gundermann
Zutaten: 300 g Gundermannblätter, Salz, 600 g Schweinegeschnetzeltes, 2 EL Sonnenblumenöl, 150 g Lauch, 50 ml Gemüsebrühe, scharfe Sojasoße, Currypulver, süßes Paprikapulver, Pfeffer.
Zubereitung: Die Gundermannblätter etwa 5 Min. blanchieren. Das Schweinefleisch in heißem Öl anbraten. Den Lauch waschen, putzen, in feine Scheiben schneiden und zusammen mit den Gundermannblättern zum Fleisch geben. Das Ganze mit 50 ml Gemüsebrühe bei geringer Hitze 10-15 Min. dünsten. Alles mit Sojasoße und den Gewürzen scharf abschmecken und mit Reis servieren.

Glechoma hederacea L.

Wiesenbärenklau

Familie: Doldenblütengewächse *(Apiaceae,* auch: *Umbelliferae)*
Andere Namen: Bärentatze, Saukraut, Kröpel
Beschreibung: Das zwei- bis mehrjährige Kraut bietet oft einen imposanten Anblick: Es wird bis zu 2 m hoch und hat entsprechend dicke Stängel, große Blätter und Blütendolden; man findet aber auch deutlich kleinere Exemplare. Der hohle Stängel ist längs gefurcht, mit hellen, borstigen Härchen besetzt, nur im oberen Bereich verzweigt und wechselständig beblättert, mit auffälligen bauchigen Blattscheiden. Die Blätter sind häufig oberseits behaart und erscheinen dann graugrün. Besonders eindrucksvoll präsentieren sich die unteren Blätter, die sich aus großen, mehrfach gelappten Teilblättern zusammensetzen und bis 60 cm lang werden können. Gewaltig erscheinen auch die flachen Dolden mit 15-30 Strahlen und bis zu 20 cm Durchmesser. Die Blüten, meist weiß, manchmal auch grünlich oder rosa, riechen unangenehm. Häufig sind die äußeren Blüten größer als die in der Doldenmitte. Die abgeflachten Flügelfrüchte werden etwa 1 cm lang.
Blütezeit: Juni bis September
Vorkommen und Verbreitung: In ganz Europa wächst der Wiesenbärenklau oft in großen Scharen an Waldrändern und Heckensäumen, an Wegrändern, Gräben und Ufern.
Verwechslungsgefahren: Bei kleineren Exemplaren müssen durch genaue Bestimmung Verwechslungen mit giftigen Doldenblütlern (s. S. 15 ff.) ausgeschlossen werden. Am anderen Ende der Größenskala steht die Herkulesstaude *(Heracleum mantegazzianium),* die bei Berührung gravierende Hautentzündungen verursacht. Sie wird 2-4 m hoch und ist in allen Teilen größer.
Sammelgut und Sammelzeit: Man nutzt die Blätter und Stängel vor der Blüte, am besten nur im März und April. Vorsicht: Auch der Wiesenbärenklau kann Hautreizungen hervorrufen, wenn auch nicht ganz so schlimm wie die Herkulesstaude.
Verwendung: Ob Salate, Gemüse, Suppen oder Soßen – die jungen Blätter und Stängel lassen sich vielseitig einsetzen und schmecken würzig, aber mild.
Rezept: Gemüseplatte mit Wiesenbärenklau
Zutaten: 150 g junge Wiesenbärenklaustängel, 5 Wiesenbärenklaublätter, Salz, 3 EL feine Semmelbrösel, 1 Ei, 2-3 EL Olivenöl, 50 g Knollensellerie, 200 g Möhren, 200 ml Gemüsebrühe, 1 Bund glatte Petersilie, 2 Sauerampferblätter, Pfeffer, 2-3 EL Crème fraîche.
Zubereitung: Die Wiesenbärenklaustängel schälen, in Streifen schneiden und zusammen mit den Blättern etwa 5 Min. blanchieren. Die Stängel mit Semmelbröseln und Ei panieren und in etwas heißem Öl von allen Seiten bräunen. Die Blätter auf einer Platte verteilen und würzen. Den Sellerie und die Möhren schälen, würfeln, in die Gemüsebrühe geben, aufkochen lassen und bei geringer Hitze 15-20 Min. garen. Überschüssige Flüssigkeit verdampfen lassen. Die Petersilie und die Sauerampferblätter fein wiegen. Das Gemüse würzen, mit Crème fraîche abschmecken. Das Ganze auf den Bärenklaublättern verteilen, mit den Kräutern bestreuen und mit den gebräunten Bärenklaustängeln servieren.

Heracleum sphondylium L.

Hopfen

Familie: Hanfgewächse *(Cannabaceae)*
Andere Namen: Wilder Hopfen, Strauchhopfen
Beschreibung: Die mehrjährige Kletterpflanze überdauert mithilfe eines weit verzweigten Wurzelstocks und treibt alljährlich 4-kantige Stängel, die 3-6 m hoch werden. Sie umschlingen rechtswindend Bäume, Sträucher und andere aufrechte Stützen, können sich mit ihren borstigen Haaren aber auch an Mauern und Zäunen festhalten. Die gegenständigen, gestielten Blätter sind 3- bis 5-lappig, rau behaart und am Rand gezähnt. Der Hopfen gehört zu den zweihäusig blühenden Gewächsen, d. h., an einer Pflanze erscheinen entweder nur männliche oder nur weibliche Blüten. Die hellgrünen männlichen Blütenrispen bleiben recht unauffällig. Markanter sind die weiblichen zapfenähnlichen Blütenstände, dicht mit schuppenförmigen Hochblättern besetzt. Anfangs sind sie gelbgrün, später verfärben sie sich bräunlich.
Blütezeit: Juli bis August
Vorkommen und Verbreitung: Der in Mitteleuropa heimische Hopfen wächst wild auf feuchten Böden in lichten Auwäldern und Gebüschen, an Waldrändern und Ufern. Zur Gewinnung von Bierwürze werden nur weibliche Pflanzen angebaut, die männlichen gelten als Unkraut. Im Garten als Kletterpflanze geeignet.
Verwechslungsgefahren: Gefährlich wäre eine Verwechslung mit der Weißen oder Roten Zaunrübe *(Bryonia alba, B. dioica)*. Sie klettert jedoch mithilfe deutlich ausgeprägter Ranken, hat ab Juni etwa 1 cm breite, grünlich weiße, 5-zählige Blüten und später rote oder schwarze Beerenfrüchte.
Sammelgut und Sammelzeit: Man sammelt die Wurzeln im Frühjahr, die Blätter und Triebe im April/Mai und die Zapfen im August und September, solange sie noch nicht braun sind.
Verwendung: Die jungen Triebe erinnern im Aussehen an Spargel und können – nach dem Blanchieren – auch so zubereitet werden. Die Blätter werden nach dem Blanchieren oder Einlegen in Öl recht zart; sie eignen sich wie die Wurzeln ebenfalls als Gemüse. Außer Bier kann man mit den Zapfen, als Sud aufgekocht, auch andere Getränke, Soßen oder Süßspeisen aromatisieren.
Rezept: Gefüllte Hopfenblätter
Zutaten: 40 g Basmatireis, Salz, 2 Möhren, 5 EL Traubenkernöl, 12 mittelgroße Hopfenblätter, 1 Zitrone, 40 g gewiegte Walnüsse, Zimt, Piment, süßes Paprikapulver.
Zubereitung: Den Reis in Salzwasser zum Kochen bringen und bei geringer Hitze garen. Die Möhren schälen, in Stifte schneiden und in etwas heißem Öl dünsten. Die Hopfenblätter waschen, die Stiele entfernen und die Blätter etwa 5 Min. blanchieren. Die Zitrone auspressen und die Hälfte des Saftes mit 3 EL Traubenkernöl und etwas Salz vermischen. Die Hopfenblätter darin einlegen, bis die Härchen weich, d.h. nicht mehr fühlbar sind. Nicht zu lange im Öl liegen lassen, sonst wird das Blattgrün blass. Die Walnüsse in dem restlichen, heißen Öl kurz rösten, mit dem Reis und dem Zitronensaft vermischen und das Ganze würzen. Auf den Hopfenblättern verteilen, die Blätter um die Füllung wickeln und mit dem restlichen Öl und Zitronensaft beträufeln. Mit den Möhrenstiften servieren.

Humulus lupulus L.

Stachellattich

Familie: Korbblütengewächse *(Asteraceae,* auch: *Compositae)*
Andere Namen: Wilder Lattich, Stachelsalat, Kompasspflanze
Beschreibung: Der einjährige Korbblütler wächst rasch, sein meist weißlich grüner, im Innern Milchsaft führender Stängel wird 50-120 cm hoch. Die namengebenden kleinen Stacheln sitzen unterseits an den Mittelrippen der dunkel- bis blaugrünen Blätter. Diese sind länglich, fiederlappig mit starken Einbuchtungen, am Stängelansatz pfeilförmig und scharf gezähnt; sie enhalten ebenfalls Milchsaft. Den Stachellattich nennt man auch Kompasspflanze, da seine bei Sonnenschein nahezu senkrecht zum Stängel stehenden Blätter in Nord-Süd-Richtung eingestellt sind. So schützt sich die Pflanze optimal vor übermäßiger Verdunstung und Überhitzung durch die pralle Mittagssonne. Die gelben Blütchenkörbchen mit langer, bauchiger Kelchblattröhre sind rispenartig angeordnet.
Blütezeit: Juli bis Oktober
Vorkommen und Verbreitung: Mit seinen vielen Samen breitet sich der Stachellattich schnell aus, wodurch er in Hausgärten zum lästigen Unkraut werden kann. Er bevorzugt nährstoffreiche, eher trockene Standorte, man findet ihn häufig auf Ödland oder an Wegen und Bahndämmen. Er ist nahezu weltweit verbreitet.
Verwechslungsgefahren: Der ebenfalls gelbblütige Giftlattich *(Lactuca virosa)* lässt sich vom Stachellattich durch den nach Mohn riechenden Wurzelstock, die oft rötliche Stängelbasis und die grundständige Blattrosette unterscheiden. Er ist recht selten und kommt nur in wärmeren Regionen vor.
Sammelgut und Sammelzeit: Man pflückt nur junge, hellgrüne Blätter von April bis Juni. Voll entwickelte oder ältere Blätter sind zäh, bitter und „stachelig".
Verwendung: Die zarten, knackigen Blätter eignen sich gut für frische Salate, sind jedoch wegen des sehr bitteren Milchsafts ohne entsprechende Vorbehandlung ungenießbar. Dabe macht man sich zunutze, dass dieser bei Verletzungen der Pflanze nach außen tritt. Man schneidet die Blätter klein, lässt den Milchsaft herauslaufen und spült sie dann mit Wasser ab
Rezept: Gemischter Salat
Zutaten: 1 rote Paprika, 1 rote Zwiebel, 1-2 Bärlauchpflanzen, 2 EL Zitronenmelisse, 3 EL Traubenkernöl, 100 g saure Sahne, 8 Stachellattichblätter, 2 TL mittelscharfer Senf, Salz, Pfeffer, 1 Kopfsalat, 2 Eier, 50 g Sonnenblumenkerne, Kresse.
Zubereitung: Die Paprika waschen und ebens wie die Zwiebel fein würfeln. Das Bärlauchgrün fein hacken, die Bärlauchzwiebel und die Zitronenmelisse fein wiegen und alles in einer Schüssel mit Öl und saurer Sahne vermischen. Die Stachellattichblätter in Streifen schneiden, den Milchsaft heraustreten lassen und abspülen. Die Blätter trocknen lassen, mit der Soße verrühren und würzen. Ganze Kopfsalatblätter au den Tellern anrichten. Die Eier hart kochen. Die Sonnenblumenkerne unter ständigem Rühren in etwas heißem Öl rösten. Die Soße über den Salat gießen, die noch warmen Eierscheiben darauf legen und alles mit gerösteten Sonnenblumenkernen und klein geschnittener Kresse bestreuen.

Lactuca serriola L.

Gefleckte Taubnessel

Familie: Lippenblütengewächse *(Lamiaceae,* auch: *Labiatae)*
Andere Namen: Bienensaug, Honigblume, Nettel
Beschreibung: Die ausdauernde, 30 - 80 cm hohe gefleckte Taubnessel treibt im Frühjahr 4 - kantige, meist aufrechte Stängel. An ihnen stehen die Blätter kreuzgegenständig, die einzelnen Etagen sind also etwa im rechten Winkel gegeneinander versetzt. Die eiförmigen, deutlich geaderten, runzligen, am Rand gesägten Blätter ähneln denen der Brennnessel, tragen aber keine Brennhaare und sind demnach „taub". Die karminroten Lippenblüten sitzen im oberen Stängelbereich quirlartig in den Blattachseln. Die Unterlippen der Einzelblüten sind meist heller und weisen dunkelrote Flecken auf. Die Pflanze bildet kriechende Ausläufer, die sich an den Stängelknoten bewurzeln.
Blütezeit: April bis Oktober
Vorkommen und Verbreitung: Die im gemäßigten Klima fast überall vorkommende Gefleckte Taubnessel findet man verbreitet in Wäldern, an Waldrändern, unter Hecken und in Gärten. Sie wächst vor allem auf nährstoffreichen, feuchten Böden und tritt an halbschattigen Plätzen oft in größeren Beständen auf.
Ähnliche Arten: Die Weiße Taubnessel *(Lamium album)* hat weiße Lippenblüten, ansonsten lässt sie sich von der Gefleckten Taubnessel nur schwer unterscheiden. Das ist nicht weiter schlimm, denn ebenso wie die Rote Taubnessel *(L. purpureum)* und die recht ähnlichen jungen Brennnesseln (s. S. 180) gehört auch sie zu den essbaren Pflanzen. Die weniger schmackhafte, gelb blühende Goldnessel *(Lamiastrum galeobdolon)* kommt hauptsächlich in Wäldern vor.

Sammelgut und Sammelzeit: Man sammelt die jungen Blätter und Triebe vor der Blüte.
Verwendung: Mit den jungen Blättern und Trieben lassen sich schmackhafte gemischte Salate zubereiten. Zusammen mit anderen Wildkräutern gekocht, kann man die Taubnessel z. B. als Beilage zu Fleischgerichten reichen.
Rezept: Kartoffel-Taubnessel-Auflauf
Zutaten: 500 g Kartoffeln, 2 Zwiebeln, 600 g Taubnesselblätter, 250 g braune Champignons, 1 EL Sonnenblumenöl, 100 ml Gemüsebrühe, Salz, Pfeffer, Muskatnuss, 200 g süße Sahne, 300 g Raclettekäse.
Zubereitung: Die Kartoffeln kochen, pellen und in Scheiben schneiden. Die Zwiebeln fein würfeln, die Taubnesselblätter fein wiegen, die Pilze waschen und in Scheiben schneiden. Alles in heißem Öl dünsten, bis die Zwiebeln glasig sind. Das Ganze mit der Gemüsebrühe aufgießen und bei geringer Hitze etwa 30 Min. dünsten. Alles würzen, die Sahne hinzugeben und kurz aufkochen lassen. Die Kartoffeln und das Gemüse abwechselnd in eine gefettete Form schichten. Alles mit der restlichen Flüssigkeit übergießen und mit Käse belegen. Im Ofen bei 175 °C etwa 25 - 30 Min. überbacken.

Lamium maculatum L.

Familie: Schmetterlingsblütengewächse *(Fabaceae*, auch: *Leguminosae)*
Andere Namen: Erdnussplatterbse
Beschreibung: Die anmutig wirkende, ausdauernde Pflanze kann sich mit ihren langen, verzweigten, kantigen Stängeln und vielen Ranken bis 1,2 m hochwinden. Fehlt ein greifbarer Halt, wächst sie horizontal am Boden. „Erdnussplatterbse" heißt sie aufgrund ihrer verdickten, braunen Wurzelknollen, die sich an den unterirdischen, sprossbürtigen, kriechenden Ausläufern bilden. Die Hauptwurzel ist rübenförmig. Die zarten Blätter bestehen aus einem Fiederpaar länglich eiförmiger Teilblätter, mit Nebenblättern und kräftigen Ranken an den Stängelknoten. Dort entspringen auch die langen Blütenstiele, an deren Ende purpurrote, duftende, 15-18 mm lange Schmetterlingsblüten in Trauben zu 2-7 erscheinen.
Blütezeit: Juni bis September
Vorkommen und Verbreitung: Die Knollenplatterbse ist im gemäßigten Klima Europas und Westasiens verbreitet, wobei sie warme Regionen bevorzugt. Dort wächst sie zerstreut vor allem auf trockenen Lehmböden, an Wegen, Dämmen, Ackerrändern und besonders in Getreidefeldern. Sie wurde wegen ihrer Knollen früher auch feldmäßig angebaut. Im Naturgarten eignet sie sich z.B. als hübsche Zaunbegrünung, man muss allerdings die Ausläufer begrenzen.
Verwechslungsgefahren: Von der Wuchsform her könnte man die Knollenplatterbse mit der gelb blühenden Rankenplatterbse *(Lathyrus aphaca)* oder mit den Ranken tragenden Wicken *(Vicia-Arten)* verwechseln, soweit sie an ähnlichen Standorten wachsen. Deutliches Unterscheidungsmerkmal ist jedoch das Sammelgut selbst, nämlich die ausgeprägten unterirdischen Knollen.

Sammelgut und Sammelzeit: Die etwa haselnussgroßen, dunkelbraunen, harten Wurzelknollen gräbt man im Herbst oder Frühjahr aus.
Verwendung: Roh schmecken die Knollen ausgesprochen herb. Wenn man sie wie Kartoffeln oder Kastanien zubereitet, entfalten sie ihren angenehm süßlichen Geschmack.
Rezept: Schweinebraten mit gerösteten Platterbsenknollen
Zutaten: 400 g etwa gleich große Platterbsenknollen, Salz, 4 Knoblauchzehen, 3-4 EL Sonnenblumenöl, 800 g Schweinebraten, Pfeffer, 200 ml Gemüsebrühe, 2 EL Rotwein.
Zubereitung: Die Knollen waschen, mit einem scharfen Messer ringsum einritzen, etwa 5 Min. blanchieren und schälen. Die Knoblauchzehen fein zerdrücken, mit dem Öl vermischen und alles in einem Bräter erhitzen. Den Schweinebraten würzen und im Bräter von allen Seiten anbraten. Den Bratenfond mit der Gemüsebrühe aufgießen und das Fleisch im Ofen bei 200 °C etwa 1 Stunde garen. Den Schweinebraten gegen Ende der Garzeit mit Öl bestreichen, die Knollen würzen. Den Rotwein zum Braten geben und das Ganze etwa 15 Min. dünsten. Dazu passen Pastinakenwurzeln und Pellkartoffeln.

Kleine Wasserlinse

Familie: Wasserlinsengewächse *(Lemnaceae)*
Andere Namen: Entengrütze, Entengrün
Beschreibung: Die Kleine Wasserlinse zählt zu den kleinsten Blütenpflanzen Europas: Sie misst der Länge nach nur 2-10 mm. Die „Freischwimmerin" wurzelt nicht im Bodengrund ihrer nassen Lebensräume, sondern schwimmt frei auf Wasseroberflächen. Nicht in Stängel und Blätter gegliedert, wirkt der linsenförmige, unterseits manchmal rötliche Spross wie ein Blatt, an dem eine kleine, 1-4 cm lange Wurzel hängt. Über diese entnimmt die Pflanze ihre Nährstoffe dem Wasser. Zur Bildung der unscheinbaren Blüten kommt es selten. Die Wasserlinse vermehrt sich vegetativ durch Teilung der Sprossglieder bzw. Seitensprossbildung und überzieht so schnell größere Wasserflächen. Die Sprossglieder hängen oft zu 2-6 zusammen. Das ausdauernde Wasserlinsengewächs überwintert am Teichboden und lässt sich dazu im Herbst nach unten sinken.
Blütezeit: Mai bis Juni (selten)
Vorkommen und Verbreitung: Häufig bildet die in der gemäßigten Klimazone verbreitete Kleine Wasserlinse regelrechte Teppiche an der Oberfläche stehender oder langsam fließender Gewässer. Man findet sie in Teichen, Tümpeln, Gräben und Bächen bei Wassertiefen bis etwa 50 cm; die Sammelstellen müssen sorgfältig ausgewählt werden, da die Wasserlinse auch in verschmutzten Gewässern gedeiht. Im Gartenteich ist sie ein guter Algenhemmer.
Verwechslungsgefahren: Die Sprossglieder der Buckeligen Wasserlinse *(Lemna gibba)* sind anders als bei der Kleinen Wasserlinse unterseits stark gewölbt. Man findet diese Art fast nur in verschmutzten Gewässern und sollte sie deshalb nicht ernten. Wenig schmackhaft sind die Vielwurzelige Wasserlinse *(Spirodela polyrhiza)*, mit etwa doppelt so großen Sprossgliedern und 7-12 Wurzeln an der Blattunterseite, und die Zwergwasserlinse *(Wolffia arrhiza)*, völlig unbewurzelt und mit nur 1 mm großen Sprossgliedern.
Sammelgut und Sammelzeit: Die Ernte erfolgt während der ganzen Wachstumszeit durch Abschöpfen mit einem Kescher.
Verwendung: Die Sprosse der Kleinen Wasserlinse eignen sich als Zutat zu Salaten oder roh als würzende Beigabe zu Suppen. Man kann sie auch mit Zwiebeln kurz in Öl dünsten.
Rezept: Tomatensalat im Wasserlinsenbett
Zutaten: 1 Knoblauchzehe, 300 g Wasserlinsen, 500 g Tomaten, 300 g Gurken, 250 g Schafskäse, 4-6 EL Olivenöl, 3-4 EL Balsamico-Essig, Pfeffer, Salz, 2 TL gerebelter Thymian.
Zubereitung: Eine große Platte mit der Knoblauchzehe einreiben, die Wasserlinsen darauf verteilen und etwas würzen. Die Tomaten waschen und in Scheiben schneiden, die Gurken schälen und ebenso wie den Schafskäse würfeln. Alles zu den Wasserlinsen geben. Den restlichen Knoblauch fein zerdrücken, mit dem Öl und dem Essig vermischen. Das Ganze würzen und über den Salat gießen. Dazu passt frisches Baguette.

Lemna minor L.

Wiesenmargerite

Familie: Korbblütengewächse *(Asteraceae,* auch: *Compositae)*
Andere Namen: Gewöhnliche Margerite, Weiße Wucherblume; zum Teil noch unter dem alten botanischen Namen *Chrysanthemum leucanthemum* geläufig.
Beschreibung: Die ausdauernde Wiesenmargerite hat fast kahle, einfache oder verzweigte Stängel, die sich über einer Blattrosette 30 - 60 cm hoch erheben. Obwohl recht hart, reagieren sie auf Druck empfindlich und knicken schnell ein. Die wechselständigen Blätter sind verkehrt eiförmig bis zungenförmig, im unteren Bereich gestielt und am Rand gekerbt oder grob gelappt, oben direkt am Stängel sitzend und gesägt. Der lateinische Name *Leucanthemum* bedeutet weiße Blüte, und tatsächlich sind die bis zu 6 cm breiten Blütenkörbchen mit etwa 20 langen weißen Zungenblüten sehr auffällig. Sie kontrastieren mit der goldgelben Mitte, zusammengesetzt aus zahlreichen streng riechenden Röhrenblüten. Die Blütenköpfchen stehen einzeln an den Spitzen der Stängel und Seitentriebe.
Blütezeit: Mai bis Oktober
Vorkommen und Verbreitung: Die Wiesenmargerite kommt in gemäßigtem Klimabereich häufig auf Wiesen, am Wegrand, an Böschungen und Dämmen vor und bevorzugt trockene, sonnige Plätze. Dort bildet sie oft dichte Bestände. Gartenformen sind züchterisch bearbeitet und wachsen buschig.
Verwechslungsgefahren: In Wuchs und Blattform ähneln mehrere Wucherblumen *(Tanactum-Arten)* und Kreuz- bzw. Greiskräuter *(Senecio-Arten)* der Wiesenmargerite, sodass man im Zweifelsfall unbedingt die Blüte abwartet. Giftig ist allerdings nur das gelb blühende Jakobs-Greiskraut *(Senecio jacobaea)*, das zudem stärker eingeschnittene Blätter hat. Die anderen Arten schmecken nur schlecht bzw. fad. Das gilt auch für die ähnlich blühende Große Margerite *(Leucanthemum maximum)*, die als Zierpflanze angebaut wird.
Sammelgut und Sammelzeit: Die jungen, zarten Triebe pflückt man fortlaufend von März bis Mai, solange sich noch kein Stängel entwickelt hat. Die Blütenknospen und -köpfe werden ab Mai bis August geerntet.
Verwendung: Am besten munden die ganz jungen Blätter oder Triebe, als Salat oder Spinat zubereitet. Die Knospen schmecken paniert sehr gut. Die Blüten dienen als essbare Garnierung für verschiedene Speisen.
Rezept: Spaghetti mit Margeritengemüse
Zutaten: 500 g Dinkel- oder Vollkornspaghetti, 150 g Walnüsse, 3 EL Olivenöl, 1 Knoblauchzehe, 1 Bund Schalotten, 400 ml Gemüsebrühe, 400 g Margeritenblätter, 1 TL Currypulver, Chilipulver, Salz, Pfeffer, 200 g Frischkäse.
Zubereitung: Die Nudeln in reichlich kochendem Salzwasser garen. Die Walnüsse wiegen, in heißem Öl rösten und mit der Gemüsebrühe ablöschen. Den Knoblauch fein zerdrücken, die Schalotten in feine Scheiben schneiden und beides in der Brühe erhitzen. Alles aufkochen lassen und bei geringer Hitze etwa 5 Min. garen. Die Margeritenblätter hinzufügen, würzen und etwa 5 Min. mitgaren. Den Frischkäse unterrühren. Das Gemüse nochmals abschmecken und zu den Nudeln reichen.

Leucanthemum vulgare (Lam.) DC

Wilde Malve

Familie: Malvengewächse *(Malvaceae)*
Andere Namen: Algiermalve, Hanfpappel, Rosspappel
Beschreibung: Die zwei- bis mehrjährige Wilde Malve erreicht mit aufrechten, büschelig behaarten Stängeln eine stattliche Höhe von 120-150 cm. Oft sind aber nur die Stängelspitzen aufgerichtet und der Rest des Triebes liegt auf dem Boden auf. Im unteren Bereich sind die älteren Stängel außen verholzt. An manchmal rötlich überlaufenen Stielen stehen große, kräftig grüne, 3- bis 7- lappige Blätter mit gekerbtem Rand. In Büscheln zu 2-6 erscheinen ab Frühsommer die Knospen in den Blattachseln. Sie öffnen sich zu großen rosavioletten Blüten; die 5 etwa 2 cm langen Kronblätter zeigen je 3 dunkelviolette Streifen. Die Staubblätter sind zu einer Röhre verwachsen und ragen deutlich aus dem Griffel hervor. Aus dem Fruchtknoten entstehen scheibenförmige, oft behaarte Früchte an aufrechten Fruchtstielen.
Blütezeit: Juni bis September
Vorkommen und Verbreitung: Seit der Steinzeit begleiteten die Malven die Ackerkultur in Mitteleuropa. Sie wachsen bevorzugt auf bearbeiteten, stickstoffreichen Böden. Die Wilde Malve ist heute fast weltweit verbreitet und kommt zerstreut an Wegen, Mauern und Zäunen, auf Öd- und Brachflächen vor. Sie kann wie andere Malven im Garten gesät werden.
Ähnliche Arten: Von den in Europa vorkommenden 12 Malvenarten ist die Wegmalve *(Malva neglecta)* am weitesten verbreitet und am häufigsten. Sie wird nur halb so groß wie die Wilde Malve und blüht meist weißrosa. Alle Malvenarten sind essbar, doch in der Regel werden nur Wilde und Wegmalve empfohlen.

Sammelgut und Sammelzeit: Junge und voll entwickelte Blätter werden vor der Blüte gesammelt. Bei Pilzbefall, der recht häufig auftritt, sollte man sie nicht ernten. Die Blüten und jungen Früchte pflückt man von Juni bis September.
Verwendung: Im Frühjahr bereichern die zarten Malvenblätter unsere Salatauswahl. Selbst die älteren Blätter können noch roh gegessen werden. Man kann sie auch als Gemüse zubereiten, was allerdings aufgrund ihres Schleimstoffgehaltes nicht jedem mundet. Mit den essbaren Blüten und den geschälten jungen Früchten lassen sich Speisen ansprechend garnieren.
Rezept: Malven-Dinkel-Salat
Zutaten: 100 g Dinkelkörner, 1 l Gemüsebrühe, Salz, Pfeffer, Chilipulver, 2 rote Paprika, 100 g junge Malvenblätter, 1 rote Zwiebel, 200 g Hüttenkäse, 1 EL Weißweinessig, 2 EL Sonnenblumenöl.
Zubereitung: Die Dinkelkörner über Nacht einweichen, dann in der Gemüsebrühe aufkochen lassen, bei geringer Hitze garen, bis sie weich sind (etwa 1 Stunde) und etwas würzen. Die Paprika waschen, in Streifen schneiden und zum Schluss etwa15 Min. mitgaren. Die Malvenblätter grob hacken, die Zwiebel fein würfeln und beides mit dem noch warmen Dinkel, den Paprikastreifen und dem Hüttenkäse vermischen. Den Salat mit dem Essig, dem Öl und den Gewürzen abschmecken und lauwarm servieren.

Malva sylvestris L.

Nachtkerze

Familie: Nachtkerzengewächse *(Onagraceae)*
Andere Namen: Rapunzel, Rapontika, Schinkenwurz
Beschreibung: Die Nachtkerze erweist ihrem Namen alle Ehre: Am Abend öffnen sich ihre leuchtend gelben, duftenden Blüten und halten die ganze Nacht und den folgenden Tag. Im ersten Jahr bildet die zweijährige Pflanze eine rübenförmige, verästelte Wurzel aus, über der Erde wächst eine Rosette aus lanzettlichen Blättern. Im zweiten Jahr, wenn die Zeit der Blütenbildung kommt, wachsen daraus bis 1,5 m hohe, kantige, nur oben verzweigte Stängel mit schmalen, fein behaarten Blättchen. An den Triebspitzen erscheinen die Knospen in ährenartigen Blütenständen und blühen von unten nach oben auf. Die im Durchmesser 3 - 5 cm großen Einzelblüten sitzen in den Blattachseln und werden von zahlreichen Nachtfaltern aufgesucht.
Blütezeit: Juni bis September
Vorkommen und Verbreitung: Die Nachtkerze wurde um 1600 aus Amerika nach Europa eingeführt und als geschätzte Gemüse- und Heilpflanze angebaut. Schwarzwurzel und anderes Gemüse erfreuten sich später zwar größerer Beliebtheit, doch die anspruchslose Nachtkerze konnte sich als Wildpflanze verbreiten und kommt noch heute zerstreut in ganz Europa vor. Sie wächst vor allem auf trockenen Böden an Wegrändern und Bahndämmen, in Kies- und Sandgruben. Im Garten kann man sie als Gemüse- und Zierpflanze anbauen.
Ähnliche Arten: Die Ufernachtkerze *(Oenothera parviflora)* hat kleinere Blüten und vor allem kleinere Wurzeln. Sie sollte geschont werden, da sie sehr selten vorkommt.
Verwechslungsgefahren: Die im Rosettenstadium ähnlich aussehenden, giftigen Fingerhüte *(Digitalis-Arten)* wachsen eher an waldnahen Plätzen mit leicht feuchten Böden und bilden vor allem keine entsprechenden Rübenwurzeln.
Sammelgut und Sammelzeit: Man erntet die rübenförmigen, fleischigen, etwa 15 cm langen Wurzeln vom Herbst des ersten Jahres (Rosettenstadium) bis zum Frühjahr.
Verwendung: Die geschälten Wurzeln werden meist gegart verwendet, doch auch dann bleiben sie – ebenso wie als Rohkost – recht scharf. Ihr ansonsten sehr angenehmer, leicht süßlicher Geschmack ähnelt dem von Schwarzwurzeln. Man kann sie wie diese zubereiten und eine abmildernde Soße dazu reichen oder sie mit anderen Gemüsen mischen. Beim Garen verfärbt sich das Wurzelfleisch rötlich, seltener gelb, deshalb der Name „Schinkenwurz".
Rezept: Nachtkerzenwurzelgemüse
Zutaten: 500 g Nachtkerzenwurzeln, Salz, 1 EL Butter, Pfeffer, 200 g grob gewiegte Walnüsse, 2 EL Sonnenblumenöl.
Zubereitung: Die Wurzeln schälen, in Scheiben schneiden und in kochendem Salzwasser 25 - 30 Min. garen. Das Wasser abgießen, die Nachtkerzenwurzeln in Butter schwenken und würzen. Die Walnüsse in heißem Öl rösten und mit den Wurzeln vermischen. Das Gemüse passt gut zu Fleisch oder Fisch und Kartoffeln.

Familie: Korbblütengewächse *(Asteraceae,* auch: *Compositae)*
Andere Namen: Große Distel
Beschreibung: Die zweijährige, kräftige, bedornte Wildpflanze bietet mit bis zu 2 m Höhe einen imposanten Anblick. Im ersten Wachstumsjahr bildet sie über der rüben- bis spindelförmigen Pfahlwurzel eine grundständige Rosette aus großen, grauen, filzig behaarten Blättern mit gezähntem Rand. Im zweiten Jahr treibt sie verzweigte Stängel mit breiten, flügelartigen Dornen und filziger Behaarung. Wollig behaart und an den gezähnten Rändern bedornt sind bereits auch die jungen, wechselständigen Stängelblätter. Die purpurroten Blütenköpfchen öffnen sich an den Enden der Stängel und Seitentriebe, wiederum von Hüllblättern mit je einem kräftigen Dorn geschützt.
Blütezeit: Juli bis September
Vorkommen und Verbreitung: Die in ganz Mittel- und Südeuropa verbreitete Eselsdistel ist vielerorts selten geworden. Die sonnenliebende Pflanze gilt in Deutschland als gefährdet und sollte hier, soweit sie überhaupt noch anzutreffen ist, nicht gesammelt werden. Sie lässt sich jedoch im Garten an sonnigen, trockenen Plätzen als dekorative Zierpflanze kultivieren und vermehrt sich dann meist durch Selbstaussaat.
Ähnliche Arten: Verschiedene Disteln und Kratzdisteln *(Cirsium, Carduus)* lassen sich ähnlich wie die Kohldistel verwenden (s. S. 70); einige Arten sind allerdings weniger schmackhaft. Augenfälligstes Unterscheidungsmerkmal der Eselsdistel ist ihre wollige, grauweiße Behaarung.
Sammelgut und Sammelzeit: Die Wurzel gräbt man im Frühjahr oder Herbst aus, bevor sich der Stängel bildet. Zur Ernte der jungen Blätter und der Knospen wappnet man sich am besten mit Handschuhen und einer guten Gartenschere. Die Blätter bzw. jungen Triebe pflückt man gleich im Frühjahr beim Austrieb. Ab Juli kann der Köpfchenboden geerntet werden.
Verwendung: Die Wurzeln schmecken leicht bitter; mit Sahne abgemildert, eignen sie sich als Gemüsebeilage oder als würzige Zugabe für Suppen. Schneidet man von den Blättern oder jungen Trieben die Stacheln ab, schmecken sie im Salat oder in einer Wildkräutersuppe. Die jungen, fleischigen, inulinhaltigen Köpfchenböden kann man wie Artischockenherzen verwenden. Allerdings ist es recht mühsam, sie von den vielen Stacheln zu befreien.
Rezept: Eselsdistelmus
Zutaten: 100 g junge Eselsdistelblätter, 200 ml Gemüsebrühe, 1 Zwiebel, 2 Knoblauchzehen, 100 g Crème fraîche, 1 EL Olivenöl, Salz, Pfeffer, Chilipulver, 1/2 Zitrone.
Zubereitung: Die Eselsdistelblätter von den Dornen befreien und in der Gemüsebrühe zum Kochen bringen. Bei geringer Hitze etwa 5 Min. garen und die Flüssigkeit abgießen. Die Zwiebel und den Knoblauch grob würfeln und beides zusammen mit den Eselsdistelblättern pürieren. Crème fraîche und Olivenöl unterrühren und das Ganze würzen. Die Zitrone auspressen und das Mus damit abschmecken. Das Mus passt zu deftigen Fleischgerichten, Kartoffeln, Klößen oder Salaten.

Onopordum acanthium L.

Dost

Familie: Lippenblütengewächse *(Lamiaceae,* auch: *Labiatae)*
Andere Namen: Oregano, Wilder Majoran, Staudenmajoran, Bergminze, Wilder Balsam
Beschreibung: Der bis 50 cm hohe, ausdauernde Lippenblütler überwintert mit einem langen, dünnen Wurzelstock. Im Frühjahr erscheinen die 4-kantigen, oft rötlich braunen Stängel, die mit weichen Härchen bedeckt sind und sich verzweigen. Sie tragen kreuzweise gegenständige, längliche bis eiförmige kleine Blätter mit aromatisch herbem Duft. Dieser stammt von den Drüsen auf den Blattunterseiten, die ihnen ein punktiertes Aussehen verleihen. Die doldenartigen Blütenstände erscheinen nur an den oberen Verzweigungen; sie setzen sich aus kleinen Büscheln der rosa oder purpurroten, seltener weißen Einzelblüten zusammen. Diese sitzen jeweils auf einem dunkel braunroten Tragblatt.
Blütezeit: Juli bis September
Vorkommen und Verbreitung: Als Wildpflanze ist der Dost in fast ganz Europa und Teilen Asiens verbreitet. Er bevorzugt warme, sonnige, trockene Standorte, etwa an Böschungen und Hängen, aber auch an Heckenrändern und in lichten Wäldern. Der Dost lässt sich auf nährstoffarmen, sandigen Böden im Garten kultivieren und passt auch gut in den Steingarten. Man kann ihn an einem hellen Fensterplatz sogar in einem Topf mit sandiger Erde ziehen.
Ähnliche Arten: Eng verwandt ist der Majoran *(Oregano majorana)*, der bei uns nur einjährig wächst.

Sammelgut und Sammelzeit: Die jungen Sprosse und Blätter können in der Wachstumszeit fortlaufend geerntet werden. Während de Blüte sind sie am würzigsten. Zum Trocknen schneidet man den ganzen Spross zu Blühbeginn, entfernt die dickeren Stängel und legt di Blätter im Schatten aus.
Verwendung: Frische und getrocknete Blätter und Blüten passen gut als Würze zu Nudel- und Teiggerichten – in diesem Zusammenhang besser als „Oregano" bekannt –, zu Fleisch, Fisch, Salat und Eingelegtem. Nach Trocknung ist der Geschmack noch intensiver. Wegen seines Bitterstoffgehaltes regt Dost den Appetit an und fördert ausgezeichnet die Verdauung fetter Speisen.
Rezept: Eingelegte „heiße" Paprika
Zutaten: 4 große rote Paprika, Salz, 200 ml Olivenöl, 1 kleine Pfefferone, 2 Knoblauchzehen, 1-2 TL Dost, Pfeffer.
Zubereitung: Die Paprika waschen, halbieren und die Kerne entfernen. Die Parika in kochendes Salzwasser geben, bis die Haut faltig wird. Die Haut mit einem spitzen Messer abziehen, die Paprika in Streifen schneiden und in eine Schüssel mit Öl legen. Die Kerne der Pfefferone entfernen, die Schote fein wiegen, die Knoblauchzehe grob würfeln und beides z den Paprikas geben. Den Dost, den Pfeffer und das Salz hinzufügen und das Ganze 1 Tag ziehen lassen. Die Paprika können zu Baguette, Salaten oder als scharfe Würze zu Quarkspeisen gereicht werden.

Origanum vulgare L.

Waldsauerklee

Familie: Sauerkleegewächse *(Oxalidaceae)*
Andere Namen: Hainsauerklee
Beschreibung: Der zierliche, stängellose Waldsauerklee bleibt mit 8-15 cm Wuchshöhe nahe am Boden. Die ausdauernde Pflanze treibt im Frühjahr direkt aus dem horizontal kriechenden Wurzelstock lange violettbraune, behaarte Blattstiele, die sich bald ebenso grün färben wie die Blätter. Beim kleeblattähnlichen Laub kann man die 3 fast herzförmigen, tagsüber waagrecht ausgebreiteten Einzelblättchen gut erkennen. Sie falten sich nachts ebenso zusammen wie bei starker Sonnenstrahlung, bei Regen oder nach mehrfacher Berührung. Im Winter bleiben die Blätter grün. Etwas höher als die Blattstiele wachsen die kaum behaarten Blütenstiele, an deren Enden sich Blüten mit 5 weißen Kronblättern entfalten. Darin verlaufen violette Adern, die von der gelben Blütenmitte bis kurz vor den Rand reichen. Nach der Blüte bilden sich kleine, länglich eiförmige Früchte.
Blütezeit: April bis Mai
Vorkommen und Verbreitung: Der Sauerklee ist in Europa häufig und vorwiegend im Schatten der Wälder zu finden, wo er mit seinem zartem Grün kleine Teppiche bildet. Da er noch mit 1% der vollen Tageslichtmenge auskommt, wächst er selbst in dichten, dunklen Nadelholzbeständen. Man kann ihn auch in einem Blumentopf mit frischem Waldhumus im Zimmer kultivieren. Im Garten ist er ein attraktiver Bodendecker für schattige, bodensaure Plätze.
Ähnliche Arten: Weniger im Wald, sondern in Gärten, Weinbergen, auf Äckern und an Mauern wachsen der Aufrechte Sauerklee *(Oxalis stricta)* und der Hornsauerklee *(O. corniculata)*. Beide blühen – erst ab Juni – gelb und sind ebenfalls essbar.

Verwechslungsgefahren: Verwechslungen mit jungen Kleepflanzen *(Trifolium-Arten)*, die kaum in schattigen Wäldern wachsen, wären nicht schlimm. Einige davon sind sogar essbar (s. S. 174).
Sammelgut und Sammelzeit: Die zarten Blätter kann man das ganze Jahr über pflücken und sogar im Winter unter einer Schneedecke finden. Blüten gibt es ab April.
Verwendung: Die saftigen, sauren Blättchen passen roh zu Salaten, Rohkost- oder Fischgerichten. Im Sommer lassen sich Sauerkleeblätter oder -püree als erfrischende Zugabe zu Joghurts Fruchtsäften, Eis oder Quarkspeisen einsetzen. Die hübschen Blüten eignen sich als essbare Garnierung. Die Blätter sollten nur sparsam eingesetzt werden, denn sie enthalten Oxalsäure, die hoch dosiert bzw. bei Dauergenuss gesundheitsschädlich ist.
Rezept: Sauerkleepüree
Zutaten: 100 g Sauerkleeblätter, 2 frische Pfefferminztriebe, 1 TL Waldblütenhonig.
Zubereitung: Den Sauerklee und die Pfefferminze fein wiegen oder kurz pürieren und gut mit dem Honig verrühren. Das Püree hält sich einige Tage im Kühlschrank und wird zu erfrischenden Süßspeisen auch kalt verwendet. Für Salate fügt man je nach Geschmack Salz, Pfeffer und weitere pikante Gewürze hinzu. Pfefferminze und Honig können dann auch durch 2-3 Bärlauchpflanzen ersetzt werden, was eine scharfwürzige Zugabe für Salatsoßen ergibt.

Oxalis acetosella L.

Klatschmohn

Familie: Mohngewächse *(Papaveraceae)*
Andere Namen: Feuermohn, Wilder Mohn, Klatschrose
Beschreibung: Der ein-, seltener zweijährige Klatschmohn bildet mehrere bis zu 80 cm hohe, spärlich beblätterte Stängel aus. Wenn man sie anschneidet, tritt weißer Milchsaft aus, der etwas unangenehm riecht. Die Stängel sind ebenso borstig behaart wie die gefiederten, am Rand gezähnten Blätter. Zu Wachstumsbeginn stehen sie in einer Rosette am Boden, die nach dem Stängelaustrieb meist abstirbt. An langen Blütenstielen erscheinen zunächst hängende Knospen, die sich zu leuchtend roten Blüten mit 6-8 cm Durchmesser öffnen. Die 4 Blütenblätter haben am Grund meist schwarze Flecken und beherbergen zahlreiche blaugrüne Staubblätter. Die Einzelblüten halten nicht lange; aus dem Fruchtknoten entsteht bald die eiförmige, kahle Kapsel, die viele winzige dunkelbraune Samen enthält.
Blütezeit: Mai bis August
Vorkommen und Verbreitung: Schon seit der Steinzeit wächst der heute weltweit verbreitete Klatschmohn auf Getreidefeldern. Von dort wurde er in den letzten Jahrzehnten durch intensive Unkrautvernichtung verbannt, doch man findet ihn immer noch häufig an Weg- und Feldrändern, an Böschungen, auf Wiesen und am Waldrand. Im Garten ist er eine hübsche Zierpflanze, die sich reichlich durch Selbstaussaat vermehrt.
Ähnliche Arten: Der sehr ähnliche Saatmohn *(Papaver dubium)* kann in gleicher Weise verwendet werden.
Verwechslungsgefahren: Wenn man auf Mohnpflanzen mit fast runden, abstehend borstig behaarten Kapseln trifft, sollte man sie stehen lassen – es könnte der seltene, geschützte Krummborstige Mohn *(P. hybridum)* sein. Der gefährliche Schlafmohn *(P. somniferum)* kommt bei uns kaum wild wachsend vor. Er hat bläulich bereifte, ungefiederte Blätter und weißviolette Blüten und wird kontrolliert zur Opiumgewinnung für Arzneizwecke angebaut.
Sammelgut und Sammelzeit: Man pflückt die jungen Blätter von März bis Mai, am besten zur Zeit des Rosettenstadiums. Für die Samenernte schneidet man ab Juni schwärzlich gefärbte Fruchtkapseln ab und schüttelt aus ihnen die Samen in ein Gefäß.
Verwendung: Die Blätter nimmt man in geringen Mengen als Zugabe zu Salaten. Wegen der Behaarung legt man sie vorher 1/2 Stunde mit etwas Zitronensaft in Olivenöl ein. Die Samen passen als Würze zu vielen Speisen und sind vor allem als Zutat zu Backwaren bekannt (meist aus feldmäßigem Anbau).
Rezept: Lauchsoße mit Mohnsamen
Zutaten: 1/2 Zwiebel, 2 EL Öl, 50 g Mohnsamen, 1 dicke Stange Lauch, 150 ml Gemüsebrühe, Salz, Currypulver, Chilipulver, 200 g süße Sahne, 1 EL Dinkelmehl, 1 TL fein gewiegter Dost.
Zubereitung: Die Zwiebel fein würfeln und in heißem Öl glasig dünsten. Die Mohnsamen dazugeben und kurz anrösten. Den Lauch waschen, putzen, in feine Scheiben schneiden und zusammen mit der Gemüsebrühe zu Zwiebeln und Mohn geben. Alles aufkochen lassen, bei geringer Hitze etwa 15-20 Min. garen und würzen. Die Sahne und das Mehl unterrühren, mit den Gewürzen und dem Dost abschmecken und das Ganze noch einmal aufkochen lassen. Die Soße mundet zu Getreidebratlingen ebenso wie zu Frikadellen.

Papaver rhoeas L.

Familie: Doldenblütengewächse *(Apiaceae,* auch: *Umbelliferae)*
Andere Namen: Pastinak, Hammelmöhre
Beschreibung: Die zweijährige Pastinake entwickelt im ersten Wachstumsjahr eine verdickte, fleischige, schwarzhäutige, innen weißliche Pfahlwurzel, aus der lang gestielte, gefiederte, sellerieähnliche Blätter wachsen. Die glänzend grünen Teilblätter sind eiförmig bis länglich und am Rand gekerbt. Wenn man sie zerreibt, riechen sie deutlich nach Möhren. Im zweiten Jahr erscheinen die kantigen, längs gefurchten, weich behaarten Blütenstängel, die sich oben verästeln. An den Enden sitzen 5 - bis 15 - strahlige Dolden mit winzigen, goldgelben Blüten.
Blütezeit: Juli bis September
Vorkommen und Verbreitung: Bei den wilden Pastinaken handelt es sich wahrscheinlich um ausgewilderte Nachfahren eines Wurzelgemüses, das vor langer Zeit nach Mitteleuropa eingeführt wurde. Die wohlschmeckende Pastinake wurde und wird noch immer auch als Gartenpflanze kultiviert. In der freien Landschaft findet man sie auf Wiesen, an Böschungen, Weg- oder Waldrändern, häufig auch an Straßenrändern, wo sie jedoch nicht geerntet werden sollte.
Verwechslungsgefahren: Entsprechend kräftige Pfahlwurzeln werden von giftigen Doldenblütlern (s. S. 15 ff.) nicht gebildet, vor Nutzung der Blätter muss jedoch jede Verwechslung, z. B. mit dem Taumelkälberkropf oder dem Geflecktem Schierling, ausgeschlossen werden.
Sammelgut und Sammelzeit: Die Pastinakenwurzeln gräbt man am besten im Spätherbst und Winter aus, wenn die Pflanze schon einmal Frost abbekommen hat; sie sind dann besonders aromatisch. Die Wurzeln enthalten reichlich Vitamin C, Stärke und Eiweiß. Die jungen Blätter pflückt man im ersten Wachstumsjahr bis ins nächste Frühjahr, bevor sich der Blütenstängel entwickelt.
Verwendung: Gegarte Pastinakenwurzeln sind ein kräftiges Wintergemüse und passen auch gut zu deftigen oder etwas fetteren Speisen. Mit intensivem Aroma bereichern Wurzeln und Blätter Gemüse- und Fleischsuppen. Zum Schälen der klebrigen Wurzel benutzt man besser Handschuhe, sie färbt sonst intensiv auf die Haut ab.
Rezept: Lachssteak mit Pastinaken
Zutaten: 4 Lachssteaks, 25 g Butter, 400 g Pastinaken, Salz, Pfeffer, 2 EL gewiegte Wiesenknopfblättchen.
Zubereitung: Die Lachssteaks in der geschmolzenen, heißen Butter bei geringer Hitze auf beiden Seiten je etwa 10 Min. braten. Die Pastinaken schälen, würfeln, zum Lachs geben und alles mit Wasser bedecken. Alles aufkochen lassen und bei geringer Hitze etwa 20 - 25 Min. garen. Das Ganze würzen, mit den Wiesenknopfblättchen bestreuen und mit Kartoffeln oder Reis und grünem Salat servieren.

Gemeines Schilfrohr

Familie: Echte Gräser *(Poaceae)*
Andere Namen: Schilf, Schilfgras, Teichrohr
Beschreibung: Das mehrjährige Sumpfgras überdauert mit einem kriechenden Wurzelstock, der zahlreiche lange unterirdische und oberirdische Ausläufer treibt. Aus ihnen wachsen die dicht beblätterten Halme steif empor, oft 2-4 m, manchmal sogar bis 8 m hoch. Das Schilfrohr nimmt auf diese Weise schnell größere Flächen in Beschlag. Die flachen, lanzettlichen, etwa 2 cm breiten, graugrünen Blätter werden bis zu 30 cm lang und haben schneidend scharfe Ränder. Im Sommer erscheint die silbrig rot- bis violettbraune, 20-50 cm lange Blütenrispe, die im oberen Teil oft etwas überhängt.
Blütezeit: Juli bis Oktober
Vorkommen und Verbreitung: Das weltweit verbreitete Gemeine Schilfrohr kommt häufig in seichten Gewässern oder am sumpfigen Wasserrand vor und kann sich noch bis in 2 m Wassertiefe ansiedeln. Man findet es im Röhricht von Flussufern, in Teichen und Sümpfen oder auf feuchten Wiesen, oft in dichten Beständen, die schon von weitem zu erkennen sind. Das Schilfrohr kann man auch an großen Gartenteichen anpflanzen, die spitzen Ausläufer können allerdings Folienabdichtungen beschädigen.
Ähnliche Arten: An denselben Standorten findet man oft auch den Kalmus (s. S. 28), der in ähnlicher Weise verwendet wird.
Verwechslungsgefahren: Obwohl das Schilfrohr schon früh im Jahr recht große Blätter trägt, sind junge Sumpfgrasarten nicht so einfach auseinanderzuhalten. Auch verschiedene Rohrkolben (*Typha*-Arten) können recht ähnlich aussehen. Im Zweifelsfall wartet man besser die weitere Entwicklung der Pflanzen und die Blüte ab, bevor man Triebe und Wurzeln sammelt.
Sammelgut und Sammelzeit: Die zarten, jungen Triebe werden im Frühjahr geerntet. Die Wurzel kappt man mit einem scharfen Messer im späten Herbst oder im Frühjahr.
Verwendung: Die Triebe isst man roh in Salaten, gedünstet als Gemüse oder in Suppen mitgekocht. Auch die stärkereichen Wurzeln kann man nach dem Schälen als Gemüse zubereiten. In Notzeiten wurden sie zur Herstellung von Kaffee-Ersatz genutzt oder gemahlen und zu Brot verarbeitet.
Rezept: Schilfrohrwurzel-Rotkraut-Salat
Zutaten: 150 g Schilfrohrwurzeln, Salz, 1 kleine Zwiebel, 150 g Rotkraut, 2 Sauerampferblätter, 2 Äpfel, 4 EL Traubenkernöl, 100 g saure Sahne, Pfeffer, 1/2 Zitrone.
Zubereitung: Die Schilfrohrwurzeln schälen, in Salzwasser zum Kochen bringen und bei geringer Hitze etwa 20 Min. garen. Die Zwiebel fein würfeln und das Rotkraut fein hacken, den Sauerampfer wiegen und die Äpfel würfeln. Alles mit dem Öl und und der sauren Sahne verrühren und würzen. Die Zitrone auspressen und den Salat mit dem Saft abschmecken.

Phragmites australis (Cav.) Trin. ex Steud.

Ährige Teufelskralle

Familie: Glockenblumengewächse *(Campanulaceae)*
Andere Namen: Salatrapunzel, Waldrapunzel, Milchwurzel, Butterwurz, Gottesfingerchen
Beschreibung: Die ausdauernde, 30 - 80 cm hohe Pflanze treibt alljährlich aus einer rübenförmigen, cremeweißen bis bräunlichen Wurzel zunächst eine Blattrosette. Die Rosettenblätter sind lang gestielt und herzförmig, am Rand gesägt und oft schwarz gepunktet. Am später erscheinenden, aufrechten, unverzweigten Stängel stehen wechselständig kürzer gestielte, schmalere Blätter. Der Stängel enthält Milchsaft, der bei Verletzung der Pflanze austritt. Die meist gelblich weißen, seltener hellblauen Blüten formieren sich zu einem ährenähnlichen, walzenförmigen Köpfchen. Kurz vor dem Aufblühen ist der Blütenstand krallenförmig gebogen, daher der Name Teufelskralle. Der Blütenduft erinnert etwas an Vanille.
Blütezeit: Mai bis August
Vorkommen und Verbreitung: Die Ährige Teufelskralle kommt häufig in Laub- oder Mischwäldern vor, seltener in Nadelwäldern und in Gebüschen. Sie bevorzugt lockere, humusreiche, schattige und etwas feuchte Böden. Oft stehen mehrere Pflanzen in Gruppen zusammen. Die Art ist in ganz Mitteleuropa verbreitet und kommt auch in unteren Gebirgslagen vor.
Ähnliche Arten: Verwandte Teufelskrallenarten wachsen vorzugsweise in den Alpen, oft auf Bergwiesen, und blühen durchweg blau oder violettblau und nicht so ausgeprägt walzenförmig wie die beschriebene Art. Über eine eventuelle Essbarkeit dieser Teufelskrallen ist nichts bekannt. Sie sollten jedoch ohnehin geschont werden, da sie recht selten sind und zum Teil sogar unter Naturschutz stehen, wie z. B. die Kugelteufelskralle *(Phyteuma orbiculare)*.
Sammelgut und Sammelzeit: Die jungen Blätter und Triebspitzen sammelt man von Mai bis Juni. Die an den Triebspitzen sitzenden Blütenknospen können mitgepflückt werden. Die Wurzel schmeckt vor dem Austreiben der Blütenstängel am besten, bleibt aber auch danach noch recht zart.
Verwendung: Die Blätter eignen sich gut als Zugabe für Mischsalate. Als Gemüse zubereitet, ähneln sie geschmacklich dem Kohlgemüse. Besonders fein schmecken die zarten Knospenstände, die an Spargelköpfe erinnern. Auch aus den Wurzeln lässt sich ein schmackhaftes Gemüse bereiten.
Rezept: Teufelskrallensalat
Zutaten: 100 g Knospenstände der Teufelskralle, Salz, 1/2 Avocado, 1 rote Zwiebel, 1 EL Traubenkernöl, 4 EL Joghurt, 200 g Teufelskrallenblätter, Pfeffer, 1/2 Zitrone.
Zubereitung: Die Blütenknospen kurz in kochendem Salzwasser garen. Die Avocadohälfte aus der Schale lösen und mit der Gabel zerdrücken. Die Zwiebel fein würfeln und mit dem Avocadomus, dem Öl und dem Joghurt in einer Schüssel verrühren. Die Teufelskrallenblätter und die Blütenknospen darunter mischen und würzen. Die Zitrone auspressen und den Salat mit dem Saft abschmecken.

Phyteuma spicatum L.

Spitzwegerich

Familie: Wegerichgewächse *(Plantaginaceae)*
Andere Namen: Heilwegerich, Wundwegerich, Siebenrippe
Beschreibung: Der Name Spitzwegerich weist zum einen auf das häufige Auftreten am Wegrand hin, zum andern auf die Form der Blätter. Schmal lanzettlich und spitz zulaufend, entspringen sie an wollig behaarten Stielen direkt dem Wurzelstock und bilden eine Rosette. Die deutlich sichtbaren Blattadern verlaufen parallel. Am kräftigen, kurzen Wurzelstock, mit dem die mehrjährige Pflanze überdauert, sitzen zahlreiche Faserwurzeln. Aus ihm treiben auch die unbeblätterten, 5-furchigen Blütenstiele, die bis zu 30 cm hoch werden können, oft aber auch deutlich kleiner bleiben. An ihrer Spitze bildet sich je 1 walzenförmige oder rundliche Blütenähre, die von unten nach oben aufblüht. Die unscheinbaren, winzigen Einzelblüten sind zu Blühbeginn weißlich, später braun. Auffälliger sind die weißlich gelben Staubblätter, die weit herausragen.
Blütezeit: Mai bis Oktober
Vorkommen und Verbreitung: Der Spitzwegerich, ein so genannter Kosmopolit, kommt häufig auf Wiesen und Weiden, an Wegen und Wegrainen, aber auch auf Sportplätzen, Ödland oder in Gärten vor. Er bevorzugt nährstoffreiche Böden.
Ähnliche Arten: Der Breitwegerich *(Plantago major)* gedeiht an ähnlichen Standorten. Manchmal sieht man die beiden Arten sogar nebeneinander wachsen, deutlich unterschieden durch die Form der Blätter, die beim Breitwegerich eiförmig und an den Rändern zum Teil löffelartig aufgebogen sind. Seine bräunlich violetten Blütenähren erscheinen erst ab Juni. Er kann wie der Spitzwegerich verwendet werden; ebenso der Mittlere Wegerich *(P. media)*, der sich vom Breitwegerich hauptsächlich durch die langen Blütenstiele unterscheidet.

Sammelgut und Sammelzeit: Die jungen Blätter sammelt man von März bis April, solange sich die Blattadern noch weich anfühlen.
Verwendung: Die Blätter schmecken etwas bitter und leicht salzig. Sie bereichern Blattsalate oder Gemüse durch ihre herbe Würze. Sind die Blattadern auf der Unterseite schon etwas zäh, zieht man sie – wie Bohnenfäden – ab. Spitz- und Breitwegerich sind altbewährte Heilpflanzen. Als Tees helfen und lindern sie u. a. bei Atemwegs- sowie bei Magen- und Darmerkrankungen.
Rezept: Hackfleischbällchen mit Wildkräutern
Zutaten: 100 g Spitzwegerichblätter, 50 g Brennnesseln, Salz, 1 Zwiebel, 600 g Hackfleisch, 1 Ei, Pfeffer, Cayennepfeffer, 2-3 EL Sonnenblumenöl.
Zubereitung: Die Spitzwegerich- und Brennnesselblätter etwa 5 Min. blanchieren, abtropfen lassen und fein wiegen. Die Zwiebel fein würfeln, mit dem Hackfleisch, dem Ei und den Wildkräutern gut vermischen und würzen. Walnussgroße Bällchen formen und diese in heißem Öl bei geringer Hitze etwa 20 Min. von allen Seiten braten. Die Fleischbällchen können danach mit geriebenem Käse überbacken werden.

Plantago lanceolata L.

Portulak

Familie: Portulakgewächse *(Portulacaceae)*
Andere Namen: Gelber Portulak, Gemüseportulak, Bürzelkraut
Beschreibung: Die einjährige Pflanze treibt etwa 30 cm hohe, von unter her verzweigte, oft rötlich gefärbte Stängel. An ihnen sitzen kleine, fleischige, verkehrt eiförmige Blätter, die glänzend grün bis gelblich gefärbt und in rosettenartigen Etagen um die Blattstiele angeordnet sind. Die unauffälligen weißen oder gelben Blütchen mit 5 Kronblättern sitzen zu 1-3 ungestielt in den Stängelverzweigungen oder Blattachseln. Als Früchte werden kleine eiförmige Kapseln gebildet, die bei Reife schwarze, nierenförmige Samen enthalten.
Blütezeit: Juli bis Oktober
Vorkommen und Verbreitung: Der Portulak stammt wahrscheinlich aus Vorderasien, wurde in Mittel- und Südeuropa schon früh angebaut und kommt heute zerstreut als verwilderte Pflanze vor. Er bevorzugt sonnige, sandige Plätze, z. B. an Wegen und Bahndämmen, in Weinbergen und auf Feldern. Man kann ihn problemlos im Garten kultivieren.
Ähnliche Arten: Keine Gaumenfreuden bieten die schmalen Blättchen des Portulakröschens *(P. grandiflora)*, dafür sind seine Blüten für das Auge umso prächtiger. Es kommt nur in Garten- bzw. Balkonkultur vor.
Verwechslungsgefahren: Im sehr jungen Stadium könnte die Pflanze mit Sedum-Arten, also Fetthenne oder Tripmadam (s. S. 150), verwechselt werden. Dabei droht hauptsächlich die „Gefahr", dass man statt des vergleichsweise milden Portulaks pfeffrig scharfes Sammelgut nach Hause trägt.
Sammelgut und Sammelzeit: Von März bis Juni, bevor die Blüte erscheint, schneidet man die ganze Pflanze ab. Die Knospen sammelt man ab Juli.
Verwendung: Der Vitamin-C-reiche Portulak schmeckt würzig und leicht salzig. Er eignet sich sehr gut als Zugabe für Salate, Suppen oder Beilagen. In Wein, Essig oder Salz eingelegt, lässt sich die Pflanze für einige Zeit konservieren. Auf dieselbe Weise behandelt, können die Blütenknospen wie Kapern verwendet werden.
Rezept: Portulaksalat mit Thunfisch
Zutaten: 60 g Portulak, 1 Zucchino, 2-3 EL Olivenöl, 4 Strauchtomaten, 200 g Thunfisch aus der Dose, 1 Knoblauchzehe, 1-2 EL Balsamico-Eessig, 1/2 TL süßes Paprikapulver, Pfeffer, Salz.
Zubereitung: Den Portulak in Streifen schneiden. Den Zucchino schälen, in Stifte schneiden, würzen und in etwas heißem Öl etwa 10 Min. braten. Die Tomaten waschen und in Scheiben schneiden, den Thunfisch mit einer Gabel zerdrücken. Den Knoblauch fein zerdrücken und in einer Schüssel mit Essig und Öl vermischen. Alles in der Schüssel verrühren und mit den Gewürzen abschmecken.

Portulaca oleracea L.

Familie: Rosengewächse *(Rosaceae)*
Andere Namen: Anserine, Gänserich, Silberblatt, Fingerkraut, Säukraut
Beschreibung: Das ausdauernde Gänsefingerkraut bildet oberirdische, oft rötliche Ausläufer, die sich an den Knoten bewurzeln und dort Blätter austreiben; dadurch bedeckt es recht schnell größere Flächen. Im Frühjahr wachsen aus dem kurzen, dicken, ästigen Wurzelstock die bis zu 20 cm langen, gefiederten Blätter und bilden eine Rosette. Die länglichen Teilblättchen sind am Blattrand tief gesägt und zunächst ganz mit silbrigen Härchen besetzt, später jedoch nur noch unterseits behaart. Zwischen den großen Fiederblattpaaren sitzen kleine Nebenblättchen. Aus den Achseln der Grundblätter wachsen jährlich neue Ausläufer, die bis 80 cm lang werden. Die leuchtend goldgelben Blüten mit bis zu 2 cm Durchmesser erscheinen im Frühsommer an langen Stielen.
Blütezeit: Mai bis Juli
Vorkommen und Verbreitung: Das häufig vorkommende Gänsefingerkraut bevorzugt nährstoffreiche, lehmige Böden. Es wächst auf Weiden und Ödland sowie an Bahndämmen, Weg- und Straßenrändern. Die Verbreitung erstreckt sich von den gemäßigten Breiten bis in den hohen Norden. Im Garten kann es als Bodendecker für sonnige bis leicht beschattete Plätze eingesetzt werden.
Verwechslungsgefahren: Es gibt mehrere andere Fingerkrautarten, die sich jedoch alle nicht für Küchenzwecke eignen. Sie haben manchmal identische Blüten, aber keines besitzt längliche, unterseits silbrige, stark gefiederte Blätter wie das Gänsefingerkraut. Das Silberfingerkraut *(Potentilla argentea)* hat handförmige Blätter, und die ähnlich blühenden, zum Teil giftigen Hahnenfußgewächse *(Ranunculaceae)* besitzen ebenfalls anders geformte Blätter.
Sammelgut und Sammelzeit: Die jungen Blätter sammelt man von März bis Mai, bevor die Blüte erscheint. Die Wurzeln gräbt man im Frühjahr oder Herbst aus.
Verwendung: Die Blätter munden in Salaten und Suppen. Die stärkehaltigen Wurzeln können als Gemüse zubereitet oder auch zu Suppen gegeben werden. Während der Blütezeit gesammelte Blätter wirken, getrocknet und als Tee zubereitet, krampflösend bei Menstruations- sowie Darmbeschwerden.
Rezept: Pikanter Fischauflauf
Zutaten: 100 g junge Gänsefingerblätter, 50 g junge Brennnesselblätter, Salz, Pfeffer, Chilipulver, Muskatnuss, 1 EL Sonnenblumenöl, 4 Lachsfilets, 4 Schollenfilets, 2-3 EL gewiegte Zitronenmelisseblätter, 100 g süße Sahne, 1 EL Sherry, etwas Kresse (1/4 Kästchen – 1 Kästchen entspricht 15 g).
Zubereitung: Die Gänsefinger- und Brennnesselblätter etwa 5 Min. blanchieren und abtropfen lassen. Die Blätter wiegen, würzen und in eine gefettete Auflaufform legen. Die Fischfilets in der Zitronenmelisse wälzen, salzen, pfeffern und auf das Wildgemüse legen. Die Sahne mit dem Sherry vermischen, würzen und darüber gießen. Den Auflauf im Ofen bei 200 °C etwa 20 Min. backen und mit frischer Kresse servieren. Dazu passen Pellkartoffeln oder Knoblauchbaguette.

Familie: Primelgewächse *(Primulaceae)*
Andere Namen: Echte Schlüsselblume, Frühlingsschlüsselblume, Wiesenprimel, Frauenschlüssel; botanisch auch als *P. officinalis* geläufig
Beschreibung: Die ausdauernde Wiesenschlüsselblume legt ihre Blütenknospen zeitig am Ende eines bis zu 30 cm langen Blütenstiels an. Die kräftig gelben, orange gefleckten, angenehm duftenden Blüten formieren sich zu einer Dolde und stehen mit ihren langen Kelchblattröhren meist nickend an kurzen Stielen. Die länglichen, frischgrünen, deutlich geaderten Blätter sind behaart und bilden eine grundständige Rosette. Die jungen Blätter sehen nach Austrieb aus dem kurzen Wurzelstock pfeilförmig aus, da ihre Ränder nach hinten eingerollt sind.
Blütezeit: April bis Mai
Vorkommen und Verbreitung: Die in ganz Mitteleuropa sowie großen Teilen Asiens verbreitete Wiesenschlüsselblume findet man auf trockenen, kalkhaltigen Böden, vor allem an leicht beschatteten Plätzen. Sie wächst auf Wiesen, an Böschungen oder in Mischwäldern, auch in Parks, und ist eine attraktive Gartenstaude.
Verwechslungsgefahren: Die Primeln, von denen mehrere Arten in Europa wild vorkommen, haben alle recht ähnliche Rosettenblätter, weshalb man sie am sichersten in der Blütezeit von der Wiesenschlüsselblume unterscheiden kann. Häufiger findet man die Große Schlüsselblume *(Primula elatior)*, mit hellgelben und größeren Blüten, und die Stängellose Schlüsselblume (*P. vulgaris*, s. Abb. unten), deren Blüten direkt über dem Boden sitzen. Diese Arten sind nicht giftig, aber auch nicht für die Küche geeignet. Andere Arten kommen vielerorts so selten vor, dass sie unter Naturschutz stehen.
Sammelgut und Sammelzeit: Die Blätter erntet man während der gesamten Wachstumszeit, im Frühjahr schmecken sie jedoch am besten. Man nimmt nur einige Blätter pro Pflanze, sodass der Fortbestand gesichert ist.
Verwendung: Als Würze zum Salat oder als Garnierung warmer Speisen nimmt man nur jüngere Blätter. Sie sind etwas scharf, mit leicht anisartigem Beigeschmack. Ältere Blätter können, gemischt mit anderen Wildkräutern, wie Spinat zubereitet werden. Wurzeln und Blüten werden in der Pflanzenheilkunde bei Atemwegserkrankungen eingesetzt.
Rezept: Gebackene Schlüsselblumenblätter
Zutaten: 50 g Dinkelmehl, 250 ml Mineralwasser, 250 ml Milch, 2 Eier, Salz, Piment, 50 g junge Schlüsselblumenblätter, 4-6 EL Sonnenblumenöl, frische Kresse.
Zubereitung: Das Mehl, das Mineralwasser, die Milch und die Eier vermischen, würzen und quellen lassen. Bei Bedarf noch etwas Wasser oder Milch hinzufügen, um eine flüssige Konsistenz des Teigs zu erreichen. Die Blätter in den Teig tauchen und in heißem Öl ausbacken. Das Gebackene mit der Kresse bestreuen und servieren. Dazu passen im Ofen frittierte Zucchinischeiben und Quark.

Primula veris L.

Großblütige Brunelle

Familie: Lippenblütengewächse *(Lamiaceae,* auch: *Labiatae)*
Andere Namen: Große Braunelle, Prunelle
Beschreibung: Die Brunelle ist eine ausdauernde Pflanze, die sich durch kurze Ausläufer ausbreitet und 10-30 cm hoch wächst. Die Grundblätter bilden eine Art Rosette, die Blütenstängel tragen 2-6 kreuzweise gegenständige Blattpaare. Die länglich ovalen, ganzrandigen oder schwach gekerbten Blätter zeigen ebenso wie die 4-kantigen, gerillten Stängel eine zarte, helle Behaarung. Die violetten, selten auch rosa oder weißen Lippenblüten an den Stängelenden stehen in dichten, kurzen Ähren beisammen. Die Einzelblüten haben jeweils eine helmförmig gewölbte Oberlippe sowie eine breite, am Rand gefranste Unterlippe. Häufig sind die Blüten von Hummeln umschwärmt. Die Kelchblätter färben sich oft schon während der Blüte rotbraun und bestimmen nach Abfallen der Blütenblätter das Bild der Samenstände, deshalb der Name Braunelle bzw. Brunelle. Die Pflanze überdauert mit einem leicht verdickten Wurzelstock.
Blütezeit: Juni bis August
Vorkommen und Verbreitung: Die Großblütige Brunelle kommt zerstreut in Mittel- und Südeuropa vor. Sie bevorzugt trockene, kalkhaltige Böden und wächst an sonnigen Waldrändern, auf Trockenrasen und Ödland.
Ähnliche Arten: An etwas feuchteren Standorten, etwa auf Wiesen und Waldlichtungen, wächst das kleinblütige Pendant der beschriebenen Art, die Kleine Brunelle *(Prunella vulgaris)*. Ihr Blütenstand bildet sich schon ab Mai direkt über den oberen Blättern, während er bei der Großblütigen Brunelle einen deutlichen Abstand zum Blattwerk zeigt. Die Blätter sind oft eher rundlich geformt. Sie kommt häufiger vor als die großblütige Art und kann in gleicher Weise verwendet werden.

Sammelgut und Sammelzeit: Die jungen Blätter und Triebe sammelt man von April bis Mai, bevor die Blüte erscheint.
Verwendung: Die Blätter munden in Salaten und gegart als Gemüse.
Rezept: Gemischter Salat
Zutaten: 1 Zitrone, 1 Bund Dill, 1 Bund Schnittlauch, 3-4 EL Sonnenblumenöl, Salz, Pfeffer, 80 g junge Brunellenblätter, 80 g junge Löwenzahnblätter, 3 Tomaten, 100 g gefrorene Scampi.
Zubereitung: Die Zitrone auspressen. Den Dil und den Schnittlauch fein wiegen. Das Öl in eine Salatschüssel geben, würzen und mit den Kräutern vermischen. Die Wildsalatblätter in mundgerechte Stücke schneiden. Die Tomaten blanchieren, enthäuten und würfeln. Die Scamp auftauen und mit den Tomaten in etwas heißem Öl 20-25 Min. dünsten. Das Ganze mit Zitronensaft übergießen, würzen, zum Salat geben und alle Zutaten vermischen.

Prunella grandiflora (L.) Scholler

Adlerfarn

Familie: Schlüsselfarngewächse *(Dennstaedtiaceae)*
Beschreibung: Der imposante Farn überdauert mithilfe eines kriechenden, verzweigten Wurzelstocks, der bis zu 50 cm tief in die Erde reicht. Daraus treiben sommergrüne, gestielte Blätter in Form von 50-200 cm langen Wedeln. Sie sind 3- bis 4-fach gefiedert, mit schmal dreieckigen, spitz zulaufenden, großen Teilblättern, die sich wiederum aus mehrfach gefiederten Blättchen zusammensetzen. Die Blätter fühlen sich oberseits glatt, unterseits samtartig an. Im Sommer sind die meist eingerollten Ränder der Blattunterseiten mit bräunlichen Sporenbehältern besetzt. Seinen Namen verdankt der Adlerfarn den grünlich gelben, etwa 1 cm dicken Wedelstielen; wenn man sie schräg über dem Boden anschneidet, erinnern die darin befindlichen Leitbündel (Gefäßbündel) im Querschnitt an die Silhouette eines Doppeladlers. Die großen Wedel klimmen oft an Strauchwerk empor.
Blütezeit: entfällt; Sporenreife Juni bis September
Vorkommen und Verbreitung: Der Kosmopolit kommt in der Ebene und im Gebirge, in lichten Wäldern, auf Kahlschlägen und Lichtungen sowie in Heide- und Moorgebieten vor. Er gedeiht nur auf kalkarmen, sauren, humosen Böden im Halbschatten oder Schatten. An solchen Plätzen ist er auch ein attraktiver Gartenfarn.
Verwechslungsgefahren: Andere Farne sind nicht genießbar und zum Teil recht schwer vom Adlerfarn zu unterscheiden. Seine Größe im ausgewachsenen Zustand, die starke Blattfiederung, der oben genannte „Adlerquerschnitt", die Anordnung der Sporen und der ausgeprägte Wurzelstock sind seine wichtigsten Kennzeichen.
Sammelgut und Sammelzeit: Man sammelt die zarten, noch eingerollten Wedel im März bis April. Wurzelstöcke werden im Herbst geerntet.
Verwendung: In Japan und bei den Maori Neuseelands wird der Adlerfarn schon lange als Gemüse genutzt. Man verarbeitet die Wurzeln zum Teil zu Mehl. Vom Dauergenuss ist jedoch abzuraten, da bei Weidetieren nach fortlaufender Aufnahme des Krauts ein Vitamin-B1-Abbau sowie die Bildung krebsartiger Geschwülste beobachtet wurden. Allerdings gibt es Hinweise dafür, dass Kochen in Salzwasser die gesundheitsschädlichen Substanzen weitgehend zerstört. So lassen sich auch die Bitterstoffe beseitigen, und man erhält ein zartes Gemüse, das wie Spinat oder Spargel zubereitet werden kann.
Rezept: Adlerfarngemüse als Pizzabelag
Zutaten: 16 junge Adlerfarnwedel, Salz, 12 Knoblauchraukenblätter, Pfeffer.
Zubereitung: Die Farnwedel fein hacken und etwa 5 Min. blanchieren. Die Knoblauchraukenblätter fein wiegen und zusamen mit den Farnwedeln in etwas kochendem Wasser etwa 10 Min. garen, würzen und gut abtropfen lassen. Eine Pizza (großes Backblech für 4 Personen) nach Belieben belegen (z. B. mit Tomaten, Mozzarella und evtl. Champignons und Schinken), 25-30 Min. backen und das warme Adlerfarngemüse darauf verteilen.
Für die spezielle Wildkräuterkreation „Pizza Waldeslust" können außerdem etwas Bärlauch, einige Gundermannblättchen sowie vorgegarte, in Scheiben geschnittene Waldziestknöllchen verwendet werden.

Pteridium aquilinum (L.) Kuhn

Echtes Lungenkraut

Familie: Borretschgewächse *(Boraginaceae)*
Andere Namen: Geflecktes Lungenkraut, Blaue Schlüsselblume, Bockkraut
Beschreibung: Die ausdauernde, 15-30 cm hohe Pflanze zeigt sich an den Stängeln, den Blättern und den Kelchblättern rau behaart. Die lang gestielten, direkt aus dem dünnen, verästelten Wurzelstock treibenden Rosettenblätter sind rundlich herzförmig und deutlich größer als die Stängelblätter. Häufig fallen auf den dunkelgrünen, unterseits graugrünen Blättern hellere Flecken auf. Am oberen Teil der Stängel erscheinen in den Blattachseln schlüsselblumenähnliche Blüten, die doldenartige Blütenstände, so genannte Doppelwickel, bilden. Die anfangs rosaroten Blüten färben sich durch Änderung des Säuregrads im Zellsaft blauviolett, oft sieht man Blüten mehrerer Farbschattierungen an einer Pflanze.
Blütezeit: März bis Mai
Vorkommen und Verbreitung: Das Lungenkraut ist in Mitteleuropa heimisch und fast überall verbreitet. Es wächst bevorzugt an halbschattigen Plätzen auf feuchten, lockeren, kalkhaltigen Böden, etwa in lichten, krautreichen Laub- und Mischwäldern, unter Gebüschen und in schattigen Bachtälern. Im Garten ist das Lungenkraut ein schöner Frühjahrsblüher, z.B. vor Hecken und Gehölzen.
Ähnliche Arten: Andere *Pulmonaria*-Arten kommen in Mitteleuropa so spärlich vor, dass sie vielerorts unter Naturschutz stehen, z.B. *P. mollis*. Ihnen fehlen die typischen hellen Blattflecken des Echten Lungenkrauts.
Verwechslungsgefahren: An ähnlichen Standorten, jedoch auf kalkarmen Böden, wächst der giftige Rote Fingerhut *(Digitalis purpurea)*, dessen Rosettenblätter im Frühling ebenfalls behaart sind – allerdings mit weichen Härchen. Er wird deutlich größer als das Lungenkraut und blüht erst ab Juni mit großen Blütenröhren.
Sammelgut und Sammelzeit: Die Blätter sammelt man von März bis Juni. Will man das Lungenkraut auch für Kräutertees verwenden, schneidet man die ganze Pflanze ab und trocknet sie im Schatten.
Verwendung: Im Geschmack erinnern die Lungenkrautblätter an Beinwell (s. S. 162). Besonders die jungen Blätter schmecken sehr mild und eignen sich gut für Salate. Ältere Blätter gart man als Gemüse. Der Name des Borretschgewächses deutet auf seine Verwendung in der Pflanzenheilkunde hin: Seit dem Mittelalter wird es gegen Atemwegserkrankungen eingesetzt.
Rezept: Überbackenes Lungenkrautbaguette
Zutaten: 150 g junge Lungenkrautblätter, 3 Tomaten, 2 Knoblauchzehen, 1 Zwiebel, 1 EL Olivenöl, Salz, Pfeffer, Cayennepfeffer, 1 Baguette, 200 g Mozzarella.
Zubereitung: Das Lungenkraut grob wiegen, die Tomaten waschen und in Scheiben schneiden. Die Knoblauchzehen fein zerdrücken, die Zwiebel fein würfeln und beides in heißem Öl andünsten. Mit dem Lungenkraut vermischen und das Ganze würzen. Das Baguette in Scheiben schneiden, mit dem Wildgemüse, den Tomatenscheiben und dem Käse belegen. Im Ofen bei 200 °C überbacken, bis der Mozzarella geschmolzen ist. Das Baguette passt gut zu einer Zwiebelsuppe.

Pulmonaria officinalis L.

Scharbockskraut

Familie: Hahnenfußgewächse *(Ranunculaceae)*
Andere Namen: Frühlings-Scharbockskraut, Feigwurz
Beschreibung: Das ausdauernde Scharbockskraut zählt zu den ersten Frühlingsblühern. An seinen fadenartigen Wurzeln zeigen sich viele weiße bis graubraune, keulenartige Knöllchen, die der Vermehrung dienen. Die runden, hohlen Stängel der Pflanze wachsen niederliegend oder aufsteigend und werden 5-15 cm lang. Die lang gestielten, rundlich herzförmigen, fleischigen Blätter sind hellgrün glänzend und am Rand gekerbt. In den Blattachseln bildet die Pflanze längliche, helle Brutknöllchen. Fallen diese auf den Boden, entstehen daraus neue Pflanzen. Die hellgelben Blüten mit 8-12 sternförmig angeordneten glänzenden Kronblättern sitzen einzeln am Ende der bis zu 30 cm hohen Blütenstiele.
Blütezeit: März bis Mai
Vorkommen und Verbreitung: Das Scharbockskraut kommt in ganz Europa häufig vor und liebt feuchte, schattige Plätze, die es teppichartig überzieht. Man findet es in Wäldern, Gebüschen, Obstgärten und Parks, an Bachufern und auf Wiesen. Es kann auch im Garten als Frühlingszierde schattiger Stellen gepflanzt werden.
Verwechslungsgefahren: Durch seine herzförmigen, ungeteilten, glänzenden Blätter sowie die früh erscheinenden, strahlenartigen Blüten hebt sich das Scharbockskraut deutlich von giftigen Verwandten wie dem Scharfen Hahnenfuß *(Ranunculus acris)* ab. Die Sumpfdotterblume, deren Blätter nicht verzehrt werden sollten, ist in allen Teilen größer (s. S. 56).
Sammelgut und Sammelzeit: Die Blätter sammelt man nur ab Februar bis März, bevor die Blüte erscheint. Danach reichert sich die ganze Pflanze mit einem Giftstoff an, der brennend scharf schmeckt. Der Genuss junger Blätter vor der Blüte ist jedoch unbedenklich.
Verwendung: Die Vitamin-C-reichen, säuerlich schmeckenden Blätter zählen mit zum ersten Grün und eignen sich gut für gemischte Salate. Als Gemüse verwendet man sie kaum, da sie beim Garen bitter werden. „Scharbock", ein alter Ausdruck für die Vitamin-C-Mangelkrankheit Skorbut, weist auf die frühere Verwendung des Krauts als Heilmittel hin. Die Blütenknospen können – wie auch die der Sumpfdotterblume – wie Kapern eingelegt und verwendet werden.
Rezept: Frühlingssalat
Zutaten: 1-2 EL Balsamessig, 2 TL mittelscharfer Senf, 4-6 EL Traubenkernöl, Salz, Pfeffer, 1 rote Zwiebel, 50 g Scharbockskrautblätter, 50 g Schlüsselblumenblätter, 50 g Lungenkrautblätter.
Zubereitung: Den Essig und den Senf verrühren, dann das Öl unter ständigem Rühren langsam dazugeben. Das Ganze mit dem Schneebesen schaumig schlagen und mit den Gewürzen abschmecken. Die Zwiebel in halbe Ringe, die Wildpflanzenblätter in Streifen schneiden und beides mit der Soße vermischen. Der Salat kann auch mit gewürfeltem Schafskäse oder Croutons serviert werden.

Ranunculus ficaria L.

Hederich

Familie: Kreuzblütengewächse *(Brassicaceae,* auch: *Cruciferae)*
Andere Namen: Ackerrettich, Wilder Rettich
Beschreibung: Der einjährige Hederich bildet eine spindelförmige, dünne Wurzel, sein verzweigter, borstig behaarter Stängel wächst 30-60 cm hoch. Der Stängel und die leierförmigen, lappig gefiederten Grundblätter sind blau bereift. Die wechselständigen Stängelblätter sind ungefiedert, lanzettlich und am Rand gesägt. An den Stängelspitzen erscheinen die doldenähnlichen, oft hängenden Trauben mit 15-25 Einzelblüten. Ihre 4 Kronblätter sind hellgelb oder weiß und mit dunkelgelben oder violetten Adern überzogen, die behaarten Kelchblätter stehen aufrecht. Aus den Fruchtknoten entstehen längliche Schoten, in denen sich die Samen perlschnurartig abzeichnen.
Blütezeit: Juni bis September
Vorkommen und Verbreitung: Der Hederich ist fast weltweit verbreitet. Er bevorzugt lehmige, lockere Böden und wächst gern auf Feldern, wo er durch seine schnelle Ausbreitung zum Problem wird; wegen intensiver Bekämpfung ist er heute nicht mehr ganz so häufig zu sehen. Man findet ihn auch an Wegrändern, seltener in Gärten oder auf Ödland. Im nördlichen Mitteleuropa überwiegt die gelb blühende Form, im Süden sind die Blüten meist weiß und dunkel geadert.
Ähnliche Arten: Der Hederich ist dem Ackersenf (s. S. 154) sehr ähnlich, in der gelb blühenden Form fast nur durch die aufrechten statt waagrecht abstehenden Kelchblätter von diesem zu unterscheiden. Einprägsam wurde dies in dem alten Merkspruch „Hederich hebt, Senf senkt" formuliert. Dieses Unterscheidungsmerkmal gilt auch für andere essbare Senf-Arten wie den Schwarzen Senf (s. S. 54) und den Weißen Senf *(Sinapis alba)*.
Verwechslungsgefahren: Neben der Verwechslung mit Senf-Arten besteht hauptsächlich die „Gefahr", dass man weniger scharfe oder nur als Gemüse mundende Kreuzblütler erntet, nämlich Barbarakraut (s. S. 48), Raps (blaugrüne Blätter) oder Rübsen (untere Blätter meist behaart).
Sammelgut und Sammelzeit: Man sammelt die jungen Blätter und Triebe vor der Blüte von März bis Mai. Ab Juli werden die Schoten für die Samenernte reif.
Verwendung: Das Kraut schmeckt wie Rettich, ist genauso scharf und eignet sich gut für herzhafte Salate. Die Samen können wie Senfkörner verwendet werden.
Rezept: Schillerlocken auf Hederichsalat
Zutaten: 150 g Hederichblätter, 1 Bund Schnittlauch, 3 EL Joghurt, 3 EL Traubenkernöl, 1 rote Zwiebel, 50 g Maiskörner, Salz, frisch gemahlener Pfeffer, 200 g Schillerlocken.
Zubereitung: Die Stiele von den Hederichblättern entfernen. Den Schnittlauch in feine Röllchen schneiden und mit den Blättchen, dem Joghurt und dem Öl vermischen. Die Zwiebel in halbe Ringe schneiden, die Maiskörner garen und beides unter den Salat mischen. Den Salat würzen und auf 4 Teller verteilen. Die Schillerlocken in 4 gleich große Stücke teilen, im Wasserbad erwärmen, mit Pfeffer bestreuen und auf den Salat legen.

Raphanus raphanistrum L.

Familie: Kreuzblütengewächse *(Brassicaceae,* auch: *Cruciferae)*
Andere Namen: Wasserkresse, Bornkrass; botanisch auch als *Nasturtium officinale* geläufig
Beschreibung: Die Wasserpflanze bildet 30-90 cm lange Triebe, teils liegend, teils aufsteigend, und kriechende, bewurzelte Ausläufer. Mit der Zeit kann die ausdauernde, auch im Winter grüne Pflanze ganze Uferflächen bewachsen. An den runden, hohlen Stängeln stehen wechselständig gestielte, dunkelgrüne, gefiederte Blätter mit 3-9 eiförmigen Teilblättchen, wobei die Endfieder deutlich größer und breiter ist. Am Sprossende erscheinen die kleinen, weißen Blüten mit gelben Staubblättern dicht in traubenartigen Blütenständen. Aus den befruchteten Blüten entwickeln sich längliche Schoten, in denen die 1 mm großen Samen in 4 Reihen angeordnet sind.
Blütezeit: Mai bis September
Vorkommen und Verbreitung: Die fast weltweit verbreitete Brunnenkresse ist vielerorts seltener geworden, da sie nur an sauberen, klaren Gewässern gedeiht, z.B. an Quellen, Bächen und Gräben. Sie wächst sowohl am feuchten Ufer als auch an der Oberfläche von Gewässern mit bis zu 40 cm Wassertiefe und kann sogar untergetaucht leben. Für Wildpflanzen-Fans mit Garten bietet sich die Brunnenkresse als Teichpflanze geradezu an, und Balkonbesitzer können sie sogar in wassergefüllten Gefäßen ziehen.
Ähnliche Arten: Die seltene Kleinblättrige Brunnenkresse *(Rorippa microphylla)* lässt sich fast nur durch ihre im Winter rotbraunen Blätter unterscheiden. Im Jungendstadium sehen auch die ebenfalls essbaren Schaumkrautarten (s. S. 62) sehr ähnlich aus.
Sammelgut und Sammelzeit: Von Oktober bis April/Mai, also außerhalb der Blütezeit, schneidet man ganze Sprosse, bevorzugt die Triebspitzen, ab. Für eine Samengewinnung pflückt man die Schoten etwa ab Juli, wenn sich die Schale hart anfühlt.
Verwendung: Die senfölhaltige Brunnenkresse passt als würzige und Vitamin-C-reiche Beigabe gut zu Blattsalaten, ist allerdings recht scharf. Blanchiert können die Blätter ähnlich wie Blattgemüse zubereitet werden. Die Samen lassen sich frisch und getrocknet als pfefferähnliche Würze verwenden.
Rezept: Spaghetti mit würziger Käse-Sahne-Soße
Zutaten: 500 g Spaghetti, Salz, 1 große Gemüsezwiebel, 3 El Olivenöl, 200 g Schafskäse, 300 g Brunnenkresse, 200 g junge Brennnesselblätter, 100 ml Gemüsebrühe, 250 g süße Sahne, Muskatnuss, evtl. 100 ml Milch.
Zubereitung: Die Spaghetti in reichlich kochendem Salzwasser garen. Die Zwiebel fein würfeln und in heißem Öl glasig dünsten. Den Schafskäse fein würfeln. Die Brunnenkresse und die Brennnesselblätter grob hacken, etwa 5 Min. blanchieren, abtropfen lassen und mit etwas Gemüsebrühe zu den Zwiebeln geben. Das Ganze aufkochen lassen, pürieren und mit der Sahne und dem Schafskäse verrühren. Alles würzen und unter ständigem Umrühren so lange köcheln lassen, bis der Käse geschmolzen ist. Ist die Soße zu dickflüssig, Milch oder Gemüsebrühe hinzugeben.

Sauerampfer

Familie: Knöterichgewächse *(Polygonaceae)*
Andere Namen: Großer Ampfer, Sauerknöterich, Sauergras, Säuerling
Beschreibung: Der ausdauernde Sauerampfer hat einen verzweigten, braunschwarzen Wurzelstock. Aus ihm treiben im Frühjahr zunächst die großen, pfeilförmigen, lang gestielten, ganzrandigen Blätter, die eine Rosette bilden. An der Basis der Blattstiele erkennt man häutige, gefranste Nebenblättchen. Der Stängel ist kantig, innen hohl, im unteren Teil rötlich gefärbt und mit stängelumfassenden Blättern besetzt. Schon die Grundblätter erreichen eine Höhe von etwa 30 cm, bis zur Blütenbildung wird der Sauerampfer bis zu 1 m hoch. Die kleinen, unscheinbaren, rötlichen Blüten sitzen am Stängelende und bilden eine längliche Rispe. Aus den Blüten entwickeln sich kleine, 3-kantige, schwarze Nussfrüchte.
Blütezeit: Mai bis Juli
Vorkommen und Verbreitung: Der Sauerampfer ist hauptsächlich in Mitteleuropa verbreitet. Er bevorzugt feuchte Standorte, tritt an Flussufern auf und wächst besonders häufig auf Wiesen und Weiden. Gartenformen des Sauerampfers lassen sich an einem sonnigen oder halbschattigen Platz leicht kultivieren.
Ähnliche Arten: Es gibt mehrere andere Sauerampferarten, die sich von der beschriebenen Pflanze vor allem nach Größe und Standortvorlieben unterscheiden lassen. Sie sind grundsätzlich ebenfalls essbar, doch zum Teil weniger schmackhaft. Recht ähnlich mundet der Kleine Sauerampfer *(Rumex acetosella)*, der nur 10-40 cm hoch wird und lanzettliche Blätter mit oft spießförmiger Basis besitzt. Er kommt vor allem auf sauren, nährstoffarmen Böden vor, z.B. auf Heideland und mageren Wiesen.

Sammelgut und Sammelzeit: Die Blätter sammelt man von März bis Mai, bevor die Blüte erscheint. Neben den Herzblättern der Rosette pflückt man nur die jüngeren Blätter oder die der Sprossspitzen, ältere Blätter sind zu bitter.
Verwendung: Der Sauerampfer passt hervorragend zu Quark- oder Eierspeisen und zählt zu den 7 Kräutern der „Frankfurter Grünen Soße". Man nimmt die Blätter auch als Würze für Salate und Soßen. Sie enthalten neben reichlich Vitamin C und Eisen auch Oxalsäure, die den herbsauren Geschmack ausmacht. In großen Mengen genossen, ist sie jedoch unverträglich und ungesund. Man sollte rohen Sauerampfer deshalb nur sparsam verwenden; nach Blanchieren oder Kochen wird er bekömmlicher.
Rezept: Grüne Soße
Zutaten: 3 Sauerampferblätter, 15 junge Wiesenknopfblätter, 10 Borretschblätter, 1 Bund Petersilie, 1 Bund Schnittlauch, etwas Kresse (1/4 Kästchen – 1 Kästchen entspricht 15 g), einige Kerbelblättchen, 250 g Joghurt, 1-2 EL Olivenöl, 500 g Speisequark, 4 Eier, Salz, Pfeffer.
Zubereitung: Die Kräuter wiegen. Mit dem Joghurt, dem Öl und dem Quark vermengen und das Ganze würzen. Die Eier mittelhart kochen, schälen, vierteln und mit der Soße vermischen. Dazu passen gekochte Frühkartoffeln.

Kleiner Wiesenknopf

Familie: Rosengewächse *(Rosaceae)*
Andere Namen: Bibernelle, Pimpernelle, Becherblume, Blutskraut
Beschreibung: Die 20-70 cm hohe, ausdauernde Pflanze wächst mit ihren gestielten, gefiederten Rosettenblättern ausgesprochen dichtbuschig. Aus dem kräftigen, verholzenden Wurzelstock treiben außerdem dünne, meist aufrechte Stängel. Sie sind ebenso wie die Mittelrippen der Blätter oft rötlich überlaufen. Die 10-20 cm langen Blätter setzen sich aus 5-17 rundlichen, grob gesägten Teilblättern zusammen. Einzeln am Stängelende oder an langen, aus den Blattachseln wachsenden Stielen erscheinen die rundlich eiförmigen Blütenkörbchen mit 1-3 cm Durchmesser; die Blüten haben keine Kronblätter und erscheinen von ferne blass gelbgrün. Aus der Nähe betrachtet, wirken sie durch die Färbung der Staubfäden und Griffel leicht rötlich. Die ganze Pflanze duftet aromatisch.
Blütezeit: Mai bis September
Vorkommen und Verbreitung: Der Kleine Wiesenknopf, ursprünglich beheimatet im Mittelmeergebiet, hat sich heute in fast ganz Europa etabliert. Früher wurde er vielfach als Würzkraut kultiviert, oft unter dem Namen Bibernelle. Er bevorzugt kalkhaltige, trockene, sonnige Standorte und wächst auf Wiesen, an Böschungen und Wegrändern und sogar in Felsnischen oder auf Mauern. Man kann ihn gut im Garten anbauen oder in Töpfen auf Balkon und Fensterbank ziehen.
Ähnliche Arten: Der Große Wiesenknopf *(Sanguisorba officinalis)* bevorzugt feuchte bis nasse, nährstoffhaltige Lehmböden, wächst 30-90 cm hoch und blüht ab Juni mit dunkelroten, eiförmigen, bis zu 3 cm langen Köpfchen. Er kann wie der Kleine Wiesenknopf verwendet werden, von dem er vor der Blüte schwer zu unterscheiden ist. Sein Geschmack ist jedoch nicht ganz so intensiv.
Sammelgut und Sammelzeit: Die Blätter sammelt man vor der Blüte von März bis April Die jüngeren, noch blassgrünen Blätter sind besonders zart und gut für Salate geeignet.
Verwendung: Die feinen Blättchen riechen beim Zerreiben schwach nach Gurken und schmecken angenehm nussig. Fein gehackt sind sie eine ausgezeichnete Würze für Salate, Suppen oder Quarkspeisen. Man verwendet sie nur frisch und ungegart. Wiesenknopfblätter gehören in die „Frankfurter Grüne Soße" ebenso wie zu den „Hamburger Aalkräutern".
Rezept: Gebackene Auberginen mit Kräuter-Joghurt-Soße
Zutaten: 1 Aubergine, 3-4 EL Olivenöl, 5 junge Wiesenknopftriebe, 1 Pfefferminztrieb, 1/2 Zitrone, 200 g Joghurt, 1 TL süßes Paprikapulver, Salz, Pfeffer.
Zubereitung: Die Aubergine waschen, in Scheiben schneiden und würzen. In etwas heißem Olivenöl und etwas Wasser etwa 10 Min. offen dünsten, bis die Flüssigkeit verdampft ist. Die Blattstiele von den Kräutern entfernen und die Blättchen fein wiegen. Die Zitrone auspressen. Die Kräuter mit dem Joghurt vermischen, das Ganze würzen und mit dem Öl und dem Zitronensaft abschmecken. Die Auberginen mit der Soße servieren. Dazu passt frisches Baguette mit Kräuterbutter.

Felsen-Fetthenne, Große Fetthenne

Familie: Dickblattgewächse *(Crassulaceae)*
Andere Namen: für die Felsen-Fetthenne: Tripmadam, Salat-Fetthenne, Mauerpfeffer; für die Große Fetthenne: Purpur-Fetthenne
Beschreibung: Die Felsen-Fetthenne ist eine ausdauernde, immergrüne Pflanze, die in dichten Teppichen wächst (s. Abb. rechts vorn). Sie hat nadelartige, zugespitzte kleine Blätter, oft bläulich grün, manchmal auch rötlich; sie sind fleischig verdickt, worauf wohl der aus dem Französischen abgeleitete Name Tripmadam, übersetzt etwa „dicke Dame", anspielt. Die Stängel werden 10-30 cm hoch. Die kleinen, goldgelben Blüten erscheinen in doldenähnlichen Blütenständen an den Stängelspitzen. Zu diesem Zeitpunkt sind die Blätter oft schon braun, während von unten frische Sprosse nachtreiben. Die Große Fetthenne wird dagegen bis zu 60 cm hoch (s. Abb Mitte und links vorn). Sie hat größere, eiförmige, stumpfe Blätter, die weniger scharf schmecken. Ab Juli erscheinen die rötlichen Blüten.
Blütezeit: Juni bis August
Vorkommen und Verbreitung: Die Fetthenne tritt in ganz Mitteleuropa zerstreut auf, und zwar an sonnigen, trockenen Plätzen, vor allem auf steinigen oder Sandböden. Sie wächst wild auf Trockenrasen, zwischen Felsen und auf alten Mauern, wobei es sich hierbei oft um Nachkommen verwilderter Gartenpflanzen handeln dürfte. Im Garten lässt sie sich an entsprechenden Standorten, z.B. im Steingarten, gut kultivieren, ebenso in Schalen mit sandiger Erde.
Ähnliche Arten: Ähnlich, auch in der Verwendung, ist die Weiße Fetthenne *(Sedum album)* mit stumpfen Blättern, weißen Blüten und etwa 15 cm Wuchshöhe.
Verwechslungsgefahren: Ungenießbar scharf, in hoher Dosis sogar giftig, ist der Scharfe Mauerpfeffer *(S. acre)*. In Wuchs und Blüte ähnelt er der Felsen-Fetthenne, doch seine Blättchen sind eiförmig und die Triebe nur bis zu 15 cm hoch. Deutlichstes Kennzeichen ist der unangenehm brennende Geschmack.
Sammelgut und Sammelzeit: Blätter und Triebspitzen nicht blühender Sprosse kann man das ganze Jahr über sammeln.
Verwendung: Die Felsen-Fetthenne schmeckt leicht säuerlich und pfeffrig, die Große Fetthenne etwas milder. Die saftigen Blätter passen als Würze zu Salaten, Suppen, Soßen und Gemüse und geben allem eine besondere geschmackliche Note.
Rezept: Kräuter-Pilz-Soße
Zutaten: 100 g braune Champignons, 1 EL Bohnenkraut, 2 EL Sonnenblumenöl, 50 g Felsen-Fetthenne (Blättchen), 100 ml Gemüsebrühe, Pfeffer, Salz, 100 g süße Sahne, etwa 1 EL Mehl, 2 EL Wiesenknopfblätter.
Zubereitung: Die braunen Champignons in Scheiben schneiden, das Bohnenkraut wiegen und beides in heißem Öl bei geringer Hitze etwa 15 Min. dünsten. Die Fetthennenblättchen und die Gemüsebrühe hinzufügen, das Ganze aufkochen lassen und etwa 15 Min. garen. Mit dem Pfeffer, dem Salz, der süßen Sahne und – je nach Geschmack – dem Mehl verrühren und nochmals kurz aufkochen lassen. Die Wiesenknopfblätter fein hacken und in die Soße streuen. Die kräftige Soße kann z.B. zu Schweinebraten serviert werden.

Leimkraut

Familie: Nelkengewächse *(Caryophyllaceae)*
Andere Namen: Aufgeblasenes Leimkraut, Taubenkropf-Leimkraut, Wiesenspinat
Beschreibung: Das ausdauernde Leimkraut wird 20-50 cm hoch. Die an der Basis leicht verholzenden Stängel wachsen meist aufrecht und verzweigt. Die gegenständigen, länglich eiförmigen, etwas fleischigen Blätter sind im unteren Stängelbereich bis zu 12 cm lang, oben deutlich kleiner. Ein blaugrüner Wachsüberzug schützt sie vor Austrocknung. Die weißen, selten rosa überlaufenen Blüten sind gestielt und erscheinen in einem lockeren, doldenähnlichen Blütenstand. Am ballonartig aufgeblasenen hellen Kelch kann man gut die netzartig angeordneten Hauptnerven erkennen. Der Kelch hat eine eiförmige bis kugelige Form und ist manchmal rötlich überlaufen. Die Blütenblätter sind bis zu einem Drittel eingeschnitten und erscheinen dadurch 2-lappig. Die dicke, fleischige Wurzel kann bis zu 1 m tief in den Boden vordringen.
Blütezeit: Mai bis September
Vorkommen und Verbreitung: Das Wärme liebende Leimkraut kommt vorwiegend auf trockenen, kalkreichen, oft sandigen Standorten vor. Es wächst gern in Gruppen auf Wiesen, lichten Flächen in Wäldern oder auf Kulturland und ist in ganz Europa, Asien und Nordafrika verbreitet.
Verwechslungsgefahren: Die Gattung umfasst mehrere ähnliche Arten, die nicht zum Verzehr empfohlen werden. Anders als die beschriebene Art haben sie meist behaarte, in Teilen klebrige Stängel, wie z.B. das Nickende Leimkraut *(Silene nutans)*, das zudem hängende Blütenrispen besitzt. Das essbare Leimkraut lässt sich spätestens zur Blütezeit an der hellen, deutlich aufgeblasenen Kelchröhre erkennen. Manchmal findet man diese auch beim sehr seltenen Kegelleimkraut *(S. conica)*, das jedoch kräftig rot blüht.
Sammelgut und Sammelzeit: Die jungen Blätter und Triebspitzen werden vor der Blüte, von März bis Mai, gesammelt.
Verwendung: Die jungen, fleischigen Blätter sind zart und vitaminreich. Sie schmecken roh in Salaten; wie Spinat oder Kohl zubereitet, eignen sie sich gut für Mischungen mit anderen Wilgemüse. Hat sich der Blütenstängel bereits ausgebildet, schmecken die Blätter bitter, was sich durch Blanchieren etwas abmildern lässt.
Rezept: Leimkrautsalat
Zutaten: 1 Zwiebel, 1-2 Bärlauchpflanzen, 150-200 g Joghurt, 1-2 TL Honig, 75 g Leimkrautblätter, 1 kleine Salatgurke, 1 rote Paprika, Salz, Pfeffer, süßes Paprikapulver, 1/2 Zitrone.
Zubereitung: Die Zwiebel fein würfeln, den Bärlauch fein hacken und beides in einer Schüssel mit dem Joghurt und dem Honig gut verrühren. Die Leimkrautblätter grob zerteilen, die Gurke würfeln und die Paprika in feine Streifen schneiden. Alles mit der Soße vermischen und würzen. Die Zitrone auspressen und den Salat mit dem Saft abschmecken.

Silene vulgaris (Moench) Garcke

Ackersenf

Familie: Kreuzblütengewächs *(Brassicaceae,* auch: *Cruciferae)*
Andere Namen: Wilder Rettich, Senfkraut, Körk
Beschreibung: Der einjährige Ackersenf wächst 30 - 80 cm hoch und hat eine dünne Pfahlwurzel. Der aufrechte Stängel ist meist verzweigt und in Bodennähe oft rau behaart, ebenso die Blätter. Die unteren, bis zu 20 cm langen Blätter sind häufig leierförmig, unregelmäßig gelappt und gezähnt; oben am Stängel sitzen kleinere, länglich eiförmige, ungeteilte, gesägte Blätter. An sehr warmen, trockenen Standorten ist das frische Grün der Blätter zum Teil violett überlaufen. Die schwefelgelben, kurz gestielten Blüten erscheinen in doldenähnlichen Trauben am Stängelende. Ihre meist kahlen Kelchblätter stehen waagrecht ab. Die Frucht ist eine lang gestielte, zwischen den kugeligen Samen kaum eingeschnittene Schote, die seitlich vom Blütenstiel absteht oder nach unten gebogen ist.
Blütezeit: Mai bis Oktober
Vorkommen und Verbreitung: Der Ackersenf ist in ganz Europa heimisch und verbreitet. Wegen der zahlreichen Samen, die bis zum Eintritt günstiger Keimbedingungen jahrelang im Boden verharren können, gilt er als lästiges Unkraut, vor allem in Getreidefeldern. Man findet ihn auch in Gärten oder an Wegrändern.
Ähnliche Arten: Zur Senfgewinnung für den Verkauf werden nur der Schwarze Senf (s. S. 54) und der Weiße Senf *(S. alba)* genutzt und angebaut. Beide kommen auch verwildert vor. Der Weiße Senf blüht meist später als der Ackersenf und hat borstig behaarte Schoten, sonst ist er sehr ähnlich und auch als Blattgemüse nutzbar. Dies gilt auch für den Hederich (s. S. 142), der sich oft nur durch die aufrechten Kelchblätter unterscheiden lässt.
Verwechslungsgefahren: Hierzu sei auf die entsprechenden Anmerkungen beim Barbarakraut (s. S. 48) und beim Hederich (s. S. 142) verwiesen.
Sammelgut und Sammelzeit: Man pflückt die jungen Blätter und die Triebspitzen vor der Blüte. Sobald sich die Schoten härter anfühlen und leicht verbräunen, können sie für die Samengewinnung gesammelt werden.
Verwendung: Die Blätter haben einen rettichähnlichen, etwas bitteren Geschmack. Als scharfe Würze passen sie gut zu Salaten, sie lassen sich aber auch zu zartem Gemüse verarbeiten. Aus den zermörserten Samen kann man einen hausgemachten Senf herstellen (Rezept s. S. 54).
Rezept: Überbackenes Ackersenfgemüse
Zutaten: 200 g junge Ackersenfblätter, Salz, 1 Gemüsezwiebel, 2 EL Sonnenblumenöl, 1 Kartoffel, 100 ml Gemüsebrühe, 150 - 200 g süße Sahne, Muskatnuss, Pfeffer, 200 g Raclettekäse.
Zubereitung: Die Senfblätter in Streifen schneiden und etwa 5 Min. blanchieren. Die Gemüsezwiebel fein würfeln und in heißem Öl kurz anbraten. Die rohe Kartoffel reiben und mit den Senfblättern und der Gemüsebrühe zu der Zwiebel geben. Das Ganze bei geringer Hitze etwa 20 Min. dünsten, mit der Sahne verrühren, würzen und in eine gefettete Backform geben. Den Käse darauf verteilen und das Gemüse im Ofen bei 200 °C etwa 20 Min. überbacken. Zu diesem würzigen Gemüse passen Blechkartoffeln.

Sinapis arvensis L.

Kohlgänsedistel

Familie: Korbblütengewächse *(Asteraceae,* auch: *Compositae)*
Andere Namen: Gemeine Gänsedistel
Beschreibung: Der einjährige Korbblütler wächst mit kräftigem, aufrechtem, verzweigtem Stängel 30-80 cm hoch. Er enthält Milchsaft, wie man es z.B. vom Löwenzahn kennt, und bildet eine kräftige Pfahlwurzel. „Gummiartig" ist häufig der Eindruck beim Berühren der hellgrünen, unterseits blaugrünen, fettig glänzenden Blätter, die fiederteilig eingeschnitten sind. Die unteren, gestielten Blätter bilden eine Rosette, die oberen sitzen wechselständig am Stängel, den sie am Blattgrund umfassen. Zwar fühlt sich der stark gezähnte Blattrand etwas dornig an, doch nur die oft rötliche Mittelrippe an der Blattunterseite ist mit weichen Dornen besetzt. Die hellgelben, bis zu 2 cm breiten Blütenkörbchen erscheinen an den Stängelenden in lockeren Rispen. Die Früchte haben seidig glänzende Flughärchen, die wie bei vielen Korbblütlern die Windverbreitung ermöglichen.
Blütezeit: Juni bis September
Vorkommen und Verbreitung: Die Kohlgänsedistel ist in ganz Europa verbreitet und kommt auch in höheren Lagen vor. Sie bevorzugt bearbeitete Böden und wächst entsprechend häufig auf Feldern und in Gärten, oft in größeren Beständen. Man findet sie aber auch auf Brachland und an Wegrändern, sofern der Boden nährstoffreich ist.
Ähnliche Arten: Eine weitere häufige Art ist die Raue Gänsedistel *(Sonchus asper)*, die an den derben, oft lappig eingerollten Blättern spitzstachelige Zähne besitzt; ansonsten ähnelt sie stark der Kohlgänsedistel. Die ebenfalls häufige Ackergänsedistel *(S. arvensis*, s. untere Abbildung) hat deutlich drüsig behaarte Blütenstiele und Kelchblätter sowie längliche, meist tief eingeschnittene Blätter. Auch sie ist an den Blatträndern spitz bestachelt, sodass wie bei der Rauen Gänsedistel nur sehr junge, zarte Triebe als Gemüse infrage kommen.

Sammelgut und Sammelzeit: Man kann die Blätter nicht nur im Frühjahr, sondern bis etwa September genießen. Allerdings sollte man dann jüngeren Blättern im oberen Stängelbereich den Vorzug geben.
Verwendung: Die jungen Blätter sind sehr zart. Mit ihrem angenehmen, leicht süßlichen Geschmack eignen sie sich hervorragend für Salate. Sobald die Dornen fühlbar sind, muss freilich die Mittelrippe entfernt werden. Die älteren, immer noch recht mild schmeckenden Blätter verwendet man für Suppen oder als Gemüse.
Rezept: Kohlgänsedistelsalat mit Pinienkernen
Zutaten: 1/2 Zitrone, 400 g Kohlgänsedistelblätter, 3-4 EL Traubenkernöl, 100 g Pinienkerne, 2 EL Olivenöl, Pfeffer, Salz.
Zubereitung: Die Zitrone auspressen. Die Kohlgänsedistelblätter waschen, grob hacken und in einer Schüssel mit dem Traubenkernöl und dem Zitronensaft vermischen. Die Pinienkerne grob wiegen, in heißem Olivenöl anrösten und zum Salat geben. Das Ganze mit Pfeffer und Salz abschmecken.

Sonchus oleraceus L.

Waldziest

Familie: Lippenblütengewächse *(Lamiaceae,* auch: *Labiatae)*
Andere Namen: Waldnessel
Beschreibung: Der mehrjährige Waldziest wächst mit geradem, oben verzweigtem Stängel 30-100 cm hoch. Der Stängel ist 4-kantig, rau behaart und innen hohl. Er trägt kreuzweise gegenständige Blattpaare mit länglich eiförmigen bis herzförmigen, unten lang gestielten Blättern. Dunkelgrün, behaart und am Rand gesägt, erinnern sie an Taubnessel- oder Brennnesselblätter; beim Zerreiben riechen sie unangenehm. Die kleineren oberen Blätter sitzen direkt am Stängel. In ihren Blattachseln erscheinen je 6-8 quirlartig angeordnete, purpurrote Lippenblüten, sodass der Blütenstand insgesamt das Bild einer langen Ähre ergibt. Beim näheren Hinsehen erkennt man auf den Unterlippen der Blüten weiße, wellige Linien. Etwa halb so lang wie die Blüten sind die Kelchblätter, die eine glockige, behaarte Röhre formen. Der Waldziest bildet zahlreiche Wurzelausläufer, deren Spitzen sich vor allem im Herbst zu weißlichen, knollig verdickten Gebilden entwickeln.
Blütezeit: Juni bis August
Vorkommen und Verbreitung: Der in Mitteleuropa verbreitete und bis in alpine Höhen vorkommende Waldziest liebt feuchte, recht schattige Plätze, die er seinem Namen entsprechend meist in Wäldern, vor allem in Auwäldern, findet. Auch an schattigen Uferbereichen und Grabenrändern kann man ihn entdecken.
Ähnliche Arten: Der Sumpfziest *(Stachys palustris)* wächst ebenfalls an feuchten bis nassen Standorten, allerdings vorwiegend an sonnigen Stellen, z. B. auf Wiesen, an Flussufern und Bahndämmen. Er hat hellere rosa Blüten und länglich lanzettliche Blätter ohne unangenehmen Geruch; sonst ist er dem Waldziest sehr ähnlich – bis hin zu den ebenfalls essbaren Knollen. Der aus Asien stammende Knollenziest *(S. affinis)* wird gelegentlich in Gärten angebaut.
Sammelgut und Sammelzeit: Man sammelt die knolligen Ausläufer ab Ende Oktober bis ins Frühjahr hinein.
Verwendung: Die etwas mehligen, angenehm milden und aromatischen Knollen kann man ähnlich wie Kartoffeln oder auch Schwarzwurzeln zubereiten, wofür man sie möglichst frisch verwendet. Früher wurden sie auch getrocknet und zu Mehl verarbeitet.
Rezept: Waldziestpüree
Zutaten: 400 g Waldziestknollen, Salz, 80 g Butter, 1 Bund Schnittlauch, Pfeffer.
Zubereitung: Die Waldziestknollen putzen, mit Wasser bedecken und salzen. Aufkochen lassen und bei geringer Hitze 10-15 Min. garen. Das Wasser abgießen und die Knollen zerdrücken oder pürieren. Die Butter schmelzen, den Schnittlauch in feine Röllchen schneiden und beides gut mit dem Püree vermischen. Das Ganze würzen und als Beilage zu Fleischgerichten, Gemüseaufläufen oder zu einer Pilzpfanne servieren.

Vogelmiere

Familie: Nelkengewächse *(Caryophyllaceae)*
Andere Namen: Vogel-Sternmiere, Hühnerdarm, Hühnerbiss, Mausdarm
Beschreibung: Die einjährige Vogelmiere begegnet einem meist als frischgrüner Teppich aus zahlreichen, spitz eiförmigen Blättchen. Die dünnen, runden, oft bräunlichen Stängel liegen ganz auf dem Boden auf oder wachsen an den Enden 10 - 20 cm in die Höhe. Sie sind reich verzweigt und tragen Härchen, die deutlich in einer Reihe stehen. Die Blätter stehen gegenständig oder rosettenähnlich um die Stängel, dazwischen erscheinen fast ganzjährig die Blütenstiele mit lockeren Scheindolden kleiner, weißer Blüten. Die Einzelblüten haben einen Durchmesser von etwa 5 mm, beim genauen Hinsehen erkennt man, dass die 5 weißen Kronblätter jeweils in 2 zungenförmige Abschnitte unterteilt sind. Die Frucht der Vogelmiere ist eine eiförmige Kapsel mit zahlreichen winzigen braunschwarzen Samen.
Blütezeit: Februar bis November
Vorkommen und Verbreitung: Ursprünglich in Europa und Asien heimisch, hat sich das zähe, anpassungsfähige Nelkengewächs heute fast über die ganze Erde verbreitet. Auf Äckern und in Gärten macht es sich besonders gern breit, sodass es als lästiges Unkraut gilt. Es wächst aber auch des Öfteren auf Ödland und an Wegrändern.
Verwechslungsgefahren: Verwandte Arten, z. B. die Große Sternmiere *(Stellaria holostea)*, sind keine Bereicherung für die Küche, ebensowenig die ähnlichen Hornkraut-Arten *(Cerastium)*. Die Vogelmiere unterscheidet sich von ihnen durch Wuchs- und Blattform und vor allem durch die einreihige Stängelbehaarung sowie die fast ganzjährige Blüte. Durch die beiden letztgenannten Merkmale hebt sie sich auch vom ähnlich wachsenden, ungenießbaren Ackergauchheil *(Anagallis arvensis)* ab; er blüht ab Juli ziegelrot.
Sammelgut und Sammelzeit: Verwenden kann man die Blätter das ganze Jahr über, am zartesten schmecken sie freilich im zeitigen Frühjahr. Man schneidet ganze Pflanzen bzw. Sprossteile ab.
Verwendung: Die Vogelmiere ergibt bei spinatähnlicher Zubereitung ein mild schmeckendes Wildgemüse. Sie eignet sich auch für Suppen und als Frühjahrssalat.
Rezept: Rote Bohnen mit Vogelmiere
Zutaten: 80 g Kidneybohnen, Salz, 1 TL Thymian, 1 TL Bohnenkraut, 1/2 Lorbeerblatt, 100 g Vogelmiere, 1 kleine Zwiebel, 1 Bund Schnittlauch, 1 EL Balsamico-Essig, 3 EL Olivenöl, 100 g Parmesan im Stück.
Zubereitung: Die Bohnen über Nacht in 500 ml Wasser einweichen, dann in 500 ml kochendem Salzwasser mit dem Thymian, dem Bohnenkraut und dem Lorbeerblatt etwa 1 1/2 Stunden garen. Das Wasser abgießen und das Lorbeerblatt entfernen. Die Blattstiele von der Vogelmiere entfernen und die Blättchen grob hacken. Die Zwiebel fein würfeln, den Schnittlauch in feine Röllchen schneiden und beides mit dem Essig und dem Öl vermengen. Die Vogelmierenblättchen und die Bohnen mit der Soße vermischen und das Ganze auf die Teller verteilen. Den Parmesan in dünne Scheiben schneiden und auf den Salat legen.

Beinwell

Familie: Borretschgewächse *(Boraginaceae)*
Andere Namen: Beinwurz, Schwarzwurz, Himmelsbrot, Eselsohrwurzel
Beschreibung: Das ausdauernde Borretschgewächs überwintert mit einem kräftigen, kurzen Wurzelstock, an dem lange, außen braunschwarze, innen weiße Wurzeln sitzen. Aus dem Wurzelstock treiben Grundblätter in rosettenähnlichen Büscheln sowie 30 - 80 cm hoch wachsende, oben verzweigte Stängel. Diese sind ebenso behaart wie die breit lanzettlichen, runzligen Blätter, wobei der Stängel und die Hauptnerven auf der Blattunterseite regelrechte Borsten aufweisen. In den Achseln der oberen Blätter werden die gestielten, anfangs eingerollten Blütenstände angelegt, die sich ab Frühsommer zu hängenden Doppelwickeln mit glockenartigen Blüten entfalten. Sie sind rotviolett oder gelblich weiß und außen samtig behaart.
Blütezeit: Mai bis Juli
Vorkommen und Verbreitung: Der in ganz Europa bis in die Höhenlagen verbreitete Beinwell liebt feuchte Plätze und siedelt sich auf frischen Wiesen und Waldlichtungen, an Gräben, Wegrändern und Bach- oder Teichufern an. Er kann auch im Garten an leicht beschatteten Stellen angepflanzt werden.
Verwechslungsgefahren: Bei den Borretschgewächsen und beim Beinwell müssen unbedingt Verwechslungen mit den im Rosettenstadium ähnlichen, giftigen Fingerhüten *(Digitalis)* ausgeschlossen werden. Deren Blätter sind nicht rau, sondern flaumig behaart. Ab Juni erscheinen ihre 2 - 5 cm langen, nickenden Blütenglocken in Trauben; beim Roten Fingerhut *(D. purpurea)* sind sie purpurrot, bei *D. grandiflora* und *D. lutea* hellgelb.
Sammelgut und Sammelzeit: Die Blätter lassen sich ab März bis in den Herbst hinein verwenden. Wurzeln gräbt man im Herbst oder Frühjahr aus.
Verwendung: Die jungen Blätter ergeben ein schmackhaftes Gemüse, man nimmt sie roh als Würze und Salatzutat. Die Wurzeln kann man als Gemüse dünsten. In der Pflanzenheilkunde bereitet man aus ihnen Salben, die u. a. die Wundheilung fördern. Vor einer Dauereinnahme des Beinwells wird wegen der enthaltenen Alkaloide gewarnt, die in größeren Mengen gesundheitsschädlich sind.
Rezept: Porchierte Eier auf Beinwellgemüse
Zutaten: 150 g junge Beinwellblätter, Salz, 50 g Pinienkerne, 2 EL Sonnenblumenöl, 1 Zwiebel, 50 ml Gemüsebrühe, Pfeffer, Muskatnuss, 4 Eier, 3 EL Essig.
Zubereitung: Die Beinwellblätter blanchieren und grob wiegen. Die Pinienkerne hacken und in heißem Öl rösten. Die Zwiebel fein würfeln, dazugeben und glasig dünsten. Die Beinwellblätter und die Gemüsebrühe hinzufügen, das Ganze würzen, aufkochen lassen und bei geringer Hitze 10 - 15 Min. dünsten. Je 1 Ei in eine Tasse aufschlagen und nacheinander in sprudelnd kochendes Essigwasser geben. Das Eiweiß mit einem Kochlöffel über den Dotter ziehen. Die Eier etwa 4 Min. kochen, aus dem Wasser nehmen und abtropfen lassen. Mit dem Wildgemüse servieren.

Symphytum officinale L.

Löwenzahn

Familie: Korbblütengewächse *(Asteraceae,* auch: *Compositae)*
Andere Namen: Pusteblume, Sonnenwirbel, Milchstock, Kuhblume, Kuhflatscher
Beschreibung: Die volkstümlichen Namen, von denen sich noch einige andere anführen ließen, liefern oft schon Kurzbeschreibungen der 20-50 cm hohen Staude. Wohl jedem vertraut sind die gelben, rundlichen Blütenköpfe auf den glatten, Milchsaft führenden Stielen, ebenso der helle, kugelige Fruchtstand, von dem sich die kleinen Früchte mit weißen Haarkronen pusten lassen. Die „löwenartig" gezähnten Einbuchtungen der Blätter erklären die bekannteste Bezeichnung. Sammler junger Rosettenblätter sollten für Unterscheidungszwecke auch die schwarzbraune, fleischige Pfahlwurzel kennen, die ebenfalls Milchsaft enthält und am Wurzelhals flaumig behaart ist.
Blütezeit: April bis September
Vorkommen und Verbreitung: In den gemäßigten Breiten in nahezu allen Lagen zu finden, markiert der Löwenzahn mit beginnender Blüte den Eintritt des Erstfrühlings, gemeinsam mit Salweiden- und Kirschblüte. Sein Aufblühen eröffnet so den klimaabhängigen Start der Hauptvegetationszeit und kann je nach Region um mehrere Wochen auseinander liegen. Er wächst auf Feldern, in lichten Wäldern und vor allem auch auf Wiesen und Weiden. Weniger schmeichelhafte Namen wie Kuhflatscher oder Seichkraut weisen darauf hin, dass er auf natürlich gedüngten Weiden besonders gut gedeiht. Kulturformen des Löwenzahns werden schon seit Jahrhunderten als Gemüse- und Heilpflanzen angebaut.
Ähnliche Arten: Von der Gattung Taraxum ist in Europa nur der Löwenzahn verbreitet. Ähnlich in Aussehen, Geschmack und Verwendung sind mehrere andere, in diesem Buch vorgestellte Korbblütler, vor allem die Wegwarte (s. S. 68).

Sammelgut und Sammelzeit: Man kann die Blätter von Frühjahr bis Herbst verwenden, am besten pflückt man sie aus dem Herz der Blattrosette. Zeitig geerntete Blätter eignen sich für Salate am besten. Knospen und Blüten sammelt man ab April, die Wurzeln von Herbst bis Frühjahr.
Verwendung: Junge Löwenzahnblätter sind saftig, leicht bitter und ergeben einen feinen Salat. Ältere Blätter werden als Gemüse zubereitet. Die Blüten sind eine hübsche, schmackhafte Garnierung, die Knospen munden roh in Salaten oder lassen sich wie Kapern einlegen. Die Wurzeln können angebraten, gedünstet oder zu Mus verarbeitet werden; geröstet nutzt man sie manchmal als koffeinfreie Kaffeevariante.
Rezept: Kohlrabi-Löwenzahn-Salat
Zutaten: 1 Bund Schnittlauch, 3-4 EL süße Sahne, 100 g Joghurt, 5 Zitronenmelissetriebe, 2 Kohlrabi, 80 g junge Löwenzahnblätter, Salz, Pfeffer.
Zubereitung: Den Schnittlauch in feine Röllchen schneiden und mit der Sahne und dem Joghurt vermischen. Die Blattstiele von der Zitronenmelisse entfernen und die Blättchen fein wiegen, den Kohlrabi schälen und raspeln, die Löwenzahnblätter in Streifen schneiden. Alles mit der Joghurt-Sahne-Soße vermischen und würzen.

Taraxacum officinale agg. F.H. Wigg.

Spargelbohne

Familie: Schmetterlingsblütengewächse *(Fabaceae,* auch: *Leguminosae)*
Andere Namen: Rote Spargelbohne, Spargelerbse, Flügelerbse
Beschreibung: Der einjährige Schmetterlingsblütler wächst buschig, mit teils aufrechten, teils liegenden, etwa 40 cm langen, verzweigten Stängeln. Diese sind rund und tragen an kurzen Stielen dreigeteilte, kleeähnliche, häufig bläulich grüne Blätter. Den Blattachseln entspringen die Stiele der paarweise angeordneten, braun- bis dunkelroten Schmetterlingsblüten. Ebenfalls in Paaren erscheinen dann die bis zu 5 cm langen Hülsenfrüchte, die oft fast rechtwinklig zueinander stehen. Sie sind im Querschnitt 4-kantig und laufen in flache, am Rand gewellte Leisten aus, weshalb die Pflanze auch Flügelerbse genannt wird.
Blütezeit: Juni bis August
Vorkommen und Verbreitung: Die in Südeuropa heimische Spargelbohne wurde früher als Gemüse angebaut, konnte sich aber – wohl wegen geringerer Erträge – nicht gegen Stangenbohnen und Erbsen behaupten. Heute kommt sie in Mitteleuropa zerstreut als verwilderte Pflanze vor. Man findet sie an sonnigen Plätzen, oft auf sandigen, aber nährstoffreichen Böden, z. B. auf Wiesen und an Wegrändern. Bei Versendern von Gemüseraritäten kann man hier und da Samen für den Garten erhalten.
Ähnliche Arten: Die mehrjährige Gelbe Spargelbohne *(Tetragonolbus maritimus)* ist eine in Mittel- und Südeuropa heimische Pflanze, die man früher ebenfalls als Gemüse kultivierte. Sie kommt sowohl in der Ebene wie im Gebirge vor und wächst bevorzugt auf feuchten Wiesen. Vielerorts ist sie allerdings so selten, dass sie zu den geschützten Pflanzen zählt. Ihre Stängel wachsen meist niederliegend, die gelben Blüten erscheinen ab Mai einzeln an langen Stielen. Die Hülsenfrüchte ähneln denen der Roten Spargelbohne, sind aber oft gekrümmt.
Sammelgut und Sammelzeit: Man sammelt die jungen Hülsen ab Juni bis September. Ältere Hülsen sind meist ungenießbar hart.
Verwendung: Die jungen Hülsen werden ebenso wie zarte Bohnen oder Zuckererbsen zubereitet und ergeben ein mildes, leckeres Gemüse, wobei der Namensvorsatz „Spargel" durchaus dem Geschmack entspricht.
Rezept: Spargelbohnengemüse
Zutaten: 1 Zwiebel, 1 EL Olivenöl, 200 g Fleischtomaten, 400 g Spargelbohnen, Salz, frisch gemahlener Pfeffer.
Zubereitung: Die Zwiebel fein würfeln und in heißem Öl anbraten. Die Tomaten waschen, würfeln und zu der Zwiebel geben. Alles etwa 5 Min. dünsten und dann pürieren. Die Enden von den Spargelbohnen entfernen und die Bohnen zur Tomatensoße geben. Das Ganze würzen, aufkochen lassen und bei geringer Hitze 10-15 Min. garen. Das Gemüse passt zu Steaks und anderen Fleischgerichten ebenso wie zu Fisch.

Ackerhellerkraut

Familie: Kreuzblütengewächse *(Brassicaceae,* auch: *Cruciferae)*
Andere Namen: Ackerpfennigkraut, Ackertäschel
Beschreibung: Der einjährige, manchmal auch zweijährige Kreuzblütler wächst mit seinen kantigen, oben verzweigten Stängeln 10 - 30 cm hoch. Die Grundblätter sind eiförmig bis länglich und gestielt, am Stängel sitzen hellgrüne, länglich lanzettliche, am Rand buchtig gezähnte Blätter mit pfeilförmigem Grund. Beim Zerreiben riechen die Blätter ein wenig nach Rettich oder Lauch. An den Stängelspitzen erscheinen die weißen Blütchen zuerst eng beisammenstehend, dann streckt sich der Blütenstand zu einer Traube, wobei sich von unten nach oben die namengebenden münzähnlichen Früchte an fast waagrecht abstehenden Stielen ausbilden. Die rundlichen, 10 -18 mm langen, blassgrünen Schoten, die fast rundum breit geflügelt sind, enthalten zahlreiche Samen.
Blütezeit: April bis Juni
Vorkommen und Verbreitung: Das Ackerhellerkraut stammt ursprünglich wohl aus Innerasien, hat sich seit der Jungsteinzeit in ganz Europa als Acker- und Gartenunkraut etabliert und wächst auf lehmigen, nährstoffreichen Böden bis in alpine Höhen. Man findet es häufig, auch an Weg- und Waldrändern.
Ähnliche Arten: Es gibt noch einige andere Arten der Gattung *Thlaspi*, z.B. das Gebirgstäschelkraut *(T. alpinum)*. Sie kommen allerdings nur gebietsweise und zerstreut vor. Man sollte sie schonen, zumal sie nicht sonderlich schmackhaft sind. Ihre Schoten zeigen keine ausgeprägte „Hellerform", sondern erinnern an die des größeren Hirtentäschelkrauts (s. S. 60).
Verwechslungsgefahren: Wie einige andere Pflanzen zeigt auch das Ackerhellerkraut im Jugendstadium so gut wie keine charakteristischen Merkmale. Im Zweifelsfall sollte unbedingt die Schotenbildung abgewartet und der Fundort vorgemerkt werden.
Sammelgut und Sammelzeit: Man sammelt die jungen Blätter von nicht blühenden Pflanzen ab März bis April. Schoten mit reifen Samen können ab Mai geerntet werden.
Verwendung: Die Blätter munden in gemischten Salaten und als Gemüse, wobei sie beim Garen etwas an Schärfe einbüßen. Ihr Geschmack harmoniert auch mit Fisch- und Eigerichten. Die Samen in den rundlichen Schoten kann man als scharfe, Senfkörnern ähnliche Würze verwenden.
Rezept: Möhrensalat mit Ackerhellerkraut
Zutaten: 1 kleine Zwiebel, 200 g Möhren, 100 g Ackerhellerkraut, 1 Bund Dill, 1 EL Weißweinessig, 4 - 5 EL Sonnenblumenöl, 1 Kästchen Kresse (15 g), 3 EL Sonnenblumenkerne, 1 Zitrone, Salz, Pfeffer.
Zubereitung: Die Zwiebel fein würfeln, die Möhren schälen und raspeln, die Ackerhellerkrautblätter und den Dill wiegen. Alles in einer Schüssel mit dem Essig, dem Öl und der Kresse vermischen. Die Sonnenblumenkerne in etwas heißem Öl rösten und untermischen. Die Zitrone auspressen, den Salat mit dem Saft abschmecken und würzen.

Thlaspi arvense L.

Sandthymian

Familie: Lippenblütengewächse *(Lamiaceae,* auch: *Labiatae)*
Andere Namen: Quendel, Feldthymian, Wilder Thymian, Gundel, Kandelkraut
Beschreibung: Der zierliche, aromatisch duftende Sandthymian breitet sich durch oberirdisch kriechende, bewurzelnde Ausläufer schnell flächig aus. Die liegenden oder 10-30 cm hoch aufsteigenden Stängel sind behaart und des Öfteren rötlich gefärbt. Mit der Zeit verholzen sie an der Basis, weshalb die ausdauernde Pflanze auch als Halbstrauch eingestuft wird. An den Stängeln sitzen länglich ovale, etwas ledrige Blätter, die oberseits manchmal dunkel gepunktet sind. Die quirlartigen Blütenstände erscheinen an den Triebspitzen und in den Blattachseln, dicht besetzt mit rosa- bis purpurroten Lippenblütchen. Der Sandthymian ist eine außerordentlich formenreiche Art und kann in manchen Merkmalen stark variieren.
Blütezeit: Juli bis September
Vorkommen und Verbreitung: Der Sandthymian kommt in Teilen Europas recht häufig vor, ist auch in Deutschland gebietsweise verbreitet, zählt hier aber zu den gefährdeten Arten. Wer die Möglichkeit hat, sollte ihn deshalb als gärtnerisch vermehrte Pflanze im Garten einsetzen. Dort gedeiht er wie in der Natur an sonnigen, trockenen Plätzen auf sandigen oder steinigen Böden. Ein Steingarten bietet optimale Voraussetzungen.
Ähnliche Arten: Kaum von der beschriebenen Art zu unterscheiden ist der ebenfalls Feldthymian genannte *Thymus pulegioides*. Tatsächlich werden selbst in der botanischen Literatur eventuelle Unterscheidungsmerkmale wie frühere Blüte (ab Mai), durchweg 4-kantige Stängel oder rasenartiger Wuchs einmal der einen, einmal der anderen Art zugeschrieben. Jedenfalls können beide Arten für Küchenzwecke verwendet werden. Der aufrecht wachsende Echte Thymian *(T. vulgaris)* kommt nur in wärmeren Gefilden wild vor.
Sammelgut und Sammelzeit: Die Blätter können die ganze Vegetationszeit über geerntet werden, indem man sie vom Stängel abstreift. Kurz vor und während der Blüte sind sie am aromatischsten. Zum Trocknen schneidet man ganze Triebe ab und breitet sie an einem schattigen, luftigen Ort aus.
Verwendung: Meist nicht ganz so intensiv schmeckend wie der Echte Thymian, lässt sich der Sandthymian für Salate und Gemüse als würzende Beigabe nutzen. Er passt auch gut zu Fleisch- und Fischgerichten. Man kann ihn zur Bereitung von Kräuteressig und -ölen verwenden, ebenso zum Einlegen von Gewürzgurken.
Rezept: Mariniertes Roastbeef mit Sandthymian
Zutaten: 200 g Roastbeef, 1 Zitrone, 4-6 EL Traubenkernöl, 2-3 TL getrockneter Sandthymian, Salz, Pfeffer.
Zubereitung: Das Roastbeef in hauchdünne Scheiben schneiden und auf 4 Tellern verteilen. Die Zitrone auspressen und den Saft und das Öl über das Fleisch träufeln. Den Sandthymian, das Salz und den Pfeffer darüber streuen.

Thymus serpyllum L.

Wiesenbocksbart

Familie: Korbblütengewächse *(Asteraceae,* auch: *Compositae)*
Andere Namen: Himmelsbrot, Milchblume, Fressblume
Beschreibung: Mit den 6 cm breiten, goldgelben Blütenkörbchen und dem Milchsaft im Stängel sowie in der braunen, dünnen Pfahlwurzel ist der Wiesenbocksbart ein typisches Korbblütengewächs, dem man die Verwandtschaft mit dem Löwenzahn ansieht. Ein besonderes Merkmal sind allerdings die grasähnlichen, langen, schmalen Blätter. Sie sitzen wechselständig am Stängel, den sie mit dem Blattgrund halb umfassen. Die graugrünen Stängel werden 30-80 cm hoch und tragen an der Spitze oft nur 1 Blütenkörbchen. Wie bei der Wegwarte öffnen sich die Blütenkörbchen morgens und schließen sich mittags wieder. Die Pflanze wächst meist zweijährig, die Blüten erscheinen dann erst im zweiten Jahr. Sie verbreitet sich über etwa 2 cm große, braune Früchte, mit hellen, gefiederten Härchen als Flugorgan. Diese erinnern an einen Ziegenbart und standen bei der Namensgebung Pate.
Blütezeit: Mai bis Juli
Vorkommen und Verbreitung: Der in Mitteleuropa verbreitete Korbblütler kommt vor allem auf Wiesen sowie an Wegrändern auf nährstoffreichen Böden vor, oft in Scharen.
Ähnliche Arten: Gelegentlich findet man in freier Natur die aus alten Kulturen verwilderte Haferwurzel *(Tragopogon porrifolius).* Früher häufiger als Gemüse angebaut, wurde sie durch die Verbreitung der Schwarzwurzel aus den Gärten verdrängt. Sie ist dem Wiesenbocksbart sehr ähnlich, blüht jedoch violett.
Sammelgut und Sammelzeit: Die jungen Sprosse sammelt man von April bis Blühbeginn, die Blätter können von Frühjahr bis Sommer verwendet werden. Wurzeln gräbt man im Herbst oder Frühjahr aus.
Verwendung: Spargelähnlich zubereitet, ergeben die zarten Sprosse ein feines Gemüse. Die zuckerhaltigen, aber leicht bitteren Blätter munden als Salat ebenso wie als Blattgemüse. Im Geschmack der Schwarzwurzel sehr ähnlich sind die inulinhaltigen Wurzeln, die nicht nur Diabetikern gut bekommen; allerdings kann es vorkommen, dass sie einen holzigen Kern haben.
Rezept: Gemüsecurry
Zutaten: 200 g Kartoffeln, 100 g Wiesenbocksbartwurzeln, 100 g Möhren, 1 Zwiebel, 20 g frischer Ingwer, 1 EL Sonnenblumenöl, 200 ml Gemüsebrühe, 1 TL Currypulver, 1 TL gemahlene Kurkuma, 1 TL gemahlener Koriander, Salz, Pfeffer, 100 g Zuckererbsen, 1 Bund Petersilie.
Zubereitung: Die Kartoffeln kochen, pellen und vierteln. Die Bocksbartwurzeln und die Möhren schälen, die Wurzeln in Scheiben und die Möhren in Stifte schneiden. Die Zwiebel würfeln, den Ingwer schälen und grob wiegen und beides in heißem Öl anbraten. Die Wurzeln dazugeben und mit Gemüsebrühe auffüllen. Alles würzen, aufkochen lassen und bei geringer Hitze etwa 10 Min. garen. Die Möhren und die Zuckererbsen hinzufügen, das Ganze weitere 10-15 Min. garen und mit den Gewürzen abschmecken. Die Kartoffelstücke mit dem Gemüse vermischen, die Petersilie wiegen und über das Curry streuen.

Tragopogon pratensis L.

Rotklee

Familie: Schmetterlingsblütengewächse *(Fabaceae,* auch: *Leguminosae)*
Andere Namen: Wiesenklee
Beschreibung: Der ausdauernde Rotklee bildet eine kräftige, lange Pfahlwurzel mit zahlreichen Nebenwurzeln aus. Im Frühjahr treibt er eine Blattrosette mit dreigeteilten „Kleeblättern". Die meist eiförmigen, kräftig grünen Teilblättchen tragen häufig eine helle Zeichnung, die an die Form einer Pfeilspitze erinnert. Die Art kann recht stark variieren, z. B. fast runde Teilblättchen oder rotbraune Flecken aufweisen. Die Blattunterseiten sind behaart. In den Blattachseln entspringen die 10-40 cm hohen Blütenstängel, die behaart, beblättert und oft rötlich überlaufen sind. Die kugeligen Blütenköpfchen sind meist karminrot, manchmal auch weiß oder gelblich. Sie bestehen aus zahlreichen kleinen Schmetterlingsblüten mit glockigem, behaartem Kelch, aus denen sich eiförmige Hülsenfrüchte mit dünner Haut entwickeln.
Blütezeit: Mai bis September
Vorkommen und Verbreitung: Der in ganz Europa, auch in Höhenlagen, verbreitete Rotklee wächst auf nährstoffreichen Wiesen, an Feldrändern, seltener in lichten Wäldern. Schon seit dem Mittelalter wird er als Futterpflanze genutzt, in Wiesenmischungen ausgesät oder auch feldmäßig angebaut. Er kommt dementsprechend sowohl in züchterisch leicht bearbeiteten Formen wie als Wildpflanze vor.
Verwechslungsgefahren: Nicht nur beim Klee *(Trifolium),* sondern auch in den Gattungen Luzerne *(Medicago)* und Hornklee *(Lotus)* gibt es einige Arten, die dem Rotklee in Wuchs und Blattform ähneln. Sie sind alle nicht giftig, aber auch nicht unbedingt schmackhaft. Wartet man die Blüte ab, bleibt in der Hauptsache ein „Doppelgänger" übrig: der Mittlere Klee *(T. medium).* Seine Blättchen sind jedoch schmaler sowie kaum gefleckt und seine Stängel tragen meist nur 1 Blütenköpfchen, während der Rotklee oft 2 pro Stängel aufweist.
Sammelgut und Sammelzeit: Gesammelt werden die jungen Blätter vor der Blüte ab März bis Mai. Auch die Blütenköpfchen kann man verwerten.
Verwendung: Die Blätter werden spinatähnlich zubereitet oder roh zu gemischten Salaten gegeben. Die Blütenköpfchen lassen sich zum Aromatisieren von Getränken, zum Garnieren von Speisen und klein geschnitten als Zugabe zu Gemüse und Suppen nutzen.
Rezept: Rotkleesalat
Zutaten: 1 Bund Schnittlauch, 100 g Joghurt, 3 EL Sonnenblumenöl, 1 EL Weißweinessig, 1 Rettich, 100 g Rotkleeblätter, Salz, Pfeffer.
Zubereitung: Den Schnittlauch in feine Röllchen schneiden und mit dem Joghurt, dem Öl und dem Essig verrühren. Den Rettich schälen, in hauchdünne Scheiben schneiden und zur Soße geben. Die Rotkleeblätter hinzufügen, das Ganze würzen und gut vermischen.

Trifolium pratense L.

Stranddreizack

Familie: Dreizackgewächse *(Juncaginaceae)*
Andere Namen: Röhr, Röhlk
Beschreibung: Mit ihren schmalen, linealischen Blättern wirkt die ausdauernde, bis zu 75 cm hohe Pflanze fast wie ein Sumpfgras. Die Blätter, die alle der Basis entspringen, sind allerdings fleischig, halbstielrund und fast 5 mm dick. Ebenso kräftig und fleischig präsentieren sich die Stängel. Die zahlreichen grünlichen, nur etwa 4 mm großen Blüten sind kurz gestielt und in langen, endständigen Trauben dicht nebeneinander aufgereiht. Daraus entstehen viele kleine, länglich eiförmige Früchte. Unangenehm ist der charakteristische chlorartige Geruch der Pflanze.
Blütezeit: Mai bis September
Vorkommen und Verbreitung: Das binsenartige Gewächs tritt vor allem an der Nord- und Ostseeküste auf, am Strand und auf Salzwiesen. Man kann es vereinzelt auch in küstenfernen Regionen auf Salzböden finden, dort zählt es jedoch zu den höchst schützenswerten Pflanzen. Der Stranddreizack kommt nahezu weltweit in den gemäßigten Klimazonen vor.
Ähnliche Arten: Vom Sumpfdreizack *(Triglochin palustre)* gibt es keine Zeugnisse für eventuelle Küchenqualitäten. Da er jedoch noch schmalere Blätter hat, kaum die Nase reizt und die Blüten mit größeren Abständen in kurzen, locker aufgebauten Trauben stehen, kommt es kaum zu Verwechslungen. Er wächst zudem vor allem in Moorlandschaften.
Verwechslungsgefahren: Um Verwechslungen mit ungenießbaren Gräsern, Binsen, Seggen oder auch mit der Blumenbinse *(Butomus umbellatus)* zu vermeiden, sollte man im Zweifelsfall die Blüte abwarten. Doch die fleischigen, halbstielrunden Blätter und der Chlorgeruch sind schon recht sichere Kennzeichen.
Sammelgut und Sammelzeit: Man erntet die jungen Blätter vor der Blüte.
Verwendung: Nach dem Garen verlieren die Blätter ihren etwas abschreckenden Geruch und ergeben ein schmackhaftes spinat- oder kohlähnliches Gemüse. Von einigen Indianerstämmen in Nordamerika wird berichtet, dass sie auch die Früchte sammeln und geröstet essen.
Rezept: Stranddreizacksuppe
Zutaten: 800 g junge Stranddreizackblätter, 200 g junge Brennnesselblätter, Salz, 1 Zwiebel, 1 EL Sonnenblumenöl, 1 Kartoffel, 1 l Gemüsebrühe, 200 g süße Sahne, Muskatnuss, Pfeffer.
Zubereitung: Die Stranddreizackblätter fein wiegen und in kochendem Wasser etwa 20 Min. garen, bis der eigentümliche Geruch nachlässt. Verbliebenes Wasser abgießen. Die Brennnesseln ebenfalls wiegen und etwa 5 Min. blanchieren. Die Zwiebel fein würfeln und in heißem Öl anbraten. Die rohe Kartoffel reiben und mit dem Wildgemüse und der Gemüsebrühe zu der Zwiebel geben. Das Ganze aufkochen lassen und bei geringer Hitze etwa 15 Min. garen. Die Sahne hinzufügen, die Suppe würzen, nochmals kurz aufkochen lassen und pürieren.

Triglochin maritimum L.

Huflattich

Familie: Korbblütengewächse *(Asteraceae,* auch: *Compositae)*
Andere Namen: Brustlattich, Bachblümlein, Märzblümel
Beschreibung: Der ausdauernde Huflattich treibt im Frühjahr aus dem stark verzweigten Wurzelstock noch keine Blätter, sondern zunächst die sehr zeitig angelegten Blütenknospen, die anfangs von schuppigen Blättern umhüllt sind. Sie schieben sich mittels spinnwebartig behaarter, mit rötlichen oder grünen Schuppenblättern besetzter Stiele 10-30 cm empor und öffnen sich währenddessen zu großen, goldgelben Blütenkörbchen. An diesen sind die 30-40 Röhrenblüten, die in der Mitte eine Scheibe bilden, ebenso gut erkennbar wie die strahlenförmig angeordneten Zungenblüten. Erst wenn sich die Früchte mit der weißen Haarkrone entwickelt haben, erscheinen die grundständigen Blätter, zunächst ober- und unterseits dicht mit hellen Härchen besetzt. Später verkahlen die Blattoberflächen, die Unterseiten bleiben wollig. Die bis zu 20 cm breiten, rundlich herzförmigen Blätter sind am Rand gezähnt.
Blütezeit: Februar bis April
Vorkommen und Verbreitung: Der Huflattich kommt nahezu in ganz Europa sowie in Teilen Asiens und Afrikas vor, in der Ebene und in alpinen Lagen. Er wächst bevorzugt an sonnigen Plätzen auf frischen bis feuchten Böden. Oft steht er in Scharen an Weg- und Feldrändern, Ufern, auf Geröllhalden und in Kiesgruben.
Verwechslungsgefahren: Pestwurz-Arten treiben ihr Blattwerk ebenfalls erst aus, nachdem ihr rötlicher oder weißer Frühjahrsflor verblüht ist. Die wenig schmackhaften Blätter, gerade die der häufigen Roten Pestwurz *(Petasites officinalis)*, sind denen des Huflattichs recht ähnlich, wenn auch etwas dünner. Im Zweifelsfall erntet man besser nur von Pflanzen, die man vorher blühend gesehen hat.
Sammelgut und Sammelzeit: Die jungen Blätter sammelt man bald nach dem Austrieb im April und Mai. Zuvor können Blüten für die Küche gepflückt werden.
Verwendung: Die aromatischen Blütenköpfchen lassen sich roh und gegart verwenden. Die Blätter munden als herbwürzige Zutat zu gemischten Salaten und Gemüse, den flaumigen Überzug kann man leicht abreiben. Der schon seit der Antike als Heilpflanze verwendete Huflattich ist durch potenziell leberschädigende Alkaloide in Blättern und Blüten etwas in Verruf geraten. Doch bei gelegentlichem, sparsamem Genuss drohen höchstwahrscheinlich keine ernsten Gesundheitsgefahren.
Rezept: Schweinegulasch mit Huflattichblüten
Zutaten: 300 g Zwiebeln, 3-4 EL Olivenöl, 600 g Schweinegulasch, Salz, Pfeffer, 200 g Sojasprossen, 500 ml Gemüsebrühe, 100 g Huflattichblüten.
Zubereitung: Die Zwiebeln in Ringe schneiden und in heißem Öl glasig dünsten. Das Fleisch dazugeben, von allen Seiten anbraten, würzen und 50-60 Min. dünsten. Die Sojasprossen und die Gemüsebrühe hinzufügen, das Ganze aufkochen lassen und bei geringer Hitze etwa 40 Min. garen. Die Huflattichblüten etwa 5 Min. blanchieren und mit dem fertigen Gulasch vermischen.

Tussilago farfara L.

Grosse Brennnessel

Familie: Nesselgewächse *(Urticaceae)*
Andere Namen: Hanfnessel, Donnernessel, Nettel, Zingel, Tissel
Beschreibung: Die Große Brennnessel wächst je nach Standort 30-150 cm hoch. Sie überdauert mithilfe eines Wurzelstocks, der zahlreiche Ausläufer treibt und alljahrlich 4-kantige, später oft rotbraun gefärbte Stängel hervorbringt. Die meist unliebsam bekannten Brennhaare überziehen den Stängel ebenso wie die spitz eiförmigen, am Rand stark gezähnten Blätter. Die grünlichen, traubenartigen Blütenstände wachsen aus den Blattachseln. Bei der Großen Brennnessel tragen die Einzelpflanzen entweder nur männliche, steif abstehende Blütenstände oder nur weibliche Blütenrispen, die nach der Befruchtung nach unten hängen. Dies bezeichnet man als zweihäusig.
Blütezeit: Juni bis Oktober
Vorkommen und Verbreitung: Nahezu weltweit verbreitet, wächst die Brennnessel als nährstoffliebender Kulturbegleiter vor allem im Umfeld menschlicher Ansiedlungen, an Wegrändern, an Zäunen, in Gärten und auf Ödland. Man findet sie aber auch in Auwäldern und an Ufern, in der Ebene und im Gebirge.
Ähnliche Arten: Die 15-60 cm hohe, ebenfalls essbare Kleine Brennnessel *(Urtica urens)* wächst einjährig, sät sich also jedes Jahr neu aus und bildet keinen Wurzelstock. Sie vereint männliche und weibliche Blütenstände auf einer Pflanze und „brennt" noch intensiver. Wer ähnliche Genüsse ohne Brennhaare bevorzugt, ist mit den Taubnesseln (s. S. 100) gut beraten.
Sammelgut und Sammelzeit: Im Frühjahr gesammelte junge Sprosse und Blätter schmecken am besten, später kann man nur noch die Triebspitzen verwenden. Schmerzfreies Pflücken ist notfalls ohne Handschuhe möglich, indem man die Brennhaare durch beherztes Zupacken mit Daumen und Zeigefinger zerquetscht.
Verwendung: Blätter und junge Triebe werden meist spinatähnlich zubereitet, nach Blanchieren oder Einlegen in Öl kann man junge Blätter aber auch roh für Salate oder Kräuterquark verwenden.
Rezept: Brennnessel-Ei-Soße auf Spargel
Zutaten: 1 1/2 - 2 kg Spargel, 100 g junge Brennnesselblätter, 100 g Austernpilze,1 kleine Zwiebel, 200 ml Gemüsebrühe, 100 g süße Sahne, 80 g Butter, 2 EL Dinkelmehl, 3 Eier, 1 Prise Zucker, Salz, Pfeffer, Muskatnuss.
Zubereitung: Den Spargel schälen und in etwa 1 l kochendem Salzwasser mit einer Prise Zucker 15-20 Min. garen. Die Eier hart kochen, schälen und würfeln. Die Brennnesselblätter etwa 3 Min. blanchieren und wiegen. Die Zwiebel fein würfeln und in heißer Butter glasig dünsten. Die Austernpilze würfeln, dazugeben und etwa 15 Min. mitdünsten. Die Brennnessel und die Gemüsebrühe hinzufügen. Das Ganze würzen, aufkochen lassen und bei geringer Hitze etwa 10 Min. garen. Das Mehl mit der Sahne verrühren, zur Brennnessel geben und die Soße nochmals aufkochen lassen. Mit den Eiern vermischen und zum Spargel servieren. Dazu passen Pellkartoffeln.

Bachbunge

Familie: Rachenblütengewächse *(Scrophulariaceae)*
Andere Namen: Bachehrenpreis, Quellehrenpreis
Beschreibung: Die ausdauernde Sumpfpflanze wächst zunächst mit am Boden kriechenden, runden, oft rötlichen Stängeln, die sich an den Knoten bewurzeln können. Sie richten sich später bis zu 50 cm hoch auf und tragen kreuzgegenständige, länglich eiförmige, grün glänzende Blätter, die sich fleischig anfühlen. Aus den Blattachseln wachsen Stiele mit lockeren Blütentrauben an der Spitze. Die nur gut 5 mm breiten Blüten haben 4 hell- bis dunkelblaue Kronblätter, von denen sich die helle Blütenmitte abhebt. Aus den Fruchtknoten bilden sich kugelige kleine Kapseln mit schmalen, dünnen Kanten.
Blütezeit: Mai bis September
Vorkommen und Verbreitung: Ihrem Namen entsprechend, wächst die Pflanze häufig an Bächen und Quellen, in Gräben und an Teichufern. Sie kommt in Europa fast überall vor, auch in höheren Lagen. Wer einen Gartenteich hat, verfügt mit der Bachbunge über einen attraktiven Dauerblüher für die Randbepflanzung.
Ähnliche Arten: Der gleichfalls essbare Wasserehrenpreis *(Veronica anagallis-aquatica)* hat reich verzweigte, 4-kantige Stängel und längliche, spitze, am Rand gesägte Blätter. Seine Blüten sind ebenfalls blau, aber kleiner, und sitzen dicht in blattachselständigen Trauben. Er besiedelt etwa dieselben Standorte wie die Bachbunge, kommt aber nur zerstreut vor. Es gibt noch 2 weitere Ehrenpreisarten feuchter Standorte, den rosa blühenden Schopfigen Ehrenpreis *(V. aquatica)* und den weiß blühenden Schildehrenpreis *(V. scutellata)*, beide mit schmalen länglichen Blätter. Sie werden nicht für die Küche empfohlen und sollten wegen ihres seltenen Auftretens ohnehin geschont werden.
Sammelgut und Sammelzeit: Man sammelt zum einen nicht blühende Stängel, zum andern die Blätter, die auch nach Blühbeginn noch verwendbar sind.
Verwendung: Das etwas scharfe und bittere Aroma der Bachbunge eignet sich gut, um gemischte Salate und Gemüse sowie Suppen geschmacklich abzurunden. Die Blätter lassen sich auch für Kräuterquark oder -butter verwenden.
Rezept: Deftiger Bachbungen-Radieschen-Salat
Zutaten: 1 Bund Schnittlauch, 1 Bund glatte Petersilie, 2 Bärlauchpflanzen, 1/2 Zitrone, 3 EL Joghurt, 3-4 EL Traubenkernöl, 1 Bund Radieschen, 100 g junge Bachbungenblätter, 50 g Brunnenkresse, Salz, frisch gemahlener Pfeffer.
Zubereitung: Den Schnittlauch in feine Röllchen schneiden, die Petersilie und den Bärlauch wiegen. Die Zitrone auspressen und den Saft mit dem Joghurt, dem Öl und den Kräutern vermengen. Die Radieschen in feine Scheiben schneiden, die Bachbungenblätter und die Brunnenkresse fein hacken und alles zur Soße geben. Den Salat würzen und gut vermischen.

Veronica beccabunga L.

Märzveilchen

Familie: Veilchengewächse *(Violaceae)*
Andere Namen: Duftveilchen, Wohlriechendes Veilchen, Heckenveilchen, Viole
Beschreibung: Die ausdauernde, dünne Ausläufer bildende Pflanze überwintert mit einem dicken Wurzelstock, der im Frühjahr eine Blattrosette und bald danach die Blütenstiele treibt. Die gestielten, dunkelgrünen Blätter sind herz- bis nierenförmig, leicht behaart, am Rand schwach gekerbt und unterseits meist glänzend. Die Blütenstiele werden nur 5 -10 cm hoch und weisen oft etwa auf halber Höhe ein Paar kleiner Vorblättchen auf, ansonsten sind sie unbeblättert. Die duftenden violetten Blüten haben 5 Kronblätter, die vor der Entfaltung eine längliche Röhre bilden. An den geöffneten Blüten erkennt man, dass sie an ihrer Ansatzstelle weiß gefärbt sind, sodass die dottergelben Staubblätter hell umkränzt erscheinen.
Blütezeit: März bis April
Vorkommen und Verbreitung: Das aus dem Mittelmeerraum stammende Veilchengewächs ist heute in ganz Europa verbreitet, meist verwildert aus früherem Anbau als Heil- und Zierpflanze. Man findet die Pflanze an halbschattigen Plätzen am Waldrand, in Gebüschen und Hecken und kann sie auch im Garten kultivieren.
Ähnliche Arten: Etwas länger gestielte Grundblätter und meist hellere Blüten hat das nicht duftende Hainveilchen *(Viola riviniana)*, das vor allem in lichten Eichenmischwäldern wächst. Es ist wie das Duftveilchen verwendbar.
Verwechslungsgefahren: Andere Arten der Gattung Viola sind wenig schmackhaft. Sie wachsen in der Regel an schattigeren Plätzen in Wäldern oder auf sumpfigen bzw. moorigen Stellen. An den üblichen Standorten des Märzveilchens kommt nur das Hundsveilchen *(V. canina)* häufiger vor, das keine Blattrosette bildet, später blüht und nicht duftet. Wer das Hainveilchen sammeln möchte, muss Verwechslungen mit der giftigen Haselwurz *(Asarum europaeum)* ausschließen, einer Waldpflanze mit ähnlich geformten Blättern; sie sind stark glänzend und von den Rändern her oft schwarz oder braun gefärbt. Die braunroten Blüten (April bis Mai) liegen meist auf dem Boden auf.
Sammelgut und Sammelzeit: Die Blätter kann man nahezu ganzjährig verwenden. Auch die Blüten lassen sich in der Küche einsetzen.
Verwendung: Die recht milden, zarten Blätter eignen sich für gemischte Salate. Die Blüten sind eine hübsche, wohlschmeckende Garnierung.
Rezept: Veilchenblütensalatsoße
Zutaten: 30 g Veilchenblüten, 30 g Walnüsse, 1 EL Sonnenblumenöl, 20 g Zitronenmelisse, 7 EL Walnussöl, Salz, Pfeffer.
Zubereitung: Die Veilchenblüten mit heißem Wasser übergießen, 1 Min. ziehen lassen und das Wasser abgießen. Die Walnüsse fein hacken und in etwas heißem Öl anrösten. Die Blüten und die Zitronenmelisse fein wiegen und mit dem Walnussöl vermischen. Die gerösteten Walnüsse untermischen und das Ganze würzen. Die Soße dient als Grundlage für Salatdressings und kann einige Tage im Kühlschrank aufbewahrt werden.

Viola odorata L.

Wildgehölze, Wildobst

Gemeine Felsenbirne

Familie: Rosengewächse *(Rosaceae)*
Andere Namen: Gewöhnliche Felsenbirne
Beschreibung: Der sommergrüne Strauch wird 1-3 m hoch und breit, wächst aufrecht und meist locker verzweigt und bildet lange, dünne, unbedornte Haupttriebe. Die ovalen, eiförmigen Blätter (vgl. botanischen Namen) sind wechselständig, haben fein gesägte Ränder und zeigen beim Austrieb eine graufilzige Behaarung, die später nur noch unterseits zu finden ist. Im Herbst verfärbt sich das Laub orangefarben bis scharlachrot. Die kurz vor dem Blattaustrieb erscheinenden weißen, sternförmigen Blüten sind etwa 4 cm lang und stehen in Trauben mit 3-6 Einzelblüten beisammen. Daraus entwickeln sich ab Juli die nur 8-10 mm großen, kugeligen, blauschwarzen Früchte mit mehliger Bereifung.
Blütezeit: April bis Mai (vor dem Blattaustrieb)
Vorkommen und Verbreitung: Die Felsenbirne kommt in Südeuropa häufig wild wachsend vor, ist aber trotz ihrer Vorliebe für warmes, sommertrockenes Klima auch in unseren Breiten zu finden, z.B. an sonnigen Hängen. Sie bevorzugt felsige, kalkhaltige Standorte und gedeiht noch in alpinen Regionen. Im Garten ist sie ein attraktives Wildgehölz, das zudem wenig Platz beansprucht.
Ähnliche Arten: Häufiger findet man in Gärten und Parks die Kupferfelsenbirne *(Amelanchier lamarckii)*, die 3-6 m hoch und breit wächst, längliche, im Austrieb rote Blätter hat und schwarzpurpurne Früchte hervorbringt; diese sind ebenfalls essbar.
Verwechslungsgefahren: Giftige Früchte ähnlicher Farbe und Größe haben Schwarze Heckenkirsche, Liguster und Kirschlorbeer, die sich schon durch Wuchs und Blätter deutlich abheben. Der Echte Kreuzdorn und der Faulbaum lassen sich bei genauer Betrachtung, notfalls auch der Blüten, ebenfalls gut von der Felsenbirne unterscheiden (s. S. 240 f.).
Sammelgut und Sammelzeit: Die erbsengroßen Früchte sind ab Ende Juli essbar und können bis in den Oktober hinein gesammelt werden.
Verwendung: Die saftigen, leicht süßlichen Früchte munden schon als Frischobst recht gut. Mit ihrem leichten Bittermandelgeschmack geben sie Marmeladen, Konfitüren und Kuchen eine besondere Note.
Rezept: Felsenbirnenaufstrich
Zutaten: 2 Zitronenmelissentriebe, 500 g Felsenbirnen, 40 g Mandeln, 1 Stange Zimt, 50 ml Apfelsaft, 1 EL Birnenschnaps „Williams Christ".
Zubereitung: Die Blattstiele von der Zitronenmelisse entfernen und die Blättchen fein wiegen. Die Felsenbirnen schälen und das Kerngehäuse entfernen, die Mandeln fein hacken. Alles mit dem Zimt in kochendem Apfelsaft etwa 15 Min. garen. Die Zimtstange entfernen und den Saft einkochen lassen, bis die gewünschte Konsistenz erreicht ist. Dann den Birnenschnaps hinzufügen und das Ganze pürieren. Im Kühlschrank kann das Mus einige Tage aufbewahrt werden.

Amelanchier ovalis Medik.

Gemeine Berberitze

Familie: Sauerdorngewächse *(Berberidaceae)*
Andere Namen: Sauerdorn
Beschreibung: Zwischen 1 und 3 m hoch wird dieser Strauch, der anfangs straff aufrecht wächst, später dann bogig überhängende Triebe bildet. Ausgereifte Zweige zeigen eine graubraune Farbe und tragen dreiteilige, lange, spitze Dornen. Die Anfang Mai austreibenden Blätter sind verkehrt eiförmig, also zur Spitze hin etwas breiter, und stehen, am Zweig wechselständig, in Büscheln beisammen. Im Oktober verfärben sie sich gelborange oder rot. Nach dem Laubaustrieb erscheinen die gelben, streng riechenden Blüten in hängenden Trauben. Daraus entstehen ab September längliche, orangerote bis dunkelrote, sehr selten auch weißliche oder gelbe Beeren. Die Früchte bleiben oft bis zum Frühjahr haften.
Blütezeit: Mai bis Juni
Vorkommen und Verbreitung: Die in großen Teilen Europas verbreitete Berberitze wächst an sonnigen bis halbschattigen Waldrändern, in Wildhecken, an Böschungen und Hängen. Da sie Zwischenwirt für die Pilzkrankheit Getreiderost ist, wurde sie mancherorts fast ausgerottet. Die Gemeine Berberitze im Garten zu pflanzen ist nur erlaubt, wenn das nächste Getreidefeld mindestens 300 m entfernt ist.
Verwechslungsgefahren: Die Früchte der oft gepflanzten Zierberberitzen sind nicht zum Verzehr geeignet. Die meisten Zierarten haben glänzende, immergrüne Blätter und bringen blauschwarze Früchte hervor. Der Gemeinen Berberitze in Fruchtfarbe, Blatt und Wuchs sehr ähnlich ist allerdings die Heckenberberitze *(Berberis thunbergii)*. Sie wächst jedoch kompakter und dichter, hat meist keine dreiteiligen, sondern nur einfache Dornen, ihre Blüten und eher ovalen Früchte erscheinen einzeln oder in Büscheln zu 2-4.
Sammelgut und Sammelzeit: Man schneidet die Fruchttrauben frühestens ab Ende Oktober ab, möglichst erst nach einigen Frösten; vorher sind sie sehr sauer. Am besten schmecken die lange haftenden Beeren im Spätwinter – dann sind sie allerdings auch bei Vögeln sehr begehrt und bald „abgeerntet".
Verwendung: Frostgereifte Beeren schmecken angenehm säuerlich und können, bei Bedarf gemischt mit süßeren Früchten, zu Marmelade, Mus, Gelee, Saft oder Obstwein verarbeitet werden. Früher verwendete man die Früchte auch getrocknet und kandiert.
Rezept: Süßsaures Berberitzenchutney
Zutaten: 1 Apfel, 1 Zwiebel, 1 TL frischer gewiegter Ingwer, 100 g Berberitzenbeeren, Honig, Salz, Currypulver.
Zubereitung: Den Apfel schälen und das Kerngehäuse entfernen. Das Fruchtfleisch und die Zwiebel fein würfeln. Alles mit den Berberitzenbeeren und dem Ingwer vermischen und mit Honig, Salz und Currypulver abschmecken. Etwa 20 Min. dünsten und dann pürieren. Zu Schweinegeschnetzeltem oder Fleischfondue servieren.

Kornelkirsche

Familie: Hartriegelgewächse *(Cornaceae)*
Andere Namen: Dirlitze, Herlitze, Hornstrauch
Beschreibung: Die 3-6 m hohe Kornelkirsche wächst meist als großer Strauch, zum Teil auch als kleiner Baum mit breiter Krone. Als Unterwuchs in Wäldern oder Gebüschen bleibt sie oft deutlich unter der genannten Höhe. Die Triebe sind graugrün mit schuppig brauner Rinde. An den dünnen Seitenzweigen öffnen sich mancherorts schon Ende Februar die zahlreichen kleinen Blütchen, die in rundlichen Dolden angeordnet sind. Erst danach sprießen die gegenständigen Blattknospen, aus denen sich eiförmige bis elliptische, kräftig grüne Blätter mit deutlichen Längsnerven entfalten. Im Herbst färben sich die Blätter gelb bis orange, bleiben zum Teil aber auch bis zum Laubfall grün. Die großen, rundlichen bis ovalen Steinfrüchte ähneln Kirschen und färben sich ab August kräftig rot aus. Die Früchte hängen einzeln oder paarweise und fallen ab Oktober ab.
Blütezeit: März bis April (vor Blattaustrieb)
Vorkommen und Verbreitung: Ursprünglich in mediterranen Gefilden heimisch, hat sich die häufig angepflanzte Kornelkirsche in fast ganz Europa ausgebreitet. Sie wächst in lichten Wäldern, Gebüschen und Hecken, an Waldrändern und an Felshängen. In Parks kann man sie des Öfteren als Zierstrauch finden. Großfrüchtige Formen werden in Südeuropa auch als Obstgehölze kultiviert.
Ähnliche Arten: Die erbsengroßen, schwarzvioletten Früchte des Roten Hartriegels *(Cornus sanguinea)* wurden früher ebenfalls zu Marmelade oder Saft verarbeitet. Sie schmecken jedoch recht bitter; roh sind sie sogar schwach giftig.
Verwechslungsgefahren: Die Rote Heckenkirsche bildet ähnliche, allerdings kleinere Früchte. Ihre Blätter sind anliegend behaart, sie blüht im Juni bis August weißgelb oder rosaweiß. Die Früchte haben keinen Steinkern und schmecken unangenehm bittersüß. Beides gilt auch für die anfangs roten Beeren des Faulbaums, die sich später schwarz färben (s. S. 240 f.).
Sammelgut und Sammelzeit: Die Früchte werden im September und Oktober gepflückt.
Verwendung: Die säuerlich schmeckenden Steinfrüchte verarbeitet man nach dem Entsteinen und Kochen zu Marmelade, Kompott oder Saft. Vollreife oder bereits herabgefallene Früchte munden auch roh recht gut.
Rezept: Kornelkirschquark
Zutaten: 300 g Kornelkirschen, 1 Birne, 2-3 EL Honig, 50 g Walnüsse, 1 EL Sonnenblumenöl, 400 g Speisequark, 100 g süße Sahne, 1-2 EL Amaretto.
Zubereitung: Die Kornelkirschen entsteinen. Die Birne schälen, das Kerngehäuse entfernen und das Fruchtfleisch würfeln. Das Obst vermischen, mit dem Honig süßen und etwa 20 Min. dünsten. Die Walnüsse grob hacken und in heißem Öl anrösten. Den Quark mit der Sahne verrühren und das warme Obst darauf verteilen. Die Walnüsse mit dem Amaretto vermischen und dazugeben.

Cornus mas L.

Haselnuss

Familie: Birkengewächse *(Betulaceae)*
Andere Namen: Strauchhasel, Waldhasel
Beschreibung: Der Haselstrauch kann über 6 m hoch werden. Da er aber anfangs sehr langsam wächst, trifft man häufig wesentlich kleinere Exemplare an. Schon die jüngeren Pflanzen wachsen deutlich in die Breite, die älteren Sträucher zeigen eine stark ausladende Form. An den graubraunen Zweigen treiben ab Mai die großen wechselständigen, rundlich herzförmigen, deutlich gesägten, weich behaarten Blätter. Sie zeigen eine frischgrüne, manchmal auch rötliche Farbe, im Herbst werden sie leuchtend gelb oder gelbbraun. Gelbbraun sind auch die männlichen Blütenkätzchen, die bereits vor dem Laubaustrieb erscheinen. Die weiblichen Blütenknospen sitzen in den Blattachseln und fallen kaum auf. Die in Büscheln zusammenstehenden, rundlichen Nüsse färben sich ab August allmählich braun.
Blütezeit: März bis April
Vorkommen und Verbreitung: Die Haselnuss ist fast überall in Europa zu finden, bis in mittlere Gebirgslagen. Ihre natürlichen Standorte sind Laubmischwälder; dort wächst sie auf Lichtungen, an Waldrändern oder auch als Unterwuchs. Man findet sie darüber hinaus in Landschaftshecken, in Parks und in Gärten. Für Pflanzungen werden häufig verschiedene Zuchtformen verwendet.
Ähnliche Arten: Gelegentlich findet man in der freien Landschaft auch die Baumhasel *(Corylus colurna)* und die Lambertshasel *(C. maxima)*. Die Nüsse beider Arten sind essbar; die Lambertshasel, mit länglichen Früchten, ist die Stammform mehrerer Kultursorten für den Erwerbsanbau von Haselnüssen.
Sammelgut und Sammelzeit: Sobald sich die Nüsse vollständig braun gefärbt haben und hart geworden sind, kann man sie pflücken. Das ist meist im September/Oktober der Fall.
Verwendung: Meist werden die gemahlenen Nusskerne für Gebäck und Kuchen verwendet; sie bieten zudem eine gesunde, aber sehr kalorienreiche Knabberei.
Rezept: Nussiges Gulasch
Zutaten: 600 g Zwiebeln, 3-4 EL Sonnenblumenöl, 800 g Schweinegulasch, 200 g geschälte Haselnüsse, 500-800 ml Gemüsebrühe, 300 g Möhren, 1/4 Weißkohl, 4-6 EL Erdnussbutter, Currypulver, Chilipulver, Salz, Pfeffer.
Zubereitung: Die Zwiebeln in halbe Ringe schneiden und in heißem Öl glasig dünsten. Das Fleisch dazugeben und von allen Seiten anbraten. Die Haselnüsse grob hacken, hinzufügen und anrösten. Die Gemüsebrühe dazugießen, das Ganze würzen, aufkochen lassen und je nach Größe der Fleischstücke bei geringer Hitze 1 1/2-2 Stunden garen. In der Zwischenzeit die Möhren schälen und halbieren, den Weißkohl waschen und die ganzen Blätter abzupfen. Möhren und Weißkohlblätter zum Fleisch geben, bei Bedarf noch etwas Gemüsebrühe hinzugießen und alles etwa 20 Min. weitergaren. Gegen Ende der Garzeit etwas Fond abgießen, mit der Erdnussbutter verrühren und die Erdnusssoße mit dem Gulasch vermischen. Das Ganze würzen und unter Rühren kurz aufkochen lassen. Besonders gut passt hierzu Basmatireis.

Corylus avellana L.

Zweigriffliger Weißdorn

Familie: Rosengewächse *(Rosaceae)*
Andere Namen: Gemeiner Weißdorn, Stumpfgelappter Weißdorn
Beschreibung: Der 2-5 m hohe, manchmal auch größere Strauch zeigt einen unregelmäßigen Aufbau und wächst stark ausladend. Die Zweige sind im Jugendstadium rotbraun, später graubraun, die Kurztriebe tragen bis zu 2 cm lange Dornen. Schon Anfang bis Mitte Mai treiben die im Umriss verkehrt eiförmigen, wechselständigen Blätter aus. Sie sind undeutlich gelappt (3- bis 5-lappig), fühlen sich etwas ledrig an und färben sich im Herbst gelborange. Namengebend waren die 2, seltener auch 3 Griffel, die man beim genauen Untersuchen der Blüten entdeckt. Diese sind weiß, manchmal rosa überhaucht, stehen in dichten Doldenrispen beisammen und riechen recht unangenehm. Ab September reifen die dunkelroten, eiförmigen bis kugeligen, gut 1 cm großen Früchte, denen die 5 dreieckigen Kelchblätter aufliegen. Sie stehen an langen Stielen und enthalten je 1 Steinkern.
Vorkommen und Verbreitung: Diese in Europa verbreitete Weißdornart bevorzugt lichten Schatten bis Halbschatten sowie hohe Luftfeuchte und ist deshalb – anders als ihre Verwandten – häufiger im Unterwuchs von Wäldern zu finden. Gebüsche, Hecken, Waldränder sind weitere typische Wuchsorte. Der Weißdorn wird zudem als Landschafts- und Gartengehölz genutzt. In Obstanbaugebieten findet man ihn jedoch seltener. Dort wurden Weißdornbestände vielfach gerodet, da die Sträucher für Feuerbrand anfällig sind, eine gefürchtete Bakterienkrankheit, die ganze Obstanlagen zerstören kann.
Blütezeit: Mai bis Juni
Ähnliche Arten: Recht ähnlich ist der Eingriffige Weißdorn *(Crataegus monogyna)*; er blüht 2-3 Wochen später, zeigt nur 1 Griffel pro Blüte, hat stärker eingeschnittene Blätter und bevorzugt trockenere, sonnigere Plätze als die beschriebene Art. Die Kelchblätter an den ebenfalls essbaren Früchten sind zurückgebogen.
Sammelgut und Sammelzeit: Die Früchte sind zwischen September und Oktober erntereif. Auch die zarten, hellgrünen Blätter gleich nach dem Austrieb können in der Küche verwendet werden.
Verwendung: Die mehligen Früchte schmecken nur gekocht, etwa zu Gelee, Kompott oder Marmeladen verarbeitet. Nach dem Kochen sollte man das Fruchtmus durch ein Sieb streichen, um Kerne und Haut zu entfernen. Die jungen Blätter kann man gemischten Salaten zugeben.
Rezept: Weißdorn-Kürbis-Suppe
Zutaten: 200 g Weißdornfrüchte, 1 kleine Zwiebel, 1 EL Sonnenblumenöl, 600 g Kürbis, 1 l Apfelsaft, Chilipulver, Salz, Pfeffer.
Zubereitung: Die Weißdornfrüchte in etwas Wasser etwa 30 Min. kochen und durch ein grobmaschiges Sieb streichen. Die Zwiebel fein würfeln und in heißem Öl glasig dünsten. Den Kürbis schälen, würfeln und mit den Weißdornfrüchten sowie dem Apfelsaft zur Zwiebel geben. Das Ganze würzen, aufkochen lassen, bei geringer Hitze 20-25 Min. garen und dann pürieren.

Crataegus laevigata (Poir) DC.

Krähenbeere

Familie: Krähenbeerengewächse *(Empetraceae)*
Andere Namen: Schwarze Krähenbeere, Rauschbeere
Beschreibung: Die graubraunen, manchmal rötlichen Zweige der Krähenbeere kriechen am Boden und bewurzeln sich an den Unterseiten; nur die Triebspitzen sind aufgerichtet, sodass der Strauch höchstens 1 m hoch wird. Die wechselständigen, nadelartigen, ledrigen, am Rand eingerollten Blätter erinnern an Heidekrautgewächse und bleiben auch im Winter grün. Unscheinbar sind die kleinen Blüten, bei den männlichen Pflanzen rosafarben, bei den weiblichen purpurn gefärbt. Letztere bringen nach Befruchtung erbsengroße Steinfrüchte hervor, die sich ab August glänzend schwarz ausfärben.
Blütezeit: Mai bis Juni
Vorkommen und Verbreitung: Die Krähenbeere ist in Nordeuropa heimisch; sie wurde mit der Zeit weiter nach Süden verbreitet, kommt aber nicht in den Alpen und im Alpenvorland vor. Charakteristische Standorte sind Dünen, Heiden und Hochmoore. Unter geeigneten Bedingungen – frischer bis feuchter, nährstoffarmer Boden und wenig Beschattung – gedeiht sie auch in lichten Wäldern, Gebüschen und Gärten. Der Zwergstrauch breitet sich flächig aus und tritt oft in kleinen „Kolonien" auf.
Ähnliche Arten: Eine Unterart, *Empetrum nigra* ssp. *hermaphroditum*, mit grünen oder rötlichen Zweigen und kleineren Blättern, wächst in den Alpen. Über eine Verwendung der Früchte ist nichts bekannt.
Sammelgut und Sammelzeit: Man sammelt die lang haftenden Früchte im Winter, frühestens ab November. Ein vorsichtiger Geschmackstest zeigt schnell, ob man mit dem Pflücken noch etwas warten muss. Vorsicht: Die Früchte färben stark.
Verwendung: Zuweilen werden die Früchte der Krähenbeere noch als giftig eingestuft, obwohl das nach neueren Untersuchungen nicht zutrifft. Zu früh geerntet, sind sie tatsächlich ungenießbar. Nach Frost und längerer Nachreife kann man sie jedoch gut roh essen und an dem süßsauren, etwas bitteren Geschmack Gefallen finden. Am besten schmecken sie jedoch in Gelees und ähnlichen Zubereitungen.
Rezept: Krähenbeeren-Apfel-Gelee
Zutaten: 200 g Äpfel, Zucker nach Geschmack, 150 g Krähenbeeren.
Zubereitung: Die Äpfel schälen, die Kerngehäuse entfernen und das Fruchtfleisch würfeln. Etwas Zucker in 180 ml Wasser verrühren und die Äpfel und die Krähenbeeren im Zuckerwasser etwa 30 Min. weich kochen. Den Fruchtbrei auf ein gespanntes Mulltuch geben und den Saft über Nacht in eine Schüssel tropfen lassen. Den Saft nach Geschmack süßen (im Allgemeinen gilt: 110 g Zucker auf 150 ml Saft) und 10-12 Min. ohne Umrühren sprudelnd kochen. Die Gelierprobe durchführen: 1 EL heißes Fruchtmus auf einen Teller geben und diesen in den Kühlschrank stellen. Bildet sich nach einigen Minuten Haut auf dem Gelee, ist der Gelierpunkt erreicht. Das Gelee heiß in Gläser abfüllen und verschließen. Zu Schweinebraten oder Geflügel reichen.

Empetrum nigrum L.

Familie: Buchengewächse *(Fagaceae)*
Andere Namen: Buche, Gemeine Buche
Beschreibung: Der sommergrüne Baum wächst recht langsam, erreicht aber mit den Jahren eine Höhe von 25-30 m. Seine glatte, silbergraue Rinde ist oft stellenweise aufgeplatzt und mit Krustenflechten überzogen. Die bei ausgewachsenen Bäumen häufig tief herabhängenden Äste bilden eine breite, rundliche Krone. Im späten Frühjahr treiben die wechselständigen, am Rand gewellten und bewimperten Blätter aus. Zugleich erscheinen die unauffälligen grünbraunen Blüten in den Blattachseln, die männlichen in kugeligen Büscheln. Die weiblichen Blüten sind von einer weich bestachelten Hülle umgeben; diese verholzt dann zu einem Fruchtbecher, der 2 rotbraune, dreieckige Nussfrüchte enthält, die Bucheckern. Zur Fruchtbildung kommt es nur bei älteren Bäumen, und dies auch nicht in jedem Jahr.
Vorkommen und Verbreitung: In Europa fast überall verbreitet, wächst die Rotbuche sowohl in der Ebene wie im Mittelgebirge. Sie tritt in reinen Buchenbeständen und in Mischwäldern auf. Man findet sie auch als gepflanztes Landschaftsgehölz, zum Teil durch Schnitt als Hecke gezogen. Manchmal trägt sie dunkelrotes Laub (Blutbuche).
Blütezeit: April bis Mai
Ähnliche Arten: Sofern veredelte Zuchtsorten für den Garten überhaupt zum Fruchten kommen, kann man auch von ihnen die Bucheckern verwenden.
Sammelgut und Sammelzeit: Die Früchte werden ab September reif und geben nach Öffnen der Becherhülle die Bucheckern frei, die man dann unter den Bäumen aufsammelt.
Verwendung: Leicht nussig, mit mandelartigem Beigeschmack, lassen sich die Bucheckern sowohl zu süßen wie zu deftigen Gerichten verwenden. Man kann sie einsalzen, kandieren, rösten oder einfach roh knabbern. Nach dem Pressen ergeben sie außerdem ein hochwertiges Pflanzenöl. Allerdings sollte man sie nur in Maßen genießen, da sie Oxalsäure enthalten; diese kann in größeren Mengen Übelkeit verursachen. Die dünne Haut sollte man möglichst entfernen, was nach kurzem Rösten der Bucheckern am einfachsten geht.
Rezept: Forelle mit Bucheckern
Zutaten: 50 g Bucheckern, 2-3 EL Sonnenblumenöl, 500 g braune Champignons, 2 Knoblauchzehen, 1 Zwiebel, Salz, Pfeffer, 4 EL Weißwein, 4 Forellen, Mehl, 80 g Butter, 1 Bund Schnittlauch.
Zubereitung: Die Bucheckern schälen, grob hacken und in heißem Öl rösten. Die Champignons waschen und in feine Scheiben schneiden, den Knoblauch fein zerdrücken und die Zwiebel fein würfeln. Alles vermischen, würzen, in heißem Öl bei geringer Hitze etwa 10 Min. dünsten und in eine Backform geben. Die Forellen ausnehmen, würzen und in Mehl wenden. In geschmolzener, heißer Butter von beiden Seiten bräunen und auf die Pilz-Bucheckern-Mischung legen. Den Fond mit dem Weißwein verrühren, über den Fisch gießen und das Ganze im Ofen bei 200 °C 15-20 Min. backen. Den Schnittlauch in feine Röllchen schneiden und über den Fisch streuen.

Fagus sylvatica L.

Walderdbeere

Familie: Rosengewächse *(Rosaceae)*
Andere Namen: Wilde Erdbeere
Beschreibung: Die mehrjährige, 5-20 cm hoch wachsende Walderdbeere ist der Gartenerdbeere recht ähnlich, nur in allen Teilen etwas kleiner. Im Frühjahr treibt die Pflanze aus einem kurzen, dicken Wurzelstock 3- teilige, am Rand grob gezähnte Rosettenblätter an aufrechten, behaarten Stängeln. Schon vor der Blüte bildet sie grüne, oberirdische Ausläufer, die über 2 m lang werden können und sich schnell bewurzeln. Danach erscheinen an den Stängelenden 3-10 weiße Blüten, deren Mitte durch die vielen Staubbeutel gelb leuchtet. Die 1-2 cm großen Erdbeeren entstehen aus dem fleischig werdenden Blütenboden, der sich zunächst grünweißlich, dann rot verfärbt. An ihm bleiben die Kelchblätter haften, die zur Fruchtzeit oft nach oben abstehen. Die eigentlichen Früchte sind die zahlreichen winzigen Nüsschen auf der Oberfläche der roten „Beere".
Blütezeit: April bis Juni
Vorkommen und Verbreitung: Die in ganz Europa verbreitete Walderdbeere kommt von der Ebene bis ins Hochgebirge vor und ist vielerorts häufig. Sie bevorzugt nährstoffreiche, lehmige, frische bis feuchte Böden. Meist bildet sie kleine Kolonien in lichten Wäldern und Gebüschen, auf Lichtungen oder an Wegrändern.
Ähnliche Arten: Zerstreut wächst an trockenen Standorten die Knackelbeere *(Fragaria viridis)*, die etwas kleiner als die Walderdbeere ist und keine oder nur kurze Ausläufer hat. Ihre Früchte reifen ab Juli, schmecken nicht schlecht, aber etwas fad. Mehr Genuss bietet die seltene, an feuchten Plätzen wachsende Zimterdbeere *(F. moschata)*, die bis zu 30 cm hoch wächst. Bei der so genannten Monatserdbeere, die man im Garten pflanzen kann, handelt es sich um eine Varietät der Walderdbeere mit ähnlich intensivem Geschmack.
Sammelgut und Sammelzeit: Ab Juni bis Juli/August kann man Walderdbeeren pflücken, die durch eine tiefrote Färbung ihre Reife anzeigen.
Verwendung: Walderdbeeren können ebenso wie Gartenerdbeeren vielseitig verwendet werden. Ihre geringere Größe machen sie durch hocharomatischen Geschmack und hohen Vitamin-C-Gehalt wett. Sie munden roh und gekocht, eignen sich für Desserts, z.B. Quarkspeisen, für Marmeladen, als Tortenbelag oder zur Zubereitung köstlicher Bowlen.
Rezept: Vanilleeis mit Walderdbeeren
Zutaten: 400 g Vanilleeis, 200 g süße Sahne, 1 EL fein gewogene Zitronenmelisse, 300 g Walderdbeeren, 1 EL Honig, 50 ml roter Traubensaft, Naturvanille, Zimt.
Zubereitung: Das Eis auf 4 Dessertschalen verteilen. Die Sahne mit der Zitronenmelisse vermischen und steif schlagen. Die Walderdbeeren mit dem Honig und dem Traubensaft vermengen, das Ganze kurz erhitzen und mit der Vanille und dem Zimt abschmecken. Die noch warmen Früchte auf das Eis verteilen und mit der Sahne garnieren.

Sanddorn

Familie: Ölweidengewächse *(Elaeagnaceae)*
Andere Namen: Stranddorn, Korallenbeere
Beschreibung: Der sommergrüne Sanddorn entwickelt sich meist als Strauch, seltener als Baum mit unregelmäßiger, schiefer Krone. Mit reich verzweigtem, sparrigem Astwerk erreichen ältere Gehölze eine Höhe von 3-5 m. Der Stamm ist schwärzlich braun mit flachschuppiger Borke, die dornigen Zweige sind zunächst weißlich grau, später schwarz gefärbt. Die kaum gestielten, lanzettlichen, graugrünen Blätter verfärben sich vor dem Laubfall nicht und bleiben oft bis zum Winter haften. Auffallend ist ihre silbrig behaarte Blattunterseite. Die unscheinbaren, bräunlichen Blüten erscheinen vor dem Laubaustrieb, weibliche und männliche Blüten befinden sich an verschiedenen Sträuchern. Ab September bilden sich die erbsengroßen, beerenähnlichen Früchte in dichten Trauben an den jüngeren Zweigen. Sie sind orange bis rötlich gefärbt.
Blütezeit: April bis Mai (vor dem Blattaustrieb)
Vorkommen und Verbreitung: Der Sanddorn bevorzugt humusarme, lockere Böden und gedeiht nur in sonnigen Lagen. Wild wachsend kommt er recht häufig in Alpentälern und Küstenregionen vor. Dort befestigt das Pioniergehölz durch schnelle intensive Wurzelbildung Hänge und Dünen. Wegen dieser Eigenschaft wird der Sanddorn auch gern als Landschaftsgehölz zur Bodenbefestigung eingesetzt. Will man ihn im Garten pflanzen, benötigt man je eine weibliche und eine männliche Pflanze, um in den Genuss der Früchte zu kommen.
Verwechslungsgefahren: Ähnlich dicht aufgereihte und gefärbte Früchte haben Feuerdorn und Seidelbast (s. S. 140 f.). Sie lassen sich jedoch anhand der Wuchsform und der Blätter leicht vom Sanddorn unterscheiden; die hochgiftigen, glänzend roten Früchte der Seidelbasten erscheinen bereits ab Juni/Juli.
Sammelgut und Sammelzeit: Die Früchte erntet man im September und Oktober. Man schneidet sie am besten mit der Gartenschere ab, da sie sehr fest am Stiel sitzen und durch kräftiges Zupacken leicht zerquetscht werden. Überreife Früchte sehen häufig blass aus und schmecken leicht ranzig.
Verwendung: Aus den Früchten stellt man Marmelade, Säfte oder Liköre her oder verwendet sie gekocht für Desserts; roh sind sie nicht genießbar. Die Beeren sind nicht nur außerordentlich Vitamin-C-reich, sondern enthalten auch Carotinoide bzw. recht viel Provitamin A.
Rezept: Sanddorn-Nuss-Dessert
Zutaten: 250 g Sanddornfrüchte, 2 EL Akazienhonig, 300 g Joghurt, 50 g Haselnüsse, 50 g Haferflocken, 1 EL Sonnenblumenöl.
Zubereitung: Die Sanddornfrüchte mit dem Akazienhonig vermischen. Das Ganze in etwas Wasser bei niedriger Hitze garen, bis ein Fruchtmus entstanden ist, dann passieren. Den Joghurt in Dessertschalen geben und das Sanddornmus darauf verteilen. Die Haselnüsse grob hacken, mit den Haferflocken in heißem Öl rösten und beides auf das Dessert streuen.

Hippophaë rhamnoides L.

Gemeiner Wacholder

Familie: Zypressengewächse *(Cupressaceae)*
Andere Namen: Heidewacholder, Machandelbaum, Reckholder, Kranewittbaum
Beschreibung: Das immergrüne, langsam wachsende Nadelgehölz kommt als Strauch oder Baum vor und wird meist 1-3 m, aber auch bis zu 12 m hoch. Sträucher haben niederliegende oder aufsteigende Zweige, die Bäume wachsen meist schlank aufrecht. Auch die nadelförmigen, spitzen, stechenden Blätter können in Form und Farbe variieren. Bis zu 2 cm lang, sitzen sie zu dritt in Quirlen an den Zweigen und duften aromatisch. Männliche und weibliche Blüten stehen meist getrennt auf verschiedenen Exemplaren. Die männlichen, in den Nadelachseln sitzend, sind klein, kugelig und gelb. Bei den auffälligeren hellgrünen Zapfen handelt es sich um die weiblichen Blüten, aus denen sich die beerenähnlichen, schwarzbraunen, bläulich bereiften Früchte entwickeln. Sie brauchen bis zur Reife 2 Jahre.
Blütezeit: April bis Mai
Vorkommen und Verbreitung: In Europa ist der Gemeine Wacholder von der Ebene bis in die Alpen verbreitet. Das sonnenliebende Nadelgehölz wächst auf Heiden, im Unterholz, in lichten Mischwäldern und an sonnigen Waldrändern. Niedrig wachsende Formen können im Garten gepflanzt werden.
Ähnliche Arten: Der Zwergwacholder *(Juniperus communis* ssp. *alpina)* wird meist als Unterart des Gemeinen Wacholders angesehen, seine Beerenzapfen sind ebenso verwendbar. Als Wildgehölz wächst er nur im Hochgebirge, wird allerdings auch im Tiefland als Ziergehölz gepflanzt. Der 30-50 cm hohe Kleinstrauch hat größtenteils niederliegende, bis zu 2 m lange Triebe.
Verwechslungsgefahren: Der in allen Teilen (einschließlich Beerenzapfen) giftige Sadebaum *(J. sabina alpina)* entspricht dem Zwergwacholder in Vorkommen und Wuchsform. Ältere Pflanzen und Zweige haben jedoch keine nadelförmigen, sondern schuppige, nicht stechende Blätter. Außerdem riecht der Sadebaum recht aufdringlich und unangenehm, was ihm auch den Namen Stinkwacholder eintrug.
Sammelgut und Sammelzeit: Reife Beerenzapfen kann man fast zu jeder Jahreszeit finden. Am intensivsten schmecken sie im August und September.
Verwendung: Die Beerenzapfen dienen als Würze zu Eingelegtem oder werden mitgekocht. Verwendet man sie unzerkleinert, entfernt man sie nach dem Garen. Man sollte sie nur sparsam genießen, da sie Nierenreizungen verursachen können.
Rezept: Sauerkrauttorte
Zutaten für den Teig: 50 g Butter, 200 g Mehl, 10 g Hefe, 2 EL Milch, 1-2 EL Paniermehl.
Zutaten für die Füllung: 150 g Dörrfleisch, 100 g Zwiebeln, 2-3 EL Sonnenblumenöl, 400 g Sauerkraut, 5 Wacholderbeeren, 1 EL Thymian, 1 Lorbeerblatt, Salz, Pfeffer, süßes Paprikapulver, 2 Eier, 250 g saure Sahne.
Zubereitung: Die Butter bei geringer Hitze schmelzen lassen. Aus dem Mehl, der Hefe, der Milch und der geschmolzenen Butter einen Teig kneten. Diesen rund ausrollen, in eine gefettete Springform geben und mit Paniermehl bestreuen. Das Dörrfleisch und die Zwiebeln fein würfeln und beides in heißem Öl anbraten. Das Sauerkraut, die Wacholderbeeren und die Gewürze hinzufügen. Das Ganze etwa 15 Min. dünsten. Die Wacholderbeeren und das Lorbeerblatt entfernen und alles etwas abkühlen lassen. Die Eier und die Sahne untermischen, die Füllung auf den Teig verteilen und die Torte im Ofen bei 240 °C etwa 40 Min. backen.

Juniperus communis L.

Wildapfel

Familie: Rosengewächse *(Rosaceae)*
Andere Namen: Holzapfelbaum
Beschreibung: Der sommergrüne Wildapfelbaum erreicht eine Höhe von 3-10 m. Er wächst langsam und hat meist einen kurzen Stamm mit breiter, flacher Krone. Gelegentlich entwickelt er sich auch als von unten her verzweigter Strauch. Die graubraune Borke blättert bei älteren Exemplaren in flachen Schuppen ab. An den rotbraunen, manchmal bedornten Zweigen treiben im Mai die wechselständigen, breit ovalen bis kreisrunden Blätter aus, die an 2-5 cm langen Stielen stehen. Sie sind dunkelgrün, meist kahl, oberseits runzlig, unterseits graugrün. Kurz nach dem Laubaustrieb erscheinen die duftenden, weißen bis rosa Blüten in Doldentrauben an den Enden der Kurztriebe. Die Blütenpracht hält jedoch nur 8-10 Tage. Die kugeligen Apfelfrüchte mit nur 2-4 cm Durchmesser sind grün bis gelb, rot gestreift oder an der Sonnenseite flächig gerötet.
Blütezeit: Mai bis Juni
Vorkommen und Verbreitung: Der Wildapfel ist auf der ganzen Nordhalbkugel verbreitet, im Tiefland und in den unteren Gebirgslagen, kommt jedoch nur noch zerstreut bis selten vor. Er bevorzugt nährstoffreiche, kalkhaltige Böden und wächst an sonnigen bis halbschattigen Plätzen. Man kann ihn im Unterholz und Hecken, in Laubmisch- und Auwäldern oder auch an Wegrändern entdecken.
Ähnliche Arten: Die Wildapfel lässt sich von alten verwilderten Kulturformen, dessen Stammform er darstellt, kaum unterscheiden. Oft werden diese Formen auch unter der Sammelbezeichnung *M. domestica* zusammengefasst.
Sammelgut und Sammelzeit: Man pflückt die Früchte ab Oktober, frühestens nach dem ersten Frost.
Verwendung: Die harten, herbsauer schmeckenden Wildäpfel sind roh nicht empfehlenswert. Sie eignen sich besser für Gelees, Marmeladen oder, mit anderen Früchten gekocht, als Kompott. Man kann sie auch zur Herstellung von Apfelessig verwenden oder zusammen mit anderen, süßeren Sorten zu Apfelwein verarbeiten.
Rezept: Wildapfelgelee
Zutaten: 1 kg Wildäpfel, 500 ml Cidre, 1 EL fein gewiegte Zitronenmelisse, Zimt.
Zubereitung: Die ungeschälten Wildäpfel mitsamt dem Kerngehäuse würfeln, mit dem Zimt abschmecken, mit dem Cidre und der Zitronenmelisse vermischen und etwa 40 Min. weich kochen. Den Fruchtbrei auf ein gespanntes Mulltuch geben und den Saft über Nacht in eine Schüssel tropfen lassen. Dann den Zucker in den Saft rühren (450 g Zucker auf 600 ml Saft) und das Ganze etwa 10 Min. sprudelnd kochen. Die Gelierprobe durchführen: 1 EL heißes Fruchtmus auf einen Teller geben und diesen in den Kühlschrank stellen. Bildet sich nach einigen Minuten Haut auf dem Gelee, ist der Gelierpunkt erreicht. Das Gelee heiß in Gläser abfüllen und verschließen.

Malus sylvestris (L.) Mill.

Wildgehölze, Wildobst

Mispel

Familie: Rosengewächse *(Rosaceae)*
Andere Namen: Echte Mispel
Beschreibung: Die sommergrüne, 2-6 m hohe Mispel wächst meist als wenig verzweigter Strauch, seltener als Baum mit breit ausladender Krone. Ihre jungen Zweige zeigen eine graufilzige Behaarung, später sind sie kahl. Die ursprünglichen Wildformen tragen Dornen, ausgewilderte Kulturformen sind unbewehrt. Die olivgrüne Rinde bleibt lange glatt, bei alten Exemplaren wird sie rötlich grau und schuppig. Die wechselständigen, kurz gestielten Blätter treiben im Mai aus. Sie sind lanzettlich bis oval, 6-12 cm lang, oberseits dunkelgrün, auf der helleren Blattunterseite etwas filzig behaart; im Herbst färben sie sich gelb oder orangebraun. Die 4-5 cm breiten weißen Blüten erscheinen nach dem Laubaustrieb einzeln an den Zweigenden. Ab September bilden sich die apfelähnlichen, rotbraunen, etwas behaarten Früchte. Zunächst sind sie steinhart, erst nach Frosteinwirkung werden sie weich und essbar.
Blütezeit: Mai bis Juni
Vorkommen und Verbreitung: Die Mispel wurde bereits im Altertum aus dem mediterranen Raum nach Mitteleuropa eingeführt und bis zum Mittelalter verbreitet als Obstgehölz angebaut. Bei Exemplaren in der freien Landschaft, die man vor allem in Weinbaugebieten etwas häufiger findet, handelt es sich meist um verwilderte Kulturformen. Entsprechend kommt die Mispel oft im Umfeld von Siedlungen vor, in lichten Laubmischwäldern und an Waldrändern, im Unterholz und in Hecken oder an Böschungen. Heute wird sie wieder etwas häufiger als ansehnliches Gehölz in Gärten kultiviert.
Sammelgut und Sammelzeit: Gegen Ende Oktober, nach den ersten Frösten, ist meist die Pflückreife erreicht, was man dann anhand der weichen, teigigen Konsistenz der Früchte feststellen kann.
Verwendung: Die süßsäuerlichen Früchte, die roh recht angenehm schmecken, eignen sich sehr gut für die Saft-, Most- und Obstweinbereitung. Man kann sie auch zu Fruchtmus, Kompott oder Marmelade verarbeiten.
Rezept: Apfelwein
Zutaten: 10 kg Äpfel, 1 kg Birnen, 1 kg Mispeln.
Zubereitung: Die Früchte fein würfeln und mit einer Obstpresse auspressen. Den Most in einen ausreichend großen Glasballon gießen, sodass dieser zu 80 % gefüllt ist. Das Gefäß mit einem wassergefüllten Gärröhrchen verschließen und an einen warmen Platz stellen. Nach 6-8 Wochen ist die Gärung („Blubbern" und rege Blasenbildung) abgeschlossen. Dann den Wein mit einem Schlauch abziehen (dekantieren), filtrieren und in Flaschen abfüllen. Die angegebene Menge der Zutaten ergibt 6-9 l Wein. Anstelle der Mispel können als Würze auch Speierlingsfrüchte (s. S. 232) oder Wildäpfel (s. S. 208) verwendet werden.

Mespilus germanica L.

Traubenkirsche

Familie: Rosengewächse *(Rosaceae)*
Andere Namen: Gemeine Traubenkirsche
Beschreibung: Die sommergrüne, 3-10 m hoch und fast ebenso breit wachsende Traubenkirsche kommt in 2 verschiedenen Formen vor. In Gebirgslagen entwickelt sie sich als von unten verzweigter Strauch, im Tiefland wächst sie als Baum mit rundlicher, lockerer Krone. In beiden Fällen hängen die Seitenzweige an den straff aufrechten Ästen bzw. Stämmen stark über, die Zweigspitzen können sich bei Bodenkontakt bewurzeln. Die Rinde der grauen Zweige riecht beim Zerreiben nach Bittermandeln. Die wechselständigen, leicht aromatisch duftenden Blätter treiben schon im April an langen, rötlichen Blattstielen aus. Oberseits sind die lang ovalen, am Rand gesägten Blätter mattgrün, auf der Unterseite grau- bis blaugrün. Im Herbst verfärben sie sich fahlgelb oder leuchtend orange. Die weißen Blüten erscheinen zahlreich in dichten Trauben (s. Abb. unten) mit oder kurz nach dem Laubaustrieb und entfalten einen intensiven, etwas strengen Duft. Die erbsengroßen Steinfrüchte färben sich im Sommer glänzend schwarz aus.
Vorkommen und Verbreitung: Die Traubenkirsche tritt in Europa vielerorts nur zerstreut auf. Sie wächst an sonnigen bis halbschattigen, bodenfeuchten Plätzen, z.B. in lichten Auwäldern, Schluchtwäldern oder in der Nähe von Gewässern.
Blütezeit: April bis Mai
Ähnliche Arten: Nur wenig später, ab Mai bis Juni, blüht die Späte Traubenkirsche *(Prunus serotina)*, die bis auf die dunkelgrün glänzenden, etwas ledrigen Blätter der beschriebenen Art sehr ähnlich ist (s. Abb. oben). Ihre Früchte reifen im September. Die Vogelkirsche *(P. avium)* kann eine Höhe von 25 m erreichen. Ihre zunächst roten, später schwarzen, kugeligen Früchte können ab August wie die der Traubenkirschen verwendet werden.
Verwechslungsgefahren: Kirschlorbeer, Roter Hartriegel, Faulbaum, Kreuzdorn, Liguster, Schwarze Heckenkirsche und Wolliger Schneeball haben ähnliche, aber giftige Früchte (s. S. 240). Durch sorgfältiges Vergleichen aller Merkmale lassen sich Verwechslungen leicht ausschließen.
Sammelgut und Sammelzeit: Die Früchte pflückt man ab Juli bis September.
Verwendung: Roh ist das Fruchtfleisch nicht empfehlenswert, doch gekocht kann man die Traubenkirschen für Marmelade, Gelee oder Kompott verwenden. Zuvor müssen sie entsteint werden. Besonders gut eignen sich die süßlich bitter schmeckenden Früchte für die Herstellung alkoholischer Getränke.
Rezept: Traubenkirschlikör
Zutaten: 500 g Traubenkirschen, etwa 750 ml Korn (40 %).
Zubereitung: Die Traubenkirschen entstielen, in eine große Flasche füllen und mit Korn übergießen, bis sie ganz bedeckt sind. Die Flasche für 6-8 Wochen an einen hellen, warmen Ort stellen und einmal pro Woche schütteln, dann filtrieren.

Prunus padus L.

Schlehdorn

Familie: Rosengewächse *(Rosaceae)*
Andere Namen: Schlehdorn, Schwarzdorn
Beschreibung: Der sommergrüne, langsam wachsende, 1-3 m hohe Strauch bildet oft ein undurchdringliches Dickicht aus sparrig abstehenden Zweigen; diese sind mit in Dornen auslaufenden Kurztrieben besetzt. Die rötliche Rinde färbt sich bei älteren Ästen schwarz. Meist schon vor den Blättern erscheinen im Frühjahr die zahlreichen weißen Blüten, die kurz gestielt dicht beisammen an den Ästen stehen. Die wechselständigen, 3-6 cm langen Blätter sehen denen des Apfelbaums recht ähnlich. Sie sind elliptisch geformt, am Rand scharf gesägt und matt dunkelgrün gefärbt. Vor dem Laubfall färben sie sich fahlgelb, seltener gelborange. Zu diesem Zeitpunkt treten die schwarzen, blau bereiften Steinfrüchte in den Vordergrund, die im Sommer eher unauffällig heranwachsen und oft noch im Winter an den Zweigen haften. Sie erreichen etwa die Größe von Kirschen.
Blütezeit: April bis Mai (meist vor dem Blattaustrieb)
Vorkommen und Verbreitung: Die Schlehe ist in ganz Europa verbreitet und wächst etwa bis in 1000 m Höhe. Sie bevorzugt warme, sonnige Standorte und nährstoffreiche Lehmböden; mithilfe eines ausgedehnten Wurzelgeflechts und starker Ausläuferbildung kann sie sich aber auch auf mageren oder steinigen Böden etablieren. Man findet den Strauch, der oft dichte Hecken bildet, an sonnigen Waldrändern, in Gebüschen, auf Ödland und an Felshängen.
Verwechslungsgefahren: Ähnlich sind die leicht giftigen Früchte der Mahonie, die sich sonst jedoch leicht unterscheiden lässt (s. S. 241).
Sammelgut und Sammelzeit: Die vollreifen Früchte pflückt man erst nach einigen Frösten, ab Oktober bis in den Dezember hinein. Die Fruchtfleischfarbe sollte schon leicht ins Gelbliche gehen, erst dann sind die Früchte nicht mehr allzu sauer.
Verwendung: Die herbsäuerlichen Früchte eignen sich zur Herstellung von alkoholischen Getränken, Säften und Obstessig sowie für Marmeladen und Kompott. Die Kerne enthalten etwas Blausäure und sollten bei Ansätzen für Saft, Essig oder Alkohol wenigstens zum Teil entfernt werden.
Rezept: Schlehenlikör
Zutaten: 1 kg Schlehenfrüchte, 1 1/2 l Korn (40 %), 1 Zimtstange, 100 g weißer Kandiszucker, 250 ml Rotwein.
Zubereitung: Die Kerne der Schlehenfrüchte entfernen. Die Früchte in ein großes, verschließbares Glasgefäß geben und den Korn und die Zimtstange hinzufügen. Die Früchte müssen vollständig mit Korn bedeckt sein. Das verschlossene Gefäß für 6-8 Wochen an einen warmen, hellen Platz stellen und den Inhalt einmal pro Woche gut durchschütteln, dann filtrieren. Den Kandiszucker im Rotwein verrühren. Das Filtrat und den Rotwein mit den angesetzten Früchten vermischen, das Ganze in Flaschen abfüllen und 2-3 Wochen an einem kühlen, dunklen Platz nachreifen lassen.

Prunus spinosa L.

Familie: Buchengewächse *(Fagaceae)*
Andere Namen: Für die Stieleiche: Sommereiche; für die Traubeneiche: Wintereiche
Beschreibung: Die Stieleiche ist sozusagen „die Eiche schlechthin", ausgewachsen ein imposanter, 30-35 m hoher Baum mit breiter, rundlicher Krone. Jahrhundertealte Exemplare können sogar 50 m Höhe erreichen. Die schwarzbraune Borke weist an älteren Stämmen tiefe Längsrisse auf. An den grünbraunen Zweigen sitzen wechselständig ohne oder mit sehr kurzem Stiel die unregelmäßig gelappten, dunkelgrünen Blätter, die sich vor dem Laubfall oft leuchtend gelb färben. Die männlichen Blüten erscheinen in gelbgrünen Kätzchen, die weiblichen getrennt davon, aber am selben Baum, in gestielten Büscheln. An den bis zu 3 cm langen, namengebenden Stielen entwickeln sich schließlich 1-3 Fruchteicheln mit dem charakteristischen „Hütchen", dem Fruchtbecher (s. Abb. oben). Die Früchte der Traubeneiche sitzen dagegen kaum gestielt und zu mehreren in den Blattachseln (s. Abb. unten). Deutlicher gestielt sind andererseits die Blätter, die oft auch eine regelmäßigere Lappung zeigen als die der Stieleiche. Die Traubeneiche wächst mit den Jahren 20-35 m hoch.
Blütezeit: April bis Mai
Vorkommen und Verbreitung: Beide Eichen sind in fast ganz Europa und darüber hinaus verbreitet, als bestandsprägende Bäume in Eichenmischwäldern, eingestreut in Nadelmischwäldern, als Dorf- und Straßenbäume oder in Feldhecken. Man findet sie noch in Mittelgebirgslagen, die Stieleiche auch im Alpenvorland.
Ähnliche Arten: Die Vorkommen anderer wild wachsender Eichen sind weitgehend auf klimamilde Regionen beschränkt. Dazu gehört z.B. die seltene Flaumeiche *(Quercus pubescens)*, mit zarter, dichter Behaarung auf jungen Zweigen und Blättern. Ihre Eicheln sind ebenfalls verwertbar.
Sammelgut und Sammelzeit: Die Eicheln sammelt man ab Ende September bis November vom Boden auf.
Verwendung: Aus den Eicheln kann man leckere Pasten als Grundlage für Süßspeisen oder auch salzige Gerichte herstellen. Allerdings müssen sie unter mehrmaligem Wasserwechsel lange gekocht werden, um die bitteren Gerbstoffe zu beseitigen. Eicheln lassen sich getrocknet gut aufbewahren.
Rezept: Eichel-Feigen-Aufstrich
Zutaten: 250 g Eicheln, 100 g Butter, 12 getrocknete Feigen, 3-4 TL Kakao, 50-100 ml Milch, 1-2 EL Akazienhonig, 1 TL Zimt, Salz.
Zubereitung: Die Eicheln einritzen und etwa 5 Min. in Wasser kochen. Schälen, grob hacken und mehrmals in frischem Wasser kochen, bis das Wasser klar bleibt. Die Butter bei geringer Hitze schmelzen lassen. Die Feigen entkernen, fein hacken und mit der geschmolzenen Butter, dem Kakao und den Eicheln vermischen. Das Ganze pürieren und mit Milch verrühren, bis die gewünschte Konsistenz erreicht ist. Mit Honig, Zimt und Salz abschmecken.

Quercus robur L., Quercus petraea (Matt.) Liebl.

Schwarze Johannisbeere, Wilde Stachelbeere

Familie: Stachelbeergewächse *(Grossulariaceae)*
Andere Namen: Für die Schwarze Johannisbeere: Ahlbeere, Bocksbeere, Ribisel
Beschreibung: Die bekannte kultivierte Schwarze Johannisbeere (s. Abb. oben) entwickelt sich auch als Wildform recht einheitlich: Der Kleinstrauch erreicht etwa 1,5 m Höhe; anfangs wächst er aufrecht, später hat er weit überhängende Zweige. An den schwärzlichen, unbestachelten Zweigen treiben im April wechselständige, 3- bis 5-lappige, später dunkelgrüne Blätter aus. Aus den grünlichen oder rötlichen Blüten bilden sich im Sommer die bekannten schwarzen Beeren in hängenden Trauben in den Blattachseln.
Auch die Wilde Stachelbeere (s. Abb. unten) variiert im Aussehen wenig, wächst als dicht verzweigter Kleinstrauch 50-150 cm hoch, anfangs aufrecht, später mit leicht überhängenden Zweigen. Die hellbraunen Zweige tragen die namengebenden Stacheln. Die wechselständigen Blätter erscheinen sehr früh, zum Teil schon Ende März, und bleiben bis zum Spätherbst haften. Sie sind glänzend grün, 3- bis 5-lappig und an den Rändern gebuchtet. Einzeln, seltener zu 2-3, stehen die grünlich braunen, glockigen Blüten in den Blattachseln, ebenso später die fein behaarten Beeren.
Blütezeit: Schwarze Johannisbeere: April bis Mai; Stachelbeere: April
Vorkommen und Verbreitung: Wilde Johannisbeeren, auch die rotfrüchtigen, wachsen meist an feuchten, sogar nassen Standorten in Au- und Bruchwäldern, zum Teil auf Flachmooren und an Ufern. Die Stachelbeere mag es weniger feucht und kommt in Laubmischwäldern, Hecken sowie an Waldrändern vor.
Ähnliche Arten: Wildformen der Roten Johannisbeere *(Ribes rubrum)* können in Wuchs und anderen Merkmalen stark variieren, doch die roten, ab Juli essbaren, süßsäuerlichen Beerentrauben sind fast unverkennbar. Die Alpenjohannisbeere *(R. alpinum)* lässt sich am einfachsten anhand ihrer schleimigen, fad schmeckenden Beeren unterscheiden, die ebenfalls rot sind.
Verwechslungsgefahren: Die Johannisbeersträucher lassen sich recht einfach von Sträuchern mit giftigen schwarzen oder roten Beeren unterscheiden(s. S. 240 f.). Zuweilen stößt man in Wäldern auf das bis zu 70 cm hohe Christophskraut *(Actaea spicata)* mit giftigen schwarzen, johannisbeereähnlichen Früchten. Es handelt sich jedoch um eine Staude mit krautigem Stängel und Fiederblättern mit meist deutlich dreiteiligen Teilblättern.
Sammelgut und Sammelzeit: Je nach Wuchsort und Klima werden die Früchte im Juli bis etwa Mitte August reif.
Verwendung: Marmeladen, Gelees, Säfte, Alkoholika – die Früchte können vielfältig verwendet und verarbeitet werden. Als Frischobst bzw. roh, etwa in Quarkspeisen, eignen sich nur Rote Johannisbeeren und Stachelbeeren.
Rezept: Johannisbeersirup
Zutaten: 1 kg Schwarze Johannisbeeren, 1 Zitrone, etwa 200 g weißer Kandiszucker, Naturvanille
Zubereitung: Die Johannisbeeren entstielen und kurz andünsten. Die Früchte auf ein gespanntes Mulltuch geben und den Saft über Nacht in eine Schüssel tropfen lassen. Dann die Zitrone auspressen und den Zitronensaft mit dem Kandiszucker zum Johannisbeersaft geben (200 g Kandiszucker auf 300 ml Saft). Das Ganze mit der Vanille abschmecken und so lange kochen, bis sich der Zucker aufgelöst hat. Den Sirup in Flaschen abfüllen.

Ribes nigrum L., Ribes uva-crispa L.

Hundsrose

Familie: Rosengewächse *(Rosaceae)*
Andere Namen: Gemeine Heckenrose, Dornrose, Hagebuttenstrauch
Beschreibung: Die Hundsrose gehört zu den schnellwüchsigen Gehölzen, erreicht 2-3 m Höhe und wird als ältere Pflanze ebenso breit. Die an den Enden bogig überhängenden Triebe sind mit kräftigen, hakenförmigen Stacheln besetzt und tragen wechselständige Blätter, die aus 5-7 Fiederblättchen bestehen. Diese sind recht dünn, hell bis bläulich grün, elliptisch und am Rand gesägt. Die Knospen erscheinen einzeln oder zu 2-3 an den Kurztrieben; sie öffnen sich zu rosa, seltener weißen, schalenförmigen Blüten mit 5 Kronblättern. Die eiförmigen, 2-3 cm langen, scharlachroten Hagebutten entwickeln sich aus den Blütenböden, die becherartig um die Fruchtknoten wachsen. Sie beherbergen zahlreiche Nüsschen, die eigentlichen Früchte, deren Behaarung Juckreiz verursacht.
Blütezeit: Juni bis Juli
Vorkommen und Verbreitung: Diese in Europa und Asien heimische Wildrose kommt nicht zuletzt deshalb häufig vor, weil sie ein viel gepflanztes Landschaftsgehölz war und ist. Anspruchslos, robust und attraktiv, eignet sich der Ausläufer bildende Tiefwurzler zum Begrünen selbst unwirtlicher Flächen. So findet man die Hundsrose an Hängen, auf wieder begrünten Lehmgruben oder in Windschutzhecken. Naturstandorte sind lichte Wälder und Waldränder.
Ähnliche Arten: In Mitteleuropa sind etliche andere Wildrosenarten verbreitet, die meist als dicht verzweigte Sträucher wachsen. Die Hagebutten aller Arten sind essbar, zum Teil jedoch sehr klein und nicht immer von angenehmem Geschmack. Besonders ergiebige, große, rundliche Hagebutten liefert die Kartoffelrose *(Rosa rugosa)*, ursprünglich aus Asien stammend und in Europa sowohl in Parks und Gärten wie verwildert zu finden.
Sammelgut und Sammelzeit: Die Hagebutten sammelt man im Oktober. Meist bleiben sie lange haften und sind auch noch im Winter verwendbar.
Verwendung: Die angenehm süßsäuerlich schmeckenden Hagebutten enthalten viel Vitamin C, außerdem Provitamin A und weitere Vitamine; diese bleiben auch bei der Verarbeitung, z. B. zu Marmelade, weitgehend erhalten. Weiterhin kann man Hagebutten für Gelee, Kompott und Säfte verwenden oder nach dem Pürieren auch mit Quark oder Joghurt vermischen. Die Kerne bzw. Nüsschen müssen in jedem Fall zuvor entfernt werden.
Rezept: Hagebuttenaufstrich
Zutaten: 500 g Hagebutten, 1 Zitrone, 80 ml roter Traubensaft, 200 g Rapshonig, Naturvanille (Pulver), Geliermittel mit Pektin (z. B. Konifgel).
Zubereitung: Die Kelchreste und Stiele von den Hagebutten entfernen. Die Früchte aufschlitzen, entkernen und mehrmals gründlich waschen, um alle Samenhärchen zu entfernen. Die Zitrone auspressen. Die Hagebutten im Traubensaft weich kochen und pürieren, Honig und Zitronensaft hinzufügen und das Ganze mit Vanille abschmecken. Mit dem Geliermittel verrühren, 3-5 Min. kochen und heiß in Gläser abfüllen.

Rosa canina L.

Brombeere

Familie: Rosengewächse *(Rosaceae)*
Andere Namen: Brämel, Hirschbollen; botanisch auch als *Rubus sp.* bezeichnet, da oft als Gruppe verschiedener Arten angesehen (*sp.* für species = Arten)
Beschreibung: Der botanische Name *R. fruticosus* ist eher als Sammelbegriff für eine äußerst formenreiche Pflanzengruppe denn als präzise Artbezeichnung zu verstehen. Die bekannten, bei Reife violettschwarz glänzenden Früchte sind jedoch allen Formen bzw. Unterarten gemein. Es handelt sich um Sammelfrüchte aus miteinander verwachsenen, fleischigen Steinfrüchtchen. Nach dem Fruchten sterben die Triebe ab. Im folgenden Frühjahr treibt die Pflanze nicht blühende, 1-3 m hoch wachsende Schösslinge, die erst im Jahr darauf kürzere, Blüten tragende Seitentriebe hervorbringen. Die Blüten, teils in dicht, teils in spärlich besetzten Doldentrauben wachsend, können alle Farbschattierungen zwischen Cremeweiß und Purpurrot aufweisen. Die Sprosse sind mit oft braunroten Stacheln besetzt und an der Sonnenseite häufig dunkelrot überlaufen. Die Blätter bestehen aus 3-7, am Rand gesägten, eiförmigen Fiederblättern, die unterseits meist weißfilzig behaart sind. Die Pflanzen verbreiten sich kräftig über Wurzelausläufer.
Blütezeit: Juni bis August
Vorkommen und Verbreitung: Die in Europa fast überall häufige Brombeere wächst an Waldrändern, auf Lichtungen, in Gebüschen und Hecken. Sie bevorzugt nur leicht beschattete Stellen auf eher feuchten Böden.
Ähnliche Arten: Auf frischen bis nassen Böden, z. B. in Auwäldern und an Gräben, aber auch an Acker- und Wegrändern, findet man häufig die Kratzbeere *(Rubus caesius)*. Ihre schwarzen, blau oder weißlich bereiften Früchte sind ebenfalls essbar, aber kein Genuss. Anders als die Brombeere hat sie deutlich hellgrüne, zum Teil blau bereifte Zweige, die mit nadelförmigen Stacheln besetzt sind. Die in Gärten gern verwendeten stachellosen Formen wurden aus nordamerikanischen Arten gezüchtet.
Sammelgut und Sammelzeit: Je nach Formengruppe und Standort werden die Früchte zwischen August und Oktober reif. Anders als bei Himbeeren (s. S. 224) lösen sich die Steinfrüchtchen dann nicht von der anfangs weißlichen Mittelachse. Diese wird weich und färbt sich rötlich bis violett, ein sicheres Kennzeichen für die Vollreife.
Verwendung: Die Brombeeren mit ihrem erfrischenden süßsäuerlichen Geschmack munden in Fruchtquarks und auf Kuchen und eignen sich zur Herstellung von Marmeladen, Gelees, Säften, Sirup und Alkoholika.
Rezept: Brombeerdessert
Zutaten: 1/2 Zitrone, 2 Bananen, 50 ml roter Traubensaft, 1 EL Rapshonig, 300 ml Brombeeren, 2 Eier.
Zubereitung: Die Zitrone auspressen. Die Bananen schälen, vierteln, auf Dessertteller verteilen und mit dem Zitronensaft beträufeln. Den Traubensaft kurz erhitzen, mit dem Honig verrühren, abkühlen lassen und mit den Brombeeren vermischen. Die Eier aufschlagen, das Eiweiß abtrennen und steif schlagen und unter die Brombeeren heben. Das Ganze auf die Bananen verteilen.

Rubus fruticosus L.

Wildgehölze, Wildobst

Himbeere

Familie: Rosengewächse *(Rosaceae)*
Andere Namen: Kindlbeer, Amber, Entenbeer
Beschreibung: Wie die Brombeere (s. S. 222) treibt auch die Himbeere zunächst nicht blühende, 50-200 cm hohe Schösslinge. Erst im Jahr darauf entstehen Verzweigungen, die Blüten ansetzen. Nach dem Fruchten sterben die nicht verholzten Teile ab. Die Triebe tragen zahlreiche kurze, spitze, schwarzrote Stacheln und sind zunächst grün mit blauer Bereifung, später gelbbraun bis rötlich braun gefärbt. Die wechselständigen Blätter setzen sich aus 3-7 eiförmigen, am Rand gesägten Teilblättern zusammen, oberseits dunkelgrün und runzlig, unterseits blaugrün oder weißfilzig behaart. Aus unscheinbaren weißen Blüten in traubig rispigen Blütenständen entstehen ab Juni die roten Himbeeren, so genannte Sammelfrüchte, bestehend aus kleinen Steinfrüchten entlang einer fleischig verdickten Mittelachse.
Blütezeit: Mai bis Juni, zum Teil auch bis August
Vorkommen und Verbreitung: Die in den nördlichen, kühleren Regionen Europas beheimatete Pflanze kommt in der Ebene und in Gebirgslagen vor. Lichtungen, Waldränder und Böschungen sind typische Wuchsorte der Himbeere. Sie gedeiht an sonnigen und halbschattigen Plätzen und braucht mehr oder weniger feuchte, nährstoffreiche Böden; an solchen Stellen bildet sie oft größere Bestände.
Ähnliche Arten: Die gebräuchlichen Gartenformen stammen von der europäischen Wildart ab, zum Teil wurden auch nordamerikanische Sorten eingekreuzt.
Sammelgut und Sammelzeit: Die Früchte reifen ab Juli bis September. In der Vollreife lassen sie sich leicht vom Fruchtstand abziehen und lösen sich dann von der kegelförmigen Mittelachse. Man sollte Sträucher bevorzugen, die an sonnigen Stellen wachsen, dort sind die Himbeeren süßer.
Verwendung: Die süßen, aromatischen, sehr Vitamin-C-reichen Früchte sind fast zu schade zum Verarbeiten, da sie als Frischobst, in Fruchtquark und ähnlichen Zubereitungen einfach köstlich schmecken. Allerdings sind sie nur wenige Tage lagerfähig und lassen sich in Form von Marmeladen, Gelees usw. „konservieren". Überreife Früchte kann man noch gut für Saft, Sirup oder zur Herstellung von alkoholischen Getränken, wie Obstwein oder -likör und Bowlen, verwenden.
Rezept: Himbeereis
Zutaten: 800 g Himbeeren, 1 EL Zucker, 100 g Crème fraîche, 150 g Joghurt, 100 g süße Sahne.
Zubereitung: Die Himbeeren süßen, pürieren und mit der Crème fraîche und dem Joghurt vermischen. Die Sahne schlagen, darunterheben und das Ganze im Eisfach gefrieren lassen. Das Eis auf Dessertschalen verteilen und mit frischen Himbeeren garnieren.

Rubus idaeus L.

Schwarzer Holunder

Familie: Geißblattgewächse *(Caprifoliaceae)*
Andere Namen: Holler, Schwarzer Flieder, Fliederbeere
Beschreibung: Der sommergrüne Holunder wächst rasch zu einem 2-7 m hohen, bis zu 5 m breiten Strauch heran, manchmal entwickelt er sich auch als schiefwüchsiger Baum. Die Rinde der dicken, hell graubraunen Zweige riecht streng aromatisch, ebenso die Blätter, die zum Teil schon Ende März austreiben. Sie sind gegenständig, unpaarig gefiedert, dunkelgrün, am Rand gesägt und bleiben im Herbst lange an den Zweigen haften. Streng riechen auch die zahlreichen kleinen weißen Blüten, die in schirmförmigen Scheindolden an den Zweigenden erscheinen. Den Blütenständen entsprechend stehen dann auch die kleinen, kugeligen, 3-samigen Beeren dicht gedrängt beisammen. Sie färben sich im September violettschwarz.
Blütezeit: Mai bis Juni
Vorkommen und Verbreitung: Der Holunder ist in Europa fast überall verbreitet und häufig. Er wächst in der Sonne und im Halbschatten, meist in Siedlungsnähe an Waldrändern, auf Lichtungen oder an Böschungen. Oft wird er auch in gemischten Feld- und Landschaftshecken gepflanzt. Wer den ansehnlichen Strauch im Garten pflanzt, muss ihn regelmäßig auslichten.
Ähnliche Arten: Nah verwandt ist der Traubenholunder (s. S. 228).
Verwechslungsgefahren: An Waldrändern und Lichtungen stößt man zuweilen auf den bis zu 1,5 m hohen Zwergholunder *(Sambucus ebulus)*, eine Staude mit krautigem Stängel. Anders als die überhängenden Fruchtstände des Schwarzen Holunders stehen die giftigen schwarzen Beeren des Zwergholunders in aufrechten Doldenrispen. Unter den Giftgehölzen haben der Wollige Schneeball und der Rote Hartriegel ähnliche Fruchtstände (s. S. 240 f.).
Sammelgut und Sammelzeit: Die Beeren werden ab September bis Oktober geerntet. Vorsicht: Sie färben intensiv. Blüten sammelt man nach dem vollen Aufblühen ab Mai.
Verwendung: Unreife und rohe Früchte sind nicht nur ungenießbar, sondern können auch starke Verdauungsbeschwerden und Schweißausbrüche hervorrufen. Da die Giftstoffe in den Samenkernen durch Hitzeeinwirkung zerstört werden, empfiehlt es sich, die herbsüß schmeckenden Früchte nur gekocht zu verwenden. Sie eignen sich gut für Gelees und gemischte Marmeladen sowie für Saft, Sirup, Wein und Essig. Die Blüten können zum Aromatisieren von Getränken und Süßspeisen verwendet werden.
Rezept: Holunderbowle
Zutaten: 15-20 Holunder-Blütenstände, 50 g Kandiszucker, 500 ml Apfelsaft, 500 g Erdbeeren, 2 Flaschen Weißwein, 1 Flasche Sekt, 2 Zitronenmelissetriebe.
Zubereitung: Die Stiele von den Blütenständen abschneiden. Den Kandiszucker im Apfelsaft auflösen und die Blüten hinzufügen. Das Ganze über Nacht ziehen lassen und dann filtrieren. Die Erdbeeren, den Wein und den Sekt hinzufügen. Die Blattstiele von der Zitronenmelisse entfernen, die Blättchen fein wiegen und kurz vor dem Servieren in die Bowle streuen.

Familie: Geißblattgewächse *(Caprifoliaceae)*
Andere Namen: Roter Holunder, Hirschholunder
Beschreibung: Der Traubenholunder, ein sommergrüner, 1-4 m hoher Strauch, kommt in straff aufrecht wachsenden und in breit ausladenden Formen vor. Er ist nicht ganz so wüchsig wie der nahe verwandte Holunder (s. S. 226) und hat schmalere, spitzere Fiederblätter. Die gegenständigen Blätter treiben im April an den graubraunen, dicken Zweigen aus, sind oberseits dunkelgrün, unterseits leicht bläulich und riechen beim Zerreiben intensiv. Im Herbst vor dem Laubfall färben sie sich hellgelb. Vor oder zusammen mit dem Laubaustrieb erscheinen die gelb- oder weißlich grünen Blütchen in aufrechten, dichten, kegelförmigen Rispen. Daraus gehen leuchtend rote, kugelige Beeren hervor, die ab August reifen.
Blütezeit: April bis Mai (teils vor dem Blattaustrieb)
Vorkommen und Verbreitung: Das europäische Wildgehölz kommt heute auch in Regionen verbreitet vor, in denen es ursprünglich nicht heimisch war, da es ein häufig gepflanztes Landschafts- und Ziergehölz war und ist. Der Traubenholunder verträgt Sonne wie Halbschatten, kann sich noch im Unterwuchs von Wäldern entwickeln, gedeiht aber vor allem auf Lichtungen und an Waldrändern. Im Gebirge wächst die Art an Felshängen, auf Geröllhalden und in Felsspalten. Anders als der Holunder bevorzugt sie kalkarme Standorte. In schmalwüchsigen Formen eignet sich der Traubenholunder auch gut als Gartenstrauch.
Ähnliche Arten: Zur selben Gattung gehört der bereits erwähnte Holunder.
Verwechslungsgefahren: In ähnlichen Fruchtständen erscheinen die Steinfrüchte der Schneeball-Arten (s. S. 241), beim Gemeinen Schneeball rot, beim Wolligen Schneeball anfangs rot, später schwarz. Diese Gehölze haben jedoch ungeteilte, d.h. nicht gefiederte Blätter.
Sammelgut und Sammelzeit: Man sammelt die Früchte im August und September.
Verwendung: Roh sind die Früchte ungenießbar, da die Samenkerne Giftstoffe enthalten, die erst durch Kochen zerstört werden. So empfiehlt sich die Verwendung für Marmeladen und Gelees sowie – nach dem Abkochen – für Säfte oder Alkoholika.
Rezept: Traubenholundergelee
Zutaten: 1 kg Traubenholunderbeeren, 1/2 Stange Zimt, Zucker je nach Saftmenge, 1/2 Zitrone, 1 TL frischer gewiegter Ingwer.
Zubereitung: Die Stiele von den Traubenholunderbeeren entfernen und die Früchte mit der Zimtstange kurz andünsten. Die Beeren auf ein gespanntes Mulltuch geben und den Saft über Nacht in eine Schüssel tropfen lassen. Dann den Saft mit Zucker verrühren (500 g Zucker auf 600 ml Saft). Die Zitrone auspressen und den Zitronensaft mit dem Ingwer zum Holunderbeersaft geben. Das Ganze 5-10 Min. kochen, dann die Gelierprobe durchführen: 1 EL heißes Fruchtmus auf einen Teller geben und diesen in den Kühlschrank stellen. Bildet sich nach einigen Minuten Haut auf dem Gelee, ist der Gelierpunkt erreicht. Das Gelee heiß in Gläser abfüllen und verschließen.

Sambucus racemosa L.

Eberesche

Familie: Rosengewächse *(Rosaceae)*
Andere Namen: Vogelbeere
Beschreibung: Die Eberesche wächst meist als 5-10 m hoher Baum mit breiter, rundlicher Krone, zum Teil auch als locker aufgebauter Strauch. Im Mai treiben an den kahlen, grauen Zweigen die wechselständigen, bis zu 15 cm langen Blätter aus. Unpaarig gefiedert, bestehen sie aus 9-17 länglich ovalen, am Rand gesägten Fiederblättern. Sie sind oberseits dunkelgrün, unterseits blaugrün und verfärben sich vor dem Laubfall gelborange oder rötlich. Nach dem Laubaustrieb erscheinen die weißen oder cremeweißen kleinen Blüten in doldenartigen Blütenständen. Der hübsche Anblick wird durch den unangenehmen, an Heringslake erinnernden Geruch beeinträchtigt. Ab August färben sich die zahlreichen, dicht beisammenstehenden, kugeligen Früchte orange oder rot aus. Bei diesen „Beeren" handelt es sich streng genommen um kleine Apfelfrüchte (Sammelbalgfrüchte).
Blütezeit: Mai bis Juni
Vorkommen und Verbreitung: Das in Nordeuropa beheimatete Gehölz ist – da vielfach gepflanzt – heute weit verbreitet. Seiner Herkunft entsprechend meidet es heiße, trockene Standorte, wächst aber sonst sowohl an sonnigen wie schattigen Plätzen. Natürliche Wuchsorte sind Wälder, Waldränder, Hochmoore und Heiden.
Ähnliche Arten: Die Gartenform 'Edulis' bringt besonders große Ebereschenfrüchte mit geringem Bitterstoffgehalt hervor. Wenig bittere, süßsaure Früchte hat auch die Mehlbeere *(Sorbus aria)*; sie sind jedoch erst nach einigen Frösten genießbar und wie die der Eberesche zu verwenden. Der nur in wärmeren Regionen vorkommende, 8-12 m hohe Baum hat wechselständige, ungeteilte, derb ledrige Blätter und der Eberesche sehr ähnliche Blüten.

Verwechslungsgefahren: Durch ihren Wuchs und die großen Fiederblätter, die sich zur Fruchtreife oft schon verfärben, unterscheidet sich die Eberesche deutlich von Gehölzen mit ähnlichen, aber giftigen Früchten (s. S. 240 f.).
Sammelgut und Sammelzeit: Man sammelt die Früchte im August und September.
Verwendung: Die rohen Früche schmecken herbbitter und sauer. Bei Genuss von größeren Mengen können gravierende Magen-Darm-Probleme auftreten. Doch nach Verarbeitung zu Gelee, Marmelade oder Saft werden die Vitamin-C-reichen Früchte nicht nur bekömmlich, sondern munden auch hervorragend. Sie eignen sich zudem für Alkoholika.
Rezept: Ebereschenlikör
Zutaten: 500 g Ebereschenfrüchte, 1 l Korn (40 %), 100 ml Weißwein, 50 g weißer Kandiszucker.
Zubereitung: Die Früchte in ein verschließbares Glasgefäß geben und mit dem Korn aufgießen. Das verschlossene Gefäß an einen warmen, hellen Platz stellen und einmal pro Woche schütteln. Nach 6 Wochen filtrieren. Den Weißwein mit dem Kandiszucker süßen und zum Filtrat geben. Das Ganze in Flaschen abfüllen und einige Monate im Keller reifen lassen.

Sorbus aucuparia L.

Speierling

Familie: Rosengewächse *(Rosaceae)*
Andere Namen: Sperbe
Beschreibung: Am meist kurzen Hauptstamm des Speierlings stehen lange, aufrechte Hauptäste, sodass der Baum mit seiner rundlichen, breit ausladenden Krone 10-15 m Höhe erreicht. Die rotbraunen Zweige tragen wechselständige, unpaarig gefiederte Blätter, die mit Blattstiel bis zu 30 cm lang und 10 cm breit sind. Die 13-21 schmal ovalen Teilblätter sind am Rand gesägt, dunkelgrün und unterseits schwach behaart. Im Oktober verfärben sie sich gelb bis gelborange. In rispenartigen Scheindolden erscheinen die weißen, manchmal rosa überhauchten Blüten, die streng und unangenehm riechen. Der Speierling lässt sich in apfel- und birnenfrüchtige Typen unterteilen, entsprechend unterschiedlich sind die 2-4 cm langen Früchte geformt. Ihre Grundfarbe ist gelblichbraun, an der Sonnenseite färben sie sich rötlich aus.
Blütezeit: Mai bis Juni
Vorkommen und Verbreitung: Schon im frühen Mittelalter wurde der aus Südeuropa stammende Speierling in Kloster- und Bauerngärten als Obstgehölz angebaut; dies allerdings nur in wärmeren, wintermilden Regionen, wo heute noch verwilderte Bäume wachsen, etwa in Feldhecken und im Unterholz, in Eichenmischwäldern und am Rand von Weinbergen. Seit Ende des 20. Jahrhunderts wird der Speierling wieder häufiger im Rahmen von Naturschutzmaßnahmen gepflanzt, nachdem die natürlichen Bestände stark zurückgegangen waren.
Ähnliche Arten: Neben Eberesche und Mehlbeere (s. S. 230) gehört die Elsbeere *(Sorbus torminalis)* zu den nah verwandten Arten. Ihre Früchte sind braun, eiförmig, etwa 1,5 cm lang und erst bei Überreife essbar. Der 8-15 m hohe Baum hat ahornartige Blätter und kommt recht selten in Laubmischwäldern vor.

Sammelgut und Sammelzeit: Ihre Genussreife erreichen die Früchte oft erst spät im September oder Oktober, nachdem sie außen schon braun und innen teigig mürbe geworden sind. Meist liest man einfach das Fallobst unter den Bäumen auf.
Verwendung: Die überreifen Früchte schmecken wesentlich besser, als sie aussehen. Sie sind aromatisch süß mit angenehmer Säure und eignen sich roh und gekocht für die verschiedensten Fruchtzubereitungen. Ihre Hauptbedeutung haben sie jedoch als so genannte Würze zur Geschmacksabrundung von Apfel- und anderen Obstweinen (s. S. 210). Hierfür kann man, ebenso wie für gemischte Salate, noch nicht ganz so weiche, etwas saure Früchte nehmen.
Rezept: Rote-Bete-Speierling-Salat
Zutaten: 2-3 Speierlingsfrüchte, 250 g Rote Bete, 100 g Feldsalat, 50 g Walnüsse, 1 Zitrone, 100 g Joghurt, 4-5 EL Walnussöl, Salz, Pfeffer.
Zubereitung: Die Speierlingsfrüchte schälen, die Kerngehäuse entfernen und das Fruchtfleisch würfeln. Die Roten Beten schälen und raspeln, den Feldsalat waschen und verlesen und beides mit den Speierlingsstücken vermischen. Die Walnüsse grob hacken und in etwas heißem Öl rösten. Die Zitrone auspressen und den Saft mit den Nüssen, dem Joghurt und dem Öl vermischen. Das Ganze würzen und zum Salat geben.

Sorbus domestica L.

Familie: Lindengewächse *(Tiliaceae)*
Andere Namen: Für die Winterlinde: Steinlinde
Beschreibung: Mit ihrer gleichmäßigen, kegelförmigen Krone über dem meist kurzen Stamm bietet die 15-40 m hohe Sommerlinde einen markanten Anblick. Die rotbraunen, oft etwas behaarten Zweige tragen wechselständige, herzförmige, am Rand gesägte Blätter, die im Mai austreiben. Auf den Unterseiten der leicht behaarten Blätter erkennt man weiße Haarbüschel in den Winkeln der Blattnerven. Im Sommer entfalten sich die gelben, intensiv duftenden Blüten mit zahlreichen Staubblättern, die in Scheindolden zu 2-5 beisammenstehen (s. Abb. oben). Der Stiel des Blütenstands ist mit einem länglichen, gelbgrünen Deckblatt verwachsen. Die Früchte sind erbsengroße, graufilzige Nüsschen, die im August reifen. Im Oktober schmückt sich der attraktive Baum mit leuchtend gelbem Herbstlaub.
Die sehr ähnliche Winterlinde (s. Abb. unten) wächst 10-30 m hoch, oft mit weit überhängenden Seitentrieben und etwas kleineren Blättern. Diese sind kahl, haben jedoch ebenfalls Haarbüschel an den Nervenwinkeln der Blattunterseiten, nur beim Austrieb weiß, später rotbraun. Die Blütenstände umfassen 5-11 Blüten.
Blütezeit: Juni bis Juli, die Sommerlinde etwa 14 Tage vor der Winterlinde
Vorkommen und Verbreitung: Die ursprünglichen Verbreitungsgebiete der Linden liegen im südlichen Mitteleuropa, wo sie zerstreut in artenreichen Misch- und Auwäldern sowie – in Gebirgslagen – in Schlucht- und Hangwäldern wachsen. Da die beliebten Bäume schon seit Jahrhunderten häufig gepflanzt werden, findet man sie auch in nördlicheren Gefilden. Bei der „klassischen" Dorflinde handelt es sich meist um die Sommerlinde.
Ähnliche Arten: Spontankreuzungen zwischen beiden Arten, so genannte Bastardlinden oder – etwas schöner – Holländische Linden, werden botanisch als *Tilia* x *vulgaris* Hayne oder *T.* x *europaea* L. geführt.
Sammelgut und Sammelzeit: Von Mai bis Juni kann man die jungen Blätter der Winterlinde sammeln. Die Blütenstände beider Arten schneidet man voll aufgeblüht ab.
Verwendung: Die zarten, unbehaarten Winterlindenblätter können Salaten, Gemüsen oder Suppen zugegeben werden. Die Blüten eignen sich hervorragend zum Aromatisieren von Süßspeisen und Getränken.
Rezept: Lindenblütenwaffeln
Zutaten: 200 g Dinkelmehl, 1 TL Backpulver, Salz, 125 ml Milch, 2 EL Lindenblütenhonig, 40 g Butter, 2 Eier, 50 g frische Lindenblüten, 1 EL Öl.
Zubereitung: Das Mehl in einer Schüssel mit dem Backpulver vermischen und salzen. Die Milch mit dem Honig und der Butter kurz erwärmen und das Ganze zum Mehl geben. Die Eier aufschlagen, das Eiweiß abtrennen und steif schlagen. Die Eidotter und das Eiweiß unter den Teig heben und den Teig etwa 1 Stunde quellen lassen. Die Stiele von den Lindenblüten entfernen und die Blüten unter den Teig mischen. Die Waffeln im gefetteten Waffeleisen backen.

Heidelbeere

Familie: Heidekrautgewächse *(Ericaceae)*
Andere Namen: Schwarzbeere, Blaubeere, Waldbeere, Bickbeere
Beschreibung: Der 15-50 cm hohe, stark verzweigte, sommergrüne Zwergstrauch verbreitet sich über unterirdische Ausläufer. An seinen meist aufrechten, grünen, scharfkantigen Zweigen stehen die eiförmigen, zugespitzten, am Rand fein gesägten Blätter wechselständig an kurzen Stielen. In den Achseln der ober- und unterseits hellgrünen Blätter erscheinen einzeln oder paarweise die hell grünrötlichen Blüten. Die miteinander verwachsenen Blütenblätter bilden eine kugelige bis glockige Krone. Die blauschwarzen, meist hellblau bereiften Beeren reifen ab Juli und bergen im dunkelroten Fruchtfleisch mit dem stark färbenden Saft zahlreiche Samen.
Blütezeit: April bis Juni
Vorkommen und Verbreitung: Die in der gemäßigten Zone der Nordhalbkugel bis in 2500 m Höhe verbreitete Heidelbeere ist an saure Böden gebunden und bevorzugt halbschattige Wuchsorte. Man findet sie in lichten Laub- und Nadelwäldern, in Moorgebieten und in Zwergstrauchheiden. Die im Garten kultivierten Heidelbeeren stammen von nordamerikanischen Arten ab.
Ähnliche Arten: Die Rauschbeere *(Vaccinium uliginosum)* wächst zerstreut an ähnlichen Standorten, im Süden kommt sie vor allem in den Alpen vor. Ihre Blätter sind bläulich grün, die Beeren unterscheiden sich von denen der Heidelbeeren durch farbloses Fruchtfleisch, nicht färbenden Saft und recht faden Geschmack. Sie werden häufig von einem Pilz befallen, was man dann an den trotz Reife harten, rosinenähnlichen Früchten feststellen kann. Dieser Pilz verursacht höchstwahrscheinlich die rauschartigen Vergiftungserscheinungen, die nach Genuss der Beeren zuweilen beobachtet wurden.
Verwechslungsgefahren: Schwarzfrüchtige Zwergmispeln, kleinwüchsige Ligustersträucher, Schwarze Heckenkirschen und Mahonien haben entfernt ähnliche, giftige Früchte (s. S. 240). Bei genauer Überprüfung lassen sich die Heidelbeeren jedoch gut von ihnen unterscheiden.
Sammelgut und Sammelzeit: Das Wildobst pflückt man ab Juli – sobald die Beere blauschwarz gefärbt sind – bis August.
Verwendung: Die vitaminreichen, süßsäuerlich schmeckenden Wildfrüchte werden zu Kompott, Marmelade, Kuchenbelag, Saft, Obstwein und Likör verarbeitet. Frisch schmecken sie, am besten zerstoßen oder püriert, in gesüßten Quarkspeisen oder mit Milch und Zucker bzw. Honig verrührt.
Rezept: Heidelbeerkaltschale
Zutaten: 2 Bananen, 100 g Mango, 1 l gekühlte Buttermilch, 300 g Heidelbeeren, 2 EL Honig.
Zubereitung: Die Bananen und die Mango schälen, das Fruchtfleisch pürieren und das Mus mit der Buttermilch vermischen. Die Heidelbeeren mit dem Honig vermengen und das Ganze kurz andünsten. Abkühlen lassen und zum Früchte-Buttermilch-Mus geben. Das Dessert einige Stunden in den Kühlschrank stellen und kalt servieren.

Preiselbeere

Familie: Heidekrautgewächse *(Ericaceae)*
Andere Namen: Spreißelbeere, Praußbeere, Kronsbeere, Waldpreiselbeere
Beschreibung: Der nur 10-30 cm hohe, immergrüne Zwergstrauch treibt aus den Achselknospen unterirdischer Ausläufer flaumig behaarte Sprosse, die später verkahlen. Sie wachsen kriechend oder aufsteigend und tragen wechselständige ovale bis verkehrt eiförmige Blätter mit schwach gekerbten, seitlich meist nach unten gebogenen Rändern. Sie fühlen sich ledrig an, sind oberseits glänzend dunkelgrün, unterseits stark aufgehellt und mit zahlreichen braunen Punkten besetzt, bei denen es sich um Blattdrüsen handelt. An den Triebspitzen erscheinen in dichten Trauben die weißen oder rötlichen Blütenglöckchen, aus denen der Griffel weit hervorragt. Die kugeligen, 5-8 mm großen Beeren sind anfangs weiß und verfärben sich während der Reife scharlachrot. Sie enthalten zahlreiche rotbraune Samen.
Blütezeit: Mai bis Juli
Vorkommen und Verbreitung: Die Preiselbeere ist fast auf der gesamten Nordhalbkugel verbreitet, nördlich bis an die Grenze der gemäßigten Klimazone, südlich bis zum Balkan und den Pyrenäen. Natürliche Standorte sind lichte Kiefern- und Fichtenwälder, Hochmoore und Zwergstrauchheiden. Der Strauch bevorzugt saure, nährstoffarme Böden. Kulturformen entstammen zum einen der beschriebenen Wildart, zum anderen den nordamerikanischen 'Cranberries'.
Ähnliche Arten: Essbar, aber mehlig und fad sind die roten Beeren der Bärentraube *(Arctostaphylos uva-ursi)*, die etwa an denselben Wuchsorten vorkommt.
Verwechslungsgefahren: Kleine Seidelbaststräucher haben deutlich andere Blätter und Fruchtstände. Zwergmispeln sind meist viel dichter mit innen mehligen, glänzend roten Früchten besetzt und kommen an den natürlichen Standorten der Preiselbeere nicht vor (s. S. 240). Von diesen beiden und ähnlichen anderen Zwergsträuchern lässt sich die Preiselbeere durch ihre braun punktierten Blattunterseiten recht gut unterscheiden.
Sammelgut und Sammelzeit: Die Beeren können im August, zum Teil schon ab Ende Juli, gesammelt werden.
Verwendung: Die Früchte enthalten reichlich Vitamin C, außerdem Gerbstoffe, die dem angenehm säuerlichen Geschmack noch eine bittere Komponente beifügen. Wohl am bekanntesten ist die Verwendung als Beilage zu Wildgerichten oder zu überbackenem Camembert. Preiselbeeren munden aber auch gesüßt als Marmelade, Gelee oder Mus sowie roh als Beigabe zu Obstsalaten.
Rezept: Pikantes Preiselbeermus
Zutaten: 1 Apfel, 200 g Preiselbeeren, 1 TL Thymian, Salz, Pfeffer, 1 Messerspitze Meerrettich, 100 g süße Sahne.
Zubereitung: Den Apfel schälen, das Kerngehäuse entfernen und das Fruchtfleisch würfeln. Die Preiselbeeren mit dem Apfel vermischen, das Ganze mit Thymian, Salz und Pfeffer würzen und etwa 10 Min. dünsten, bis ein Brei entstanden ist. Den Brei passieren und mit Meerrettich würzen. Die Sahne steif schlagen und unter das Mus heben. Das Preiselbeermus passt gut zu Wildgerichten.

Vaccinium vitis-idaea L.

Gehölze mit giftigen Früchten

Die nachfolgende kurze Übersicht stellt Sträucher und Bäume mit mehr oder weniger giftigen Früchten vor. Sie umfasst nur solche Giftgehölze, deren Früchte denen mancher Wildobstarten ähneln. Viele dieser Pflanzen sind aus anderen Kontinenten stammende Ziergehölze, kommen also selten an den natürlichen Standorten „echter" Wildgehölze vor.

Meist lassen sich die Giftgehölze schon deutlich durch Wuchsform und Blüte von den essbaren Arten unterscheiden. Charakteristisch ist oft auch die Anordnung der Früchte, z. B. in endständigen Rispen an den Spitzen der Triebe; dies lässt sich in der Regel aus den angegebenen Blütenständen entnehmen bzw. auf die Früchte übertragen. Giftige Kletterpflanzen wie Efeu und Geißblatt wurden nicht in die Übersicht aufgenommen, da bei den nutzbaren Wildgehölzen keine kletternden Arten vorkommen.

Soweit nicht anders angegeben, sind die Früchte etwa erbsengroß, im Schnitt mit einem Durchmesser von 5 - 10 mm.

Roter Hartriegel *(Cornus sanguinea)*
Wuchs, Blätter, Blüte: breitwüchsiger Strauch, 2 - 8 m hoch; breit elliptische Blätter, gegenständig; weiße, streng duftende Blüten in Schirmrispen, Mai - Juni
Früchte: erst grünrote, dann schwarzviolette, kugelige Steinfrüchte an roten Stielen; ab September

Zwerg- und Strauchmispeln (*Cotoneaster*-Arten)
Wuchs, Blätter, Blüte: Zwergsträucher, 30 - 50 cm hoch, oder Sträucher, bis zu 5 m hoch; ovale, spitze Blätter, wechselständig, bei einigen Arten immergrün, weiße oder rosa Blüten, einzeln oder zu wenigen in den Blattachseln, Mai - Juni
Früchte: meist glänzend rote, seltener schwarze beerenartige, kugelige Früchte, ab August/September

Rosmarin-Seidelbast *(Daphne cneorum)*
Wuchs, Blätter, Blüte: Zwergstrauch mit zum Teil niederliegenden Trieben, 20 - 40 cm hoch; länglich lanzettliche Blätter, wechselständig; rosa, stark duftende Blüten in endständigen Büscheln, April - Mai, mit dem Blattaustrieb
Früchte: gelbbraune, kugelige Beeren; ab Juli

Gemeiner Seidelbast *(Daphne mezereum)*
Wuchs, Blätter, Blüte: wenig verzweigter Kleinstrauch, 50 - 100 cm hoch; länglich lanzettliche Blätter, wechselständig; rosa, stark duftende Blüten in achselständigen Büscheln, Februar - April, vor dem Blattaustrieb
Früchte: rote, kugelige Beeren, unter dem endständigen Blattbüschel aufgereiht; ab Juni

Faulbaum *(Frangula alnus)*
Wuchs, Blätter, Blüte: aufrechter Strauch oder kleiner Baum, 14 m hoch; breit ovale Blätter, wechselständig; doldenähnliche, grünlich weiße, unauffällige Blütenstände in den Blattachseln, Mai - Juni
Früchte: grüne, später rote, dann schwarze, kugelige Steinfrüchte, oft in unterschiedlichen Reifegraden gleichzeitig; ab Juli

Stechpalme *(Ilex aquifolium)*
Wuchs, Blätter, Blüte: aufrechter Strauch oder kleiner Baum, 2 - 5 m hoch; an den Rändern bedornte, ovale, immergrüne Blätter, wechselständig, weißliche, unscheinbare Blüten; Mai - Juni
Früchte: glänzend rote, kugelige Steinfrüchte, in Trauben in den Blattachseln; ab September

Liguster *(Ligustrum vulgare, L. ovalifolium)*
Wuchs, Blätter, Blüte: aufrechte, stark verzweigte Sträucher, 2 - 5 m hoch; länglich ovale Blätter, gegenständig; weiße, duftende endständige Blütenrispen, Juni - Juli

Früchte: glänzend schwarzviolette, kugelige Steinfrüchte; ab September

Schwarze Heckenkirsche *(Lonicera nigra)*

Wuchs, Blätter, Blüte: aufrechter Strauch, 50-150 cm hoch; eiförmige Blätter, gegenständig; rötliche Blüten, paarweise an einem Stiel in den Blattachseln, Mai-Juni

Früchte: schwarze, bereifte, kugelige Beeren, paarweise; ab Juli

Rote Heckenkirsche *(Lonicera xylosteum)*

Wuchs, Blätter, Blüte: aufrechter, stark verzweigter Strauch, 1-3 m hoch; eiförmige Blätter, gegenständig; gelblich weiße Blüten, paarweise an einem Stiel in den Blattachseln, Mai-Juni

Früchte: scharlachrote, kugelige Beeren, paarweise; ab Juli

Bocksdorn *(Lycium barbarum)*

Wuchs, Blätter, Blüte: Strauch mit überhängenden Zweigen, 2-3 m hoch; lanzettliche Blätter, wechselständig; purpurlila Blüten, zu 2 oder 4 in den Blattachseln, Juni-September

Früchte: korallenrote, längliche Beeren, etwa 2 cm groß; ab September

Mahonie *(Mahonia aquifolium)*

Wuchs, Blätter, Blüte: breit buschiger Strauch, 50-150 cm hoch; breit eiförmige, dornig gezähnte, immergrüne Blätter, wechselständig; aufrechte gelbe Blütentrauben, April-Mai

Früchte: blau bereifte, schlehenähnliche Beeren mit dunkelrotem Saft; ab Juli

Kirschlorbeer *(Prunus laurocerasus)*

Wuchs, Blätter, Blüte: breitbuschiger Strauch, 2-6 m hoch; große, länglich ovale, immergrüne Blätter; weiße Blüten in aufrechten Trauben, April-Mai

Früchte: anfangs rote, dann schwarze, kugelige Steinfrüchte; ab Juli

Feuerdorn *(Pyracantha coccinea)*

Wuchs, Blätter, Blüte: sparrig verzweigter Strauch, 2-4m hoch; lanzettliche bis rundliche, wintergrüne Blätter, wechselständig; weiße Blütenrispe, Mai-Juni

Früchte: zahlreiche rote, orange oder gelbe, kugelige Früchte; ab September

Gemeiner Kreuzdorn *(Rhamnus cathartica)*

Wuchs, Blätter, Blüte: sparriger, dicht verzweigter Strauch, bis zu 3 m hoch; breit ovale Blätter, gegenständig; unscheinbare, gelblich grüne Blüten; Mai-Juni

Früchte: blauschwarze, kugelige, beerenartige Steinfrüchte; ab September

Schneebeere *(Symphoricarpos albus)*

Wuchs, Blätter, Blüte: aufrechter Strauch, 1-2 m hoch; ovale bis rundliche Blätter, gegenständig; kleine, weißrötliche Blüten in endständigen Ähren, Juni-August

Früchte: kugelige, etwa 1-1,5 cm große, weiße, manchmal rötliche Beeren („Knallerbsen"); ab August

Wolliger Schneeball *(Viburnum lantana)*

Wuchs, Blätter, Blüte: aufrechter Strauch, 1-3 m hoch; breit ovale, stark runzelige Blätter, gegenständig; weiße Blüten in Schirmrispen, April-Juni

Früchte: zunächst rote, dann glänzend schwarze, 6-9 mm lange, eiförmige Steinfrüchte; ab Juli

Gemeiner Schneeball *(Viburnum opulus)*

Wuchs, Blätter, Blüte: stark verzweigter Strauch, 1-4 m hoch; gelappte, ahornähnliche Blätter, gegenständig; weiße Blüten in Schirmrispen, randständige Blütchen deutlich größer, Mai-Juni

Früchte: glänzend rote, rundlich eiförmige Steinfrüchte; ab September

Die Wildpflanzen sind in diesem Kalender nach den Sammelzeiten angeordnet, von den ersten wintergrünen Blättern bis zu den letzten Früchten im Dezember.

Pflanze	Buchseite	Jan.	Feb.	März	April	Mai	Juni	Juli	Aug.	Sept.	Okt.	Nov.	Dez.
Fetthenne	150	B	B	B	B	B	B	B	B	B	B	B	B
Gänseblümchen	50	B	B K	B K Bl	B K Bl	B K Bl	B K Bl	B K Bl	B K Bl	B Bl	B Bl	B	B
Löffelkraut	72	B	B, T	B, T	B, T	B	B	B	B	B	B	B	B
Natternkopf	76	B	B	B	B		Bl	Bl	Bl		B	B	B
Brunnenkresse	144	T	T	T	T	(T)		S	S	S	T	T	T
Krähenbeere	198	F	(F)									F	F
Möhre, Wilde	74	W	W	W B	W B	B	B				W	W	W
Pastinake	120	W (B)	W (B)	B			B	B	B	B	W B	W	W
Waldziest	158	W	W	W									
Barbarakraut	48	(B)	(B)	B							B	B	B
Hirtentäschel	60	(B)	B	B	B S	B S	B S	B S	B S	B S	B S	B	(B)
Waldsauerklee	116	(B)	B	B	B, Bl	B, Bl	B	B	B	B	B	B	(B)
Berberitze	190	(F)	(F)								F	F	F
Wacholder	206	(F)	(F)	F	F	F	F	F	F	F	F	(F)	(F
Nachtkerze	110	(W)	W	W									
Scharbockskraut	140		B	B									
Huflattich	178		Bl	Bl	Bl, B	B							
Ackerglockenblume	58		W	B W	B	B				W	W		
Beinwell	162		W	W W	W B	B	B	B	B	B W	W		
Eselsdistel	112		W	B T B	(B) (T)			Bl	Bl	Bl	W	W	
Gänsefingerkraut	130			W	W B	B	B			W	W	W	
Hopfen	96			W	W	W,B T	B T			Bl	Bl		
Knollenplatterbse	102			W	W	W				W	W		
Löwenzahn	164		W	W B	B K Bl	B K Bl	B K Bl	B K Bl	B Bl	B W	W	W	

Pflanze	Buchseite	Jan.	Feb.	März	April	Mai	Juni	Juli	Aug.	Sept.	Okt.	Nov.	Dez.
Nelkenwurz	90		W	W B	(W) B					W	W		
Schilfrohr	122		W	W T	T					W	W		
Taubnessel	100			B, T	B, T								
Teufelskralle	124		W	W	W	W B T	B T						
Wiesenbocksbart	172		W	W	B T	B T	B	B		W	W	W	
Quecke	78		W	W						W	W	W	
Märzveilchen	184		(B)	B Bl	B Bl	B	B	B	B	B	B	(B)	
Frauenmantel	32		(B)	B	B	(B)							
Schafgarbe	26		(B)	B	B	(B)	(B)	(B)	(B)				
Sumpfdotterblume	56		(K)	K	K								
Ackerschachtelhalm	82		Kolben	Kolben									
Brennnessel	180				B, T	B, T	T	T	T				
Vogelmiere	160			B	B	B	B	B	B	B	B	(B)	
Ackerhellerkraut	168			B	B	S	S	S					
Ackersenf	154			B T	B T	(B) (T)		S	S	S	S		
Adlerfarn	136			T	T								
Bachbunge	182			T B	T B	B	B	B	B	B			
Bärlauch	36			B	B	B							
Beifuß	44			T	T	T	T	T	T				
Gänsefuß, Weißer	66			B T	B T	B T	B T	B T	B T	B T	B T		
Giersch	30			B	B	B	B	B	B	B			
Gundermann	92			B, T	B, T								
Hederich	142			B T	B T	B T		S	S	S	(S)		
Kalmus	28			B	B					W	W		
Klatschmohn	118			B	B	B	S	S	S	S			

Verwertbare Teile: B = *Blätter,* T = *junge Triebe, Triebspitzen,* St = *Stängel,* K = *Blütenknospen,* Bl = *Blüten,* S = *Samen,* F = *Früchte,* W = *Wurzel, Wurzelstock, unterirdische Ausläufer*

Pflanze	Buchseite	Jan.	Feb.	März	April	Mai	Juni	Juli	Aug.	Sept.	Okt.	Nov.	Dez.
Klette	42			B T	B T, St	St	St				W	W	
Kohlgänsedistel	156			B	B	B	B	B	B	B			
Leimkraut	152			B T	B T	B T							
Lungenkraut	138			B	B	B	B						
Mädesüß	84			B, T	B, T	B, T K	Bl	Bl		W	W		
Ochsenzunge	38			B T	B T	B T							
Portulak	128			T	T	T		K	K				
Rotklee	174			B	B	B Bl	Bl	Bl	Bl	Bl			
Sauerampfer	146			B	B	B							
Schlüsselblume	132			B	B	B	B	B	B	B			
Senf, Schwarzer	54			B	B	B	B	B S	B S	B S	B S		
Spießmelde	46			B	B	B	(B)						
Spitzwegerich	126			B	B								
Stranddreizack	176			B	B	(B)							
Waldengelwurz	40			B T	B T	B T	B T	B T	Bl	Bl S	S W	W	
Waldmeister	88			T	T	T							
Wasserlinse	104			B	B	B	B	B	B	B	B		
Wegwarte	68			B T W	B T W	(B) W	(B) W	(B) W	(B) W	W	W		
Weidenröschen	80			B T W	B T W	B T W							
Wiesenbärenklau	94			B St	B St								
Wiesenknopf	148			B	B								
Wiesenknöterich	52			B	B	B		S	S				
Wiesenkümmel	64			B, T	B, T		K	K	K				
Wiesenmargerite	106			T	T	T K, B	B	B	B				
Wiesenschaumkraut	62			B T	B T K	(B) (T) K							

Pflanze	Buchseite	Jan.	Feb.	März	April	Mai	Juni	Juli	Aug.	Sept.	Okt.	Nov.	Dez.
Knopfkraut	86			(B) (T)	B T	B T	B T	B T					
Brunelle	134				B, T	B, T							
Dost	114				B T	B T	B T	B T	B T	B T			
Knoblauchrauke	34				B	B	B	S	S	S			
Kohldistel	70				B	B	B, St Bl	B, St Bl	B Bl	B Bl			
Malve	108				B	B	B Bl	Bl F	Bl F	Bl F			
Sandthymian	170				B	B	B	B	B	B			
Stachellattich	98				B	B	B						
Linde	234					B	B, Bl	Bl					
Weißdorn	196					B				F	F		
Holunder	226					Bl	Bl			F	F		
Walderdbeere	202						F	F	F				
Spargelbohne	166						F	F	F	F			
Heidelbeere	236							F	F				
Johannisbeere	218							F	F				
Stachelbeere	218							F	F				
Himbeere	224							F	F	F			
Traubenkirsche	212							F	F	F			
Felsenbirne	188							F	F	F	F		
Preiselbeere	238							(F)	F				
Eberesche	230								F	F			
Traubenholunder	228								F	F			
Brombeere	222								F	F	F		
Haselnuss	194									F	F		
Kornelkirsche	192									F	F		
Rotbuche	200									F	F		
Sanddorn	204									F	F		
Speierling	232									F	F		
Eiche	216									F	F	F	
Mispel	210										F	F	
Wildapfel	208										F	F	
Hundsrose	220										F	(F)	(F)
Schlehdorn	214										F	F	F

Verwertbare Teile: B = *Blätter,* T = *junge Triebe, Triebspitzen,* St = *Stängel,* K = *Blütenknospen,* Bl = *Blüten,* S = *Samen,* F = *Früchte,* W = *Wurzel, Wurzelstock, unterirdische Ausläufer*

In den Pflanzenbeschreibungen wurde nach Möglichkeit auf allzu spezielles botanisches Vokabular verzichtet. Soweit es sich bei den hier aufgeführten Begriffen um Pflanzenmerkmale handelt, lassen sich die Erläuterungen anhand der Zeichnungen zu den jeweiligen Porträts gut nachvollziehen.

Ähre: Blütenstand. An der verlängerten Hauptachse sitzen ungestielte Blüten.

Art: Zu einer Art gehören Pflanzen, die in allen wesentlichen äußeren und genetischen Merkmalen übereinstimmen. In der Regel sind Exemplare einer Art miteinander fruchtbar, die Nachkommen weisen unverändert die typischen Artmerkmale auf (s. auch botanische Namen).

Baum: Im Gegensatz zu Sträuchern verzweigen sich Bäume erst oberhalb eines deutlich ausgeprägten Stamms, die Äste und Zweige bilden eine abgesetzte Krone. Wildgehölze können oft je nach Standort als Baum oder Strauch wachsen.

Blattachsel: Der Winkel bzw. die Übergangsstelle zwischen Blatt(-stiel) und Stängel; hier setzen bei vielen Pflanzen die Blüten bzw. Blütenstände an.

Blattscheide: Ein verbreiterter Blattgrund, oft lappig bzw. häutig ausgebildet, der an der Ansatzstelle des Blattes den Stängel umfasst. Die Blattscheide umhüllt schützend Blattknospe und -stiel.

botanische Namen: Anders als die vielfältigen, regional oft unterschiedlichen deutschen Pflanzennamen sind die botanischen (wissenschaftlichen) Namen international gültig und geben zweifelsfrei an, welche Pflanze gemeint ist. Im stets zweiteiligen botanischen Namen bezeichnet der erste Begriff mit großem Anfangsbuchstaben die Gattung, z. B. *Oregano*. Der zweite, klein geschriebene Begriff definiert die Art, etwa *Oregano vulgare* (Dost) oder *Oregano majorana* (Majoran). Schließlich können noch weitere Differenzierungen angehängt sein: *O. vulgare* ssp. *viride* heißt z. B. eine Subspezies (Unterart) des Dosts, die nur in Asien vorkommt. Gezüchtete Sorten werden in einfachen Anführungszeichen an den botanischen Namen angefügt; so ist beispielsweise *O. vulgare* 'Compactum' eine Gartensorte des Dosts. Der zuweilen hinter den botanischen Bezeichnungen angeführte, oft abgekürzte Name steht für den Botaniker, der die Pflanze klassifiziert und benannt hat. Der häufige Zusatz „L." ist die Abkürzung für Carl von Linné, den schwedischen Naturforscher, der im 18. Jahrhundert die botanische Klassifikation und Nomenklatur begründete.

Dolde: Blütenstand. An der verkürzten Hauptachse gehen von einem Punkt die gleich lang gestielten Einzelblüten (in „Strahlen") ab. Bei Doppeldolden tragen die Nebenachsen anstelle von Einzelblüten wiederum kleinere Dolden.

Familie: Eine Gruppe von Gattungen, die sich in manchen wesentlichen Merkmalen entsprechen. Häufig ist ihnen ein spezieller Blütenaufbau gemein, wie es bei Bezeichnungen wie Lippenblütengewächse *(Lamiaceae)* und Kreuzblütengewächse *(Brassicaceae)* zum Ausdruck kommt.

fiederspaltig: Die Blätter sind bis zur Mitte einer Blatthälfte eingeschnitten.

fiederteilig: Die Blätter sind bis über die Mitte einer Blatthälfte eingeschnitten, oft bis zur Mittelrippe.

Form: Mit Formen oder Typen bezeichnet man Untergruppen einer Art, die in bestimmten Merkmalen unterschiedliche Ausprägungen zeigen, z. B. bei Wuchs, Blattform oder Blütenfarbe. Da gerade bei Wildpflanzen die Abgrenzung schwierig ist, findet man für solche Untergruppen oft unterschiedliche Bezeichnungen und Einstufungen, z. B. als Varietät (Abkürzung var.), Unterart (Subspezies, Abkürzung ssp.) oder als Form im engeren Sinne (Forma, Abkürzung f.).

ganzrandig: Der Blattrand weist keinerlei Einschnitte auf.

Gattung: Eine Gattung umfasst verschiedene Arten, die sich in mehreren wesentlichen Merkmalen entsprechen. So gehören z. B. alle Wild- und Kulturrosen zur Gattung *Rosa*. Es gibt jedoch auch Pflanzen, die sich so deutlich von anderen unterscheiden, dass sie als einzige Art ihrer Gattung geführt werden, etwa *Tussilago farfara*, der Huflattich (s. auch botanische Namen).

gebuchtet: Der Blattrand hat abgerundete Einschnitte und Ausbuchtungen.

gefiedert: Die Blätter bestehen deutlich aus mehreren Teilblättern (Fiederblättern), die sich in der Regel paarweise gegenüberstehen. Haben sie zusätzlich ein Endblatt an der Spitze, werden sie als unpaarig gefiedert bezeichnet. Bei mehrfach gefiederten Blättern sind die Fiederblätter wiederum in Teilblätter unterteilt.

gegenständig: Die Blätter stehen sich am Stängel bzw. Zweig paarweise gegenüber, die Ansatzstellen (Knoten) befinden sich auf gleicher Höhe.

gekerbt: Der Blattrand hat spitze Einschnitte und abgerundete Zähne bzw. Ausbuchtungen.

gelappt: Die Blätter sind deutlich eingeschnitten, die Einschnitte erreichen aber nicht die Mitte der Blatthälfte.

gesägt: Der Blattrand hat spitze Einschnitte und Zähne.

gezähnt: Der Blattrand hat stumpfe Einschnitte und spitze Zähne.

Kolben: Blütenähre mit verdickter Hauptachse

Köpfchen: Blütenstand, ähnlich den Körbchen, mit kegelförmig verbreiterter Hauptachse.

Körbchen: Blütenstand. Die Einzelblüten sitzen auf einer gestauchten, verbreiterten Hauptachse, dem Blütenboden. Bei den nach dieser Blütenstandform benannten Korbblütengewächsen *(Compositae)* sitzen auf dem Blütenboden meist Röhren- oder Scheibenblüten dicht beisammen, außen oft gesäumt von schmalen Zungen- oder Strahlenblüten.

kreuzgegenständig, kreuzweise gegenständig: Die Blätter stehen sich paarweise auf gleicher Höhe gegenüber, die Achse des darüber befindlichen Blattpaares ist jeweils um etwa 90° dagegen versetzt.

Kronblätter: Blütenblätter

quirlständig: Mehrere Blätter sind jeweils auf gleicher Höhe um den Stängel herum angeordnet.

Rispe: Blütenstand. An der Hauptachse stehen in unterschiedlicher Höhe angeordnete Nebenachsen, die sich mehrfach verzweigen und am Ende jeder Verzweigung Blüten tragen.

saurer Boden: Jeder Boden zeigt eine bestimmte chemische Bodenreaktion, die sich als sauer, neutral oder alkalisch (basisch) einstufen lässt. Dies hängt vom jeweiligen Gehalt an Wasserstoffionen ab, der bei sauren Böden hoch ist, und hat praktische Konsequenzen für die Nährstoffaufnahme und Wurzelentwicklung der Pflanzen. Manche Arten, wie die Heidelbeere, haben sich an saure Böden angepasst und können nur auf solchen Standorten gedeihen. Umgekehrt wachsen z. B. Ackerglockenblumen kaum auf sauren Böden. Indirekt entscheidet oft der Kalkanteil über die Bodenreaktion: Saure Böden enthalten in der Regel kaum Kalk. Moor-, Heide- und Nadelwaldböden sind mehr oder weniger sauer, ebenso Böden mit hohem Grundwasserstand sowie Böden in Regionen mit kalkarmem Bodengestein und hohen Niederschlagsmengen. Die Bodensäure lässt sich mit dem pH-Wert messen und angeben (pH 0-6,9 = sauer, pH 7 = neutral, pH 7,1-14 = alkalisch).

Scheindolde: Blütenstand, auch Trugdolde genannt. Erscheint wie eine Dolde, die Blütenstiele sind jedoch ungleich lang und entspringen nicht demselben Punkt. Vielmehr schließt die Hauptachse mit einer Blüte ab, darunter entspringen Blüten tragende Nebenachsen, die sich wiederholt verzweigen.

Staude: Ausdauernde, krautige, d. h. nicht verholzende Pflanze. Die meisten essbaren Wildkräuter zählen zu dieser Gruppe, überwintern mithilfe kräftiger Wurzeln oder Wurzelstöcke und treiben jährlich neu aus.

Strauch: Im Gegensatz zu Bäumen verzweigen sich Sträucher direkt über dem Erdboden, sodass mehrere gleichrangige Äste der Basis entspringen. Wildgehölze können oft je nach Standort als Strauch oder Baum wachsen.

Traube: Blütenstand. An der verlängerten Hauptachse stehen gestielte Einzelblüten.

wechselständig: Die Blätter stehen sich am Stängel bzw. Zweig nicht paarweise gegenüber, sondern sind in der Höhe und meist auch im Winkel gegeneinander versetzt.

Wurzelstock: Auch Rhizom oder Erdstamm genannt. Die Bezeichnung „Wurzelstock“ ist verbreitet, aber streng genommen falsch. Denn bei diesen meist unterirdischen Organen handelt es sich nicht um Teile der Wurzel, sondern um gestauchte, verdickte Sprosse, die der Überdauerung und durch Ausläuferbildung oft auch der Verbreitung dienen.

zweihäusig: Bei zweihäusigen Arten werden weibliche und männliche Blüten getrennt auf verschiedenen Pflanzen gebildet, so z. B. bei Sanddorn, Hopfen und Großer Brennnessel. Andernfalls spricht man von einhäusigen Arten, wobei die meisten Wildkräuter weibliche und männliche Anlagen in einer Blüte vereinen (einhäusig zwittrig). Bei einigen Gehölzen dagegen stehen weibliche und männliche Blütenstände getrennt an einer Pflanze (einhäusig eingeschlechtig).

Essbare Wildpflanzen:

Breschke, J.: Gesundheit aus heimischen Pflanzen. Düsseldorf 1995
Couplan, F.: Wildpflanzen für die Küche. Zürich 1997
Grau, J., R. Jung und B. Münker: Beeren, Wildgemüse, Heilkräuter. München 1983
Graupe, F. und S. Koller: Delikatessen aus Unkräutern. Wien 1995
Heiss, E.: Wildgemüse und Wildfrüchte. München 1980
Klemme, B. und D. Holtermann: Delikatessen am Wegesrand. Düsseldorf 1995
Köhler, R.: Brennesselsuppe und Rosinenbomber – das Berliner Notkochbuch. Frankfurt a. M. 1999
Koschtschejew, A. K.: Wildwachsende Pflanzen in unserer Ernährung. Leipzig 1990
Trum, B. und P. Lotter: Wildkräuter-Kochbuch. Kempten 1998

Bestimmungsbücher, Naturführer:

Aichele, D. und M. Golte-Bechtle: Was blüht denn da? Stuttgart 1997
Aichele, D. und H.-W. Schwegler: Welcher Baum ist das? Stuttgart 1992
Aichele, D. und H.-W. Schwegler: Unsere Gräser. Stuttgart 1998
Binz, A. und Ch. Heitz: Schul- und Exkursionsflora für die Schweiz. Basel 1986
Bund deutscher Baumschulen (Hrsg.): Handbuch, Teil VIII: Wildgehölze des mitteleuropäischen Raumes. Pinneberg 1992
Fitter, A.: Pareys Naturführer Plus: Blumen. Hamburg 1987
Fritsch, K.: Exkursionsflora für Österreich. 1973
Oberdorfer, E.: Pflanzensoziologische Exkursionsflora. Stuttgart, 1998.
Schauer, T. und C. Caspari: BLV Pflanzenführer in Farbe. München 1996
Schmeil, O. und J. Fitschen: Flora von Deutschland und angrenzenden Ländern. Heidelberg, 1996
Stichmann, W. und U. Stichmann-Marny: Der neue Kosmos-Pflanzenführer. Stuttgart 1999

Verbände und Vereine

Deutschland

BUND – Bund für Umwelt- und Naturschutz Deutschland
Am Köllnischen Park 1
10179 Berlin

NABU – Naturschutzbund Deutschland
Herbert-Rabius-Str. 26
53225 Bonn

Pomologen-Verein
(Erhaltung alter Obstarten und -sorten)
Meierkamp 1
49406 Eydelstedt-Gothel

Querbeet
Gesellschaft für naturnahen Garten- und Landschaftsbau
Sanderstraße 26
12047 Berlin

VEN – Verein zur Erhaltung der Nutzpflanzenvielfalt
Ursula Reinhard
Sandbachstr. 5
38162 Cremlingen-Schandelah

Verein für naturnahe Garten- und Landschaftsgestaltung
Postfach 43 09 06
80739 München

Österreich

Österreichische Gesellschaft für Natur- und Umweltschutz
Hegelgasse 21
1010 Wien

Schweiz

Pro Natura – Schweizerischer Bund für Naturschutz
Postfach
4020 Basel

Arche Noah
Obere Straße 40
3553 Schiltern

Bei mehreren Seitenzahlen verweisen **halbfette** Ziffern auf eine ausführliche Erläuterung des Begriffs bzw. auf ein Pflanzenporträt.

A
Achillea millefolium 26
Achillea ptarmica 26
Ackergänsedistel 156
Ackerglockenblume 58
Ackerhellerkraut 168
Ackerrettich 142
Ackerschachtelhalm 82
Ackersenf 154
Acorus calamus 28
Adlerfarn 136
Aegopodium podagraria 30
Aethusa cynapium 17
Agropyron repens 78
Alchemilla vulgaris 32
Alchemilla xanthochlora 32
Alkaloide 9
Alliaria officinalis 34
Alliaria petiolata 34
Allium ursinum 36
Alpenjohannisbeere 218
Amelanchier lamarckii 188
Amelanchier ovalis 188
Ampfer 146
Anchusa officinalis 38
Angelica archangelica 40
Angelica sylvestris 40
Anthriscus sylvestris 15
Apfel, wilder 208
Arctium lappa 42
Arctostaphylos uva-ursi 238
Artemisia absinthium 44
Artemisia vulgaris 44
Art 246
Arten, gefährdete 13, 23
Artenschwund 11
Atriplex hastata 46
Atriplex hortensis 46
Atriplex patula 46
Atriplex prostrata 46

B
Bachbunge 182
Bachehrenpreis 182
Bachnelkenwurz 90
Barbarakraut 48
Barbarea vulgaris 48
Bärenklau 94
Bärentraube 238
Bärlauch 7, 20, 22, 24, **36**
Baumhasel 194
Beifuß 11, 24, **44**
Beinwell 9, 24, **162**
Bellis perennis 50
Berberis vulgaris 190
Berberitze 24, **190**
Bergweidenröschen 80
Bibernelle 148
Biotope 18
Bistorta officinalis 52
Blanchieren 21
Blaubeere 236
Bodendecker 24
Botanische Namen 246
Brassica nigra 54
Braunelle 24, **134**
Breitwegerich 126
Brennnessel 7, 8, 11, 24, **180**
Brombeere 24, **222**
Brunelle 134
Brunnenkresse 144
Buche 200

C
Caltha palustris 56
Campanula-Arten 58
Campanula rapunculoides 58
Capsella bursa-pastoris 60
Cardamine amara 62
Cardamine hirsuta 62
Cardamine pratensis 62
Carduus nutans 70
Carum carvi 64
Chaerophyllum temulum 16
Chenopodium album 66
Chenopodium bonus-henricus 12, 66
Cichorium intybus 68
Cicuta virosa 16
Cirsium eriophorum 70
Cirsium oleraceum 70
Cirsium vulgare 70
Cochlearia officinalis 72
Conium maculatum 15
Cornus mas 192
Cornus sanguinea 192
Corylus avellana 194
Corylus colurna 194
Corylus maxima 194
Crataegus laevigata 196

Crataegus monogyna 196
Cumarin 9

D
Daucus carota 74
Digitalis-Arten 38, 162
Distel 70, 112, 156
Doldenblütengewächse, giftige 15-17
Dost 12, 24, 64, **114**

E
Eberesche 8, **230**
Echium vulgare 76
Eiche 216
Eiweißgehalt 8
Elsbeere 232
Elymus repens 78
Empetrum nigrum 198
Engelwurz 15, 40
Epilobium angustifolium 80
Epilobium montanum 80
Epilobium roseum 80
Equisetum arvense 82
Erdbeere 202
Erste-Hilfe-Maßnahmen 15
Eselsdistel 112

F
Fagus sylvatica 200
Feldthymian 170
Felsenbirne 24, **188**
Felsen-Fetthenne 150
Fetthenne 24, **150**
Filipendula ulmaria 84
Filipendula vulgaris 84
Fingerhut 9, 38, 138, 162
Flaumeiche 216
Fragaria moschata 202
Fragaria vesca 202
Franzosenkraut 86
Frauenmantel 24, **32**

G
Galinsoga ciliata 86
Galinsoga parviflora 86
Galium odoratum 88
Gänseblümchen 24, **50**
Gänsedistel 156
Gänsefingerkraut 7, 24, **130**
Gänsefuß 8, 12, 24, 46, **66**
Garen 21
Garmethoden 21
Garten 23-24
Gartenmelde 46
Garzeiten 23
Geißfuß 22, 30
Gemüse, Zubereitung 21
Geschmacksintensität 7, 12, 13,19
Gesundheitswirkungen 9
Geum rivale 90
Geum urbanum 90
Giersch 8, 15, 24, **30**
Giftgehölze 240-241
Giftpflanzen 14-17, 240-241
Giftstoffe 9, 15
Glechoma hederacea 92
Glockenblume 24, 58
Goldnessel 100
Gundelrebe 92
Gundermann 24, **92**
Guter Heinrich 12, 23, 66

H
Haferwurzel 172
Hagebutten 22, **220**
Hainveilchen 184
Hammelmöhre 120
Hartriegel 192
Haselnuss 24, **194**
Hederich 142
Heidelbeere 24, 236
Heilpflanzen 9
Heracleum mantegazzanium 94
Heracleum sphondylium 94
Herkulesstaude 94
Himbeere 224
Hippophae rhamnoides 204
Hirtentäschel 60
Holunder 24, **226**, 228
Hopfen 96
Hornsauerklee 116
Huflattich 8, 9, 24, **178**
Humulus lupulus 96
Hundspetersilie 17
Hundsrose 220

J
Johannisbeere 7, 218
Juniperus communis 206

K
Kalmus 12, 24, **28**
Kartoffelrose 220

Klatschmohn 24, **118**
Klee 174
Klette 42
Knackelbeere 202
Knoblauchkraut 34
Knoblauchrauke 34
Knollenplatterbse 102
Knollenziest 158
Knopfkraut 8, **86**
Knöterich 52
Kohldistel 70
Kohlenhydrate 8
Kohlgänsedistel 156
Kompasspflanze 98
Konservierung 22
Kornelkirsche 22, 24, **192**
Krähenbeere 198
Kratzbeere 222
Kratzdistel 70
Kuckucksblume 62
Kulturbegleiter 11, 12, 17, 23
Kümmel 64
Kupferfelsenbirne 188

L

Lactuca serriola 98
Lattich, Wilder 98
Lagerung 20
Lambertshasel 194
Lamiastrum galeobdolon 100
Lamium album 100
Lamium maculatum 100
Lamium purpureum 100
Lathyrus tuberosus 102
Leimkraut 152
Lemna minor 104
Leucanthemum vulgare 106
Lichtempfindlichkeit 15
Linde 9, 234
Löffelkraut 24, **72**
Löwenzahn 7, 11, 12, 24, **164**
Lungenkraut 24, **138**

M

Mädesüß 24, **84**
Majoran, Wilder 114
Malus domestica 208
Malus sylvestris 208
Malva neglecta 108
Malva sylvestris 108
Malve 24, **108**
Margerite 106
Marienglockenblume 58
Märzveilchen 184
Maßliebchen 50
Mauerpfeffer 150
Mehlbeere 230
Melde 12, 24, **46**
Mespilus germanica 210
Mineralstoffgehalt 8
Mispel 22, 24, **210**
Mohn 118
Möhre, Wilde 74
Monatserdbeere 202

N

Nachtkerze 12, 24, **110**
Namen, botanische 246
Nasturtium officinale 144
Natternkopf 24, **76**
Naturgarten 23-24
Naturschutz 13-14
Nelkenwurz 90

O

Obstzubereitungen 22
Ochsenzunge 24, **38**
Oenothera biennis 110
Ölpaste 22
Onopordum acanthium 112
Oregano 114
Origanum vulgare 114
Oxalis corniculata 116
Oxalis acetosella 116
Oxalis stricta 116
Oxalsäure 9, 116, 146, 200

P

Papaver dubium 118
Papaver rhoeas 118
Pastinaca sativa 120
Pastinake 15, 24, **120**
Pflücken, schonendes 18
Photosensibilisierung 15
Phragmites australis 122
Phyteuma spicatum 124
Pilzbefall 17
Pimpernell 148
Plantago lanceolata 126
Plantago major 126
Plantago media 126
Platterbse 102
Polygonum aviculare 52
Polygonum bistorta 52
Portulaca oleracea 128

Portulak 128
Potentilla anserina 130
Preiselbeere 238
Primel 132
Primula officinalis 132
Primula veris 132
Proteine 8
Prunella grandiflora 134
Prunella vulgaris 134
Prunus avium 212
Prunus padus 212
Prunus serotina 212
Prunus spinosa 214
Pteridium aquilinum 136
Pulmonaria officinalis 138

Q
Quecke 11, **78**
Quendel 170
Quercus petraea 216
Quercus pubescens 216
Quercus robur 216

R
Ranunculus ficaria 140
Raphanus raphanistrum 142
Rapontika 110
Rapunzel 58, 110
Rauschbeere 198, 236
Rezeptbeispiele 23
Ribes nigrum 218
Ribes uva-crispa 218
Rorippa nasturtium-aquaticum 144
Rosa canina 220
Rotbuche 200
Rotklee 8, **174**
Rubus caesius 222
Rubus fruticosus 222
Rubus idaeus 224
Rumex acetosa 146

S
Saatmohn 118
Salat, Zubereitung 20-21
Sambucus nigra 226
Sambucus racemosa 228
Sammelgut, Aufbereitung 20
Sammelgut, Aufbewahrung 19
Sammelhinweise 18-19
Sammelorte 13, 17
Sammelzeiten 18, 242-245
Sanddorn 7, 8, 24, **204**
Sandthymian 170
Sanguisorba minor 148
Sanguisorba officinalis 148
Sauerampfer 9, 12, 24, **146**
Sauerdorn 190
Sauerklee 9, 24, 116
Schachtelhalm 82
Schadstoffe 17
Schafgarbe 24, **26**
Scharbockskraut 24, **140**
Schaumkraut 62
Schierling 15
Schilfrohr 122
Schlehdorn 214
Schlüsselblume 9, 24, 132
Schwarzdorn 214
Sedum album 150
Sedum reflexum 150
Sedum telephium 150
Senf **54, 154**
Silene vulgaris 152
Sinapis arvensis 154
Sommereiche 216
Sommerlinde 234
Sonchus arvensis 156
Sonchus asper 156
Sonchus oleraceus 156
Sorbus aria 230
Sorbus aucuparia 230
Sorbus domestica 232
Sorbus torminalis 232
Spargelbohne 166
Spargelerbse 166
Speierling 22, 232
Spießmelde 46
Spitzwegerich 9, **126**
Stachelbeere, Wilde 218
Stachellattich 98
Stachys affinis 158
Stachys palustris 158
Stachys sylvatica 158
Stauden 24, 247
Steinlinde 234
Stellaria media 160
Sternmiere 160
Stieleiche 216
Stranddreizack 176
Strauchhasel 194
Sumpfdotterblume 56
Sumpfschafgarbe 26

Sumpfziest 158
Symphytum officinale 162

T
Taraxacum officinale 164
Taubnessel 24, **100**
Taumelkälberkropf 16
Tausendschön 50
Tetragonolobus maritimus 166
Tetragonolobus purpureus 166
Teufelskralle 124
Thlapsi arvense 168
Thymian 24, 170
Thymus pulegioides 170
Thymus serpyllum 170
Thymus vulgaris 170
Tilia cordata 234
Tilia platyphyllos 234
Tragopogon porrifolius 172
Tragopogon pratensis 172
Traubeneiche 216
Traubenholunder 228
Traubenkirsche 212
Trifolium pratense 174
Triglochin maritimum 176
Tripmadam 150
Trocknung 22
Tussilago farfara 178

U
Urtica dioica 180
Urtica urens 180

V
Vaccinium myrtillus 236
Vaccinium uliginosum 236
Vaccinium vitis-idaea 238
Veilchen 24, **184**
Vergiftungserscheinungen 15
Veronica anagallis-aquatica 182
Veronica beccabunga 182
Verschmutzung 17, 20
Verwechslungsgefahren 14
Vinaigrette 20
Viola odorata 184
Viola riviniana 184
Vitamingehalt 7-8
Vogelbeere 230
Vogelkirsche 212
Vogelknöterich 52
Vogelmiere 8, 11, 24, **160**
Vogelschutzgehölze 24

W
Wacholder 24, **206**
Waldengelwurz 40
Walderdbeere 24, 202
Waldmeister 9, 24, **88**
Waldsauerklee 116
Waldziest 24, **158**
Wasserehrenpreis 182
Wasserlinse 24, **104**
Wasserschierling 16
Wegerich 126
Wegmalve 108
Wegwarte 68
Weidenröschen 8, 24, **80**
Weißdorn 9, 24, **196**
Wermut 44
Wiegen 23
Wiesenbärenklau 8, 15, **94**
Wiesenbocksbart 172
Wiesenkerbel 15
Wiesenklee 174
Wiesenknopf 8, 24, **148**
Wiesenknöterich **52**
Wiesenkümmel 15, **64**
Wiesenmargerite 24, **106**
Wiesenschaumkraut 62
Wiesenschlüsselblume 132
Wildapfel 208
Wildgarten 23-24
Wildgemüse 21
Wildkräuterkur 9
Wildkräutersalat 20-21
Wildobst, Verwertung 22
Wildpflanzen, Eigenschaften 12
Wildpflanzen, Geschichte 10-11
Wildrose 24, **220**
Wildstauden 24
Wintereiche 216
Winterlinde 234
Wucherblume 106
Würzkräuter 21-22

Z
Zaungiersch 30
Zichorie, Wilde 68
Ziest 158
Zimterdbeere 202
Zinnkraut 82
Zubereitung 20-23